빌 브라이슨 발칙한 미국학

I'M A STRANGER HERE MYSELF
Copyright ⓒ 1999 by Bill Bryson
All rights reserved

Korean translation copyright ⓒ 2009 by Book21 Publishing Group
Korean translation right published by arrangement with Jed Mattes Inc.
through Eric Yang Agency

이 책의 한국어판 저작권은 에릭양 에이전시를 통한
Jed Mattes Inc. 사와의 독점계약으로 한국어 판권을 (주)북이십일이 소유합니다.
저작권법에 의하여 한국 내에서 보호를 받는 저작물이므로 무단전재와 복제를 금합니다.

미국인도 모르는 미국 이야기

빌 브라이슨
발칙한 미국학

빌 브라이슨 지음 · 박상은 옮김

일러두기
1. 이 책은 저자가 1996년부터 1998년까지 쓴 칼럼을 모은 것입니다. 일부 내용이 현재 상황과 차이가 있을 수 있음을 알려드립니다.
2. 본문의 괄호 중 본문의 글자크기와 같은 것은 '저자의 말', 본문보다 글자크기가 작은 것은 '역자주'임을 알려드립니다.

신시아, 데이비드, 펠리서티, 캐서린
그리고, 샘에게

머리말

1996년 늦여름, 내 오랜 친구인 저널리스트 사이먼 켈너가 런던에서 전화를 걸어왔다. 당시 나는 20년이 조금 넘는 영국 생활을 청산하고 미국의 뉴햄프셔 주로 옮긴 직후였다. 사이먼은 영국 〈메일 온 선데이〉지의 부록인 〈나이트 앤 데이〉의 편집 주간을 맡게 되었는데, 내가 여기에다 미국에 관한 칼럼을 매주 연재했으면 한다고 했다.

사이먼은 수년 간 여러 번 내가 시간이 안 돼 할 수 없는 온갖 종류의 일들을 하게끔 나를 설득해왔지만, 이번만큼은 도저히 들어줄 수 없는 부탁이었다.

"안 돼, 나는 할 수 없어. 미안해. 그건 불가능한 일이야. 할 일이 산더미라고."

내가 말했다.

"그럼 다음 주부터 시작할 수 있겠어?"

"사이먼, 내 말이 무슨 뜻인지 못 알아듣는 것 같은데, 난 할 수 없어."

"칼럼 제목은 '큰 나라에서 온 쪽지'로 하면 어떨까 싶은데."

"사이먼, '잡지 속의 큰 공백'으로 해야 할 거야. 난 안 쓸 테니까."

"좋아, 좋아."

사이먼은 그렇게 말하면서도 약간 정신이 없는 듯했다. 나는 그가 전화 통화를 하면서 다른 무언가를 하고 있다는 인상을 받았다. 수영복 기사에 실을 모델들을 살펴보고 있었는지도 모를 일이다. 여하튼 그는 송화구를 막고 근처의 다른 사람들에게 편집 주간다운 중요한 지시를 내리고 있었다.

"그래, 계약서 보내줄게."

그가 다시 전화기 속으로 돌아와 말을 계속했다.

"아냐, 사이먼, 그러지 마. 〈나이트 앤 데이〉에 칼럼을 기고할 수는 없어. 아주 간단해. 무슨 말인지 알겠지? 알겠다고 말해."

"아주 좋아. 이렇게 기쁠 수가. 모두들 기뻐하고 있어. 좋아, 당장 시작하자고."

"사이먼, 제발 부탁이니 내 말 좀 들어봐. 매주 칼럼을 쓸 수는 없어. 그건 불가능해. 사이먼, 내 말 듣고 있어? 사이먼? 여보세요? 사이먼, 거기 있어? 여보세요? 젠장."

이렇게 해서 나는 칼럼니스트가 되었고, 1996년 9월부터 1998년 9월까지 2년 동안 칼럼을 쓰게 되었다. 주간 칼럼에 관해 새삼스럽게 깨달은 것은 칼럼을 쓰는 일이 매주 돌아온다는 점이다. 지금은 자명한 사실로 보이지만, 내가 칼럼을 쓰던 두 해 동안은 이 사실이 그토록 심오하면서도 놀랍게 느껴지지 않은 주가 없었다. 또 칼럼을 써야 하나? 벌써? 하지만 방금 하나를 썼는데.

내가 이런 이야기를 하는 이유는 이 책에 나오는 글들이 미국에 대한 체계적인 소개의 글이 아니라는 점을 밝혀두기 위해서다. 대부분의 글은 내가 그 당시 겪은 일상생활 속의 자잘한 사건들에 관한 것으로, 이를테면 우체국에서 있었던 일이나 처음으로 음식물 처리기를 갖게 되었을 때의 기쁨, 미국 모텔의 분위기 등에 대해 쓴 것들이다. 그렇다고 해도 나는 이 글들이, 고국에 돌아온 초기의 당황스럽고 종종 불쾌하기까지 하던 상태에서 이제 당황스럽긴 하지만 대체로 멋져 보이고 감탄스러우면서 만족스러운 상태로, 일종의 진보를 이룩했다고 생각하고 싶다.(당황스러움이란 감정은 내가 어디에 살든 늘 나를 따라다닌다.) 결론은 이곳에 돌아와서 기쁘다는 것이다. 다음에 나오는 글들이 이 점을 분명히 보여주리라 믿는다.

이 책에 나오는 글들은 일차적으로 영국의 독자들을 위해 쓰였기에 미국인들에게는 설명할 필요 없는 내용들, 이를테면 자동차 전용 판매창구(drive-through window)가 무엇이고, 야구에서 포스트시즌 플레이오프 경기가 어떻게 진행되는지 등등에 대한 설명이 곁들여져 있는데, 이런 부분을 표시 나지 않게 삭제하려고 애썼지만 글의 흐름상 여의치 않을 때가 더러 있었다. 이 점 사과드리며, 혹시 있을지도 모를 다른 실수들에 대해서도 미리 양해를 구한다.

사이먼 켈너를 비롯하여 빌 싱커, 패트릭 잰슨-스미스, 존 스털링, 루크 뎀프시, 제드 매츠 등 도움을 주신 많은 분들께 진심으로 감사드리며, 무엇보다도 오래 참아준 사랑스런 아내와, 아빠의 글쓰기 작업을 생활의 일부로 기분 좋게 받아들여준 아이들에게 감사한다.

특히 어린 지미(그가 누가 되었든)에게 고마움을 전한다.

차례

머리말 · · · · · · · · · · · · · · · · · · · 7
1. 귀향 · · · · · · · · · · · · · · · · · · · 13
2. 우편서비스 · · · · · · · · · · · · · · · 17
3. 잠자리에 드는 가장 좋은 방법 · · · · 21
4. 요리란 무엇인가? · · · · · · · · · · · 26
5. 규칙1: 모든 규칙을 준수하라 · · · · 31
6. 야구팬이 된다는 것 · · · · · · · · · · 36
7. 도와주세요! · · · · · · · · · · · · · · · 41
8. 이발소에서 · · · · · · · · · · · · · · · 44
9. 소비자 상담 전화 · · · · · · · · · · · 50
10. 디자인 결함 · · · · · · · · · · · · · · 55
11. 룸서비스 · · · · · · · · · · · · · · · · 59
12. 소비하는 즐거움 · · · · · · · · · · · 64
13. 숫자 게임 · · · · · · · · · · · · · · · · 69
14. 정크푸드 천국 · · · · · · · · · · · · · 74
15. 집에서 혼자 노는 법 · · · · · · · · · 79

16. 컵홀더 혁명 · · · · · · · · · · · · · · 83
17. 번호 좀 알려주세요 · · · · · · · · · 87
18. 친절한 사람들 · · · · · · · · · · · · · 92
19. 왜 모두들 걱정하는가 · · · · · · · · 97
20. 위험 요소 · · · · · · · · · · · · · · · 102
21. 사라져가는 방언 · · · · · · · · · · 107
22. 비효율에 관한 보고 · · · · · · · · 112
23. 왜 아무도 걷지 않는가 · · · · · · 116
24. 광활한 영토 · · · · · · · · · · · · · 121
25. 일터의 감시자들 · · · · · · · · · · 126
26. 영화에 빠지다 · · · · · · · · · · · · 130
27. 아내와 정원 가꾸기 · · · · · · · · 135
28. 아, 여름이다! · · · · · · · · · · · · 139
29. 해변에서의 하루 · · · · · · · · · · 143
30. 집을 떠난다는 것의 의미 · · · · 148
31. 고속도로의 눈요깃거리 · · · · · · 152

32. 뉴잉글랜드의 가을 ·········· 158
33. 최고의 명절 ················ 163
34. 크리스마스 장식하기 ······· 168
35. 겨울 스포츠 ················ 174
36. 크리스마스 미스터리 ······· 179
37. 추운 기후에서 살기 ········ 184
38. 사이버랜드에서 길을 잃다 ····· 188
39. 세금신고서 작성 안내 ······ 193
40. 북 투어 ···················· 198
41. 낭비하는 세대 ············· 203
42. 약간의 불편 ················ 209
43. 자동차 극장에서 ··········· 213
44. 관료주의 ··················· 219
45. 삶의 미스터리 ············· 224
46. 놀라운 실내 ··············· 228
47. 죽음의 문턱에서 ··········· 232

48. 쇼핑의 괴로움 ············· 237
49. 다이어트 ··················· 242
50. 컴퓨터 사용 안내서 ········ 247
51. 자동차를 렌트하는 법 ······ 253
52. 비행기 안에서의 악몽 ······ 259
53. 다양성의 과잉 ············· 264
54. 당황스러운 순간들 ········· 270
55. 오래된 뉴스 ··············· 275
56. 삶의 규칙 ················· 280
57. 타이타닉 호에서의 마지막 밤 ·· 285
58. 기계치 ····················· 290
59. 졸업식 축사 ··············· 296
60. 귀향 2 ···················· 301
역자 후기 ····················· 306

1. 귀향

나는 전에 어떤 책에서 인생을 살아가면서 할 수 없는 일이 세 가지가 있다고 농담 비슷하게 말한 적이 있다. 전화 회사를 상대로 싸워서 이길 수 없고, 식당에서 손님을 맞을 준비가 되기 전까지는 종업원을 만날 수 없으며, 이제 고향에 돌아갈 수는 없다는 것이 그것이다.

그런데 1995년, 나는 이 중 세 번째 항목을 곰곰이 다시 생각해보게 되었다. 그리고 그 해 5월, 나는 20년 넘게 살아온 영국을 뒤로 하고 영국인 아내와 네 명의 자녀를 데리고 미국으로 돌아왔다.

우리는 단지 마을이 아주 멋져 보인다는 이유만으로 뉴햄프셔 주 하노버에 정착했다. 1761년에 생겨난 하노버는 예쁜 첨탑들과 중앙의 널찍한 녹지대, 고풍스러운 중심가 등으로 구성된 정감 있고 질서 잡힌 마을로, 그 배경에는 명문 다트머스 대학교의 우아한 건축물들이 풍기는 학구적인 분위기가 있다. 다트머스에는 5000명의 학생들이 다니는데, 그 중 교통질서를 지켜가며 길을 건널 성싶은 사람은 아무도 없다. 이 밖에도 좋은 학교들과 훌륭한 서점과 도서관, 유서 깊은 극장(1916년에 지어진 너깃 극장), 꽤 괜찮은 레스토랑들, 그리고 유쾌한 분위기의 주점 '머피'가 있다. 우리는 어찌할 도리 없이 이곳에 마음을 빼앗겨 중심가에서 가까운 곳에 집을 사서 이사했다.

여러 해 만에 고국에 돌아온다는 것은 놀라울 정도로 불안정한 일로, 오랜 혼수상태에서 깨어나는 것과 비슷하다. 세월은 나 자신이 살짝 바보가 된 듯한, 그리고 사회와 동떨어진 듯한 느낌을 받게 하는 변화들을 아로새겨 놓았다. 그리하여 우리는 자잘한 물건들을 살 때 터무니없이 부족한 금액을 내밀고, 현금자동지급기와 자동 주유기, 공중전화 앞에서 당황해하며, 주유소에 비치되어 있는 도로 지도가 더 이상 공짜가 아니라는 사실을 알고 깜짝 놀라게 된다.

내 경우에는 어릴 때 고향을 떠나서 중년에 다시 돌아왔기에 문제가 더 컸다. 성인으로서 해야 하는 모든 일들, 이를테면 주택담보대출을 받는다거나 아이를 낳아 키운다거나 연금저축을 든다거나 집의 홈통 상태에 관심을 기울인다거나 하는 일들을 나는 오직 영국에서만 해보았기 때문이다. 따라서 갑작스럽게 뉴잉글랜드(미국 북동부 지방의 6주, 즉 메인, 뉴햄프셔, 버몬트, 메사추세츠, 코네티컷, 로드아일랜드를 가리킨다)의 오래된 집에 살면서 용도를 알 수 없는 파이프들과 온도조절장치, 작동이 됐다 안 됐다 하는 음식물 처리기와 목숨을 위협하는 자동 차고문을 돌봐야할 상황에 직면하게 된 것은 나를 낙심시키는 동시에 꽤나 분발하게 만들었다.

잘 아는 동시에 잘 알지 못하는 환경에 놓여 있다는 깨달음은 사람을 혼란스럽게 한다. 나는 나를 미국인으로 특징지을 만한 온갖 시시콜콜한 것들을 나열할 수 있다. 미국의 50개 주 중에서 단원제 의회를 도입하고 있는 주가 어디인지도 댈 수 있고, 야구에서 스퀴즈플레이가 무엇인지, TV에서 캡틴 캥거루역을 맡은 배우가 누구인지도 말할 수 있다. 심지어

'성조기여 영원하라'의 가사를 3분의 2 이상 알고 있기까지 한데, 이는 공식석상에서 국가를 부른 경험이 있는 몇몇 사람들보다 더 많이 아는 것이다.

그러나 철물점에 가면 나는 뭐가 뭔지 몰라 막막해진다. 지난 몇 달간 내가 동네 철물점 주인하고 나눈 대화는 다음과 같은 식이었다.

"안녕하세요. 벽의 못 자국을 메우는 데 쓰는 끈적끈적한 것 있지요? 우리 집사람네 나라에서는 폴리필라라고 합니다만."

"아, 스패클 말씀이세요?"

"네, 그런 것 같네요. 그리고 벽에 선반을 만들어 달 때 나사를 고정시키는 조그만 플라스틱 있죠? 그것도 필요해요. 럴플러그라고 하던가?"

"우리는 앵커라고 하죠."

"기억해 둬야겠군요."

내가 레더호젠(바이에른 지방에서 남자들이 입는 가죽 반바지)을 입고 거기 서 있었어도 그보다 더 이방인 같은 느낌이 들지는 않았을 것이다. 이 모든 게 내게는 충격이었다.

영국에서 나는 늘 아주 행복했지만, 그래도 미국을 고향으로, 근원적인 의미에서의 나의 고향으로 생각하지 않은 적이 없었다. 미국은 나의 출신지고, 내가 진정으로 이해하는 곳이며, 모든 것을 그곳에 견주어 생각하게 되는 비교 기준이었다.

아이러니하게도 외국에 나가 사는 것만큼 고국을 더 생각나게 해주는 것도 없다. 지난 20년 동안 '미국인'은 나를 특징지어주는 자질이었다. 나는 미국인으로 통했고, 미국인으로 대우받았다. 심지어 미국인이라는 점을 내세워 일자리를 얻은 적도 있는데, 그때 나는 젊은 시절의 객기로

〈런던 타임스〉 편집장에게 직원들 중에서 '신시내티'의 철자를 올바로 쓸 수 있는 사람은 나뿐일 거라고 단언했었다.(실제로도 그랬다.)

하지만 외국에서 오래 살다 와서 좋은 점도 있다. 나는 미국의 많은 좋은 것들이 신선하면서도 매혹적으로 느껴졌다. 미국의 안락하고 편리한 생활, 현기증이 날 정도의 풍요, 낯선 사람들의 끝 모를 친절, 미국 주택의 채워도 채워도 다 채워지지 않는 광대한 지하실, 자기 일을 정말로 즐기는 듯이 보이는 식당 종업원들과 기타 서비스업 종사자들, 얼음은 사치품이 아니며 방에는 전기 소켓이 하나 이상 있을 수 있다는 식의 사고방식 등에 나는 마치 미국을 처음 방문한 사람처럼 완전히 압도되었다.

그 밖에도 어릴 때 보고 들으며 자랐지만 대부분 잊고 살아온 것들, 이를테면 라디오에서 흘러나오는 야구 해설 방송과 여름에 방충망을 쾅 닫을 때 가슴속에서 솟아나오는 깊은 만족감, 반딧불이, 기습적으로 쏟아지는 폭우, 엄청나게 큰 눈송이, 추수감사절, 독립기념일, 코를 킁킁거리며 미심쩍어 하며 '저거 스컹크 아니야?'라고 말할 만한 거리에서 풍겨오는 스컹크 냄새, 속이 꽉 찬 젤오(미국 크래프트 사에서 만든 젤리), 반바지를 입어서 우스꽝스럽게 보이는 나 자신 등을 다시 만나는 예기치 않은 기쁨이 있다. 이상하게 들리겠지만 이 모든 것은 매우 중요하다.

그러니까 결국 내가 한 말은 틀렸다. 우리는 다시 고향에 돌아갈 수 있다. 단, 고향에 돌아갈 때에는 도로 지도를 살 여윳돈을 가지고 가야 하며, 스패클이라는 단어를 기억해야 한다.

2. 우편서비스

　뉴잉글랜드의 아담하고 고풍스런 마을에서 사는 즐거움의 하나는 마을 안에 아담하고 고풍스런 우체국이 있다는 것이다. 우리 동네 우체국은 특히 기분 좋은 느낌을 준다. 연방정부 식 벽돌 건물로 지어진 그 우체국은 견고하되 번지르르하지는 않아서 우체국이라면 의당 그래야 할 것 같은 그런 외관을 지니고 있다. 게다가 냄새까지 좋아서, 중앙난방의 온도를 너무 많이 올렸을 때 나는 냄새와 수지 접착제 냄새가 뒤섞인 듯한 냄새가 난다.
　창구 직원들은 모두 쾌활하고 협조적이며 능률적으로 보인다. 그들은 고객의 우편물 봉투가 제대로 붙어 있지 않은 것을 보면 기꺼이 테이프를 빌려준다. 게다가 미국의 우체국은 주로 우편 업무만 취급한다. 영국에서처럼 연금이나 자동차세, 복권, 예금 및 기타 우체국 방문을 기분 좋은 소일거리로 만들어줄 101가지 다른 업무를 취급하지 않는 것이다. 미국의 우체국에서는 줄을 길게 늘어설 필요 없이 금세 볼일을 보고 나올 수 있다.
　무엇보다 좋은 것은 미국의 우체국에는 일 년에 한 번씩 '고객 감사의 날'이 있다는 점이다. 우리 동네 우체국의 경우 어제가 고객 감사의 날이었다. 나는 이런 멋진 관습에 대해서 처음 들어보았지만, 금세 이 제도가 마음에 들었다. 우체국 직원들은 현수막을 내걸고 체크무늬 식탁보가 깔린 기다란 테이블에 도넛과 패스트리, 뜨거운 커피 등을 넉넉하게 준비해놓았다. 모두 공짜였다.

영국에서 20년 이상을 살다온 내게, 얼굴도 모르는 정부 관료들이 나를 포함한 마을 사람들의 후의(厚意)에 고마움을 표하는 이런 일은 좀처럼 있을 법하지 않은 유쾌한 사건이었다. 나는 진한 감동을 받았다. 우체국 직원들이 겉봉을 엉망으로 만들어놓고 내게 와야 할 인세 수표를 버몬트 주에 사는 빌 부바라는 사람에게 잘못 보내는 아무 생각 없는 자동 기계 같은 사람들이 아니라, 겉봉을 엉망으로 만들어놓고 내게 와야 할 인세 수표를 버몬트 주에 사는 빌 부바라는 사람에게 잘못 보내기는 하지만 매우 헌신적이고 고도로 훈련 받은 사람들임을 알게 된 것은 기쁜 일이었다.

어쨌거나 나는 미국의 우편서비스에 완전히 매료되었다. 도넛과 스티로폼 컵에 담긴 커피로 우체국에 대한 나의 충성심을 살 수 있다는 인상을 주고 싶지는 않지만, 사실 불가능한 일도 아니다. 내 비록 영국의 우편서비스에 감탄하고 있기는 하지만, 영국 우체국에서는 단 한 번도 내게 오전 간식을 제공한 적이 없었다. 따라서 입가를 훔치며 집으로 돌아오는 동안 미국 생활 전반과 특히 미국의 우편서비스에 대한 나의 견해는 비할 데 없이 호의적이었다.

그러나 정부에서 제공하는 서비스들이 모두 그렇듯 우편서비스 역시 오래도록 감동을 주지는 못했다. 집에 돌아와 보니 바닥 깔개에 그날의 우편물이 쌓여 있었는데, 여느 때와 마찬가지로 광고물들이 홍수를 이루고 있었다. 신용카드를 새로 만들라는 것에서부터 열대우림을 보호하자는 호소문, 전국요실금협회의 평생회원 가입을 권유하는 가입안내서, 소정의 금액을 내고 '뉴잉글랜드 거주자 중 이름이 빌인 사람들' 주소록에 이름을 올리라는 내용의 홍보물, 전국라이플협회에서 벌이는 영유아안전캠페인을 후원해달라는 후원안내서 등 매일같이 미국의 각 가정에 배달되는 권유하고 호소하고 제안하는 수십 통의 홍보물 투성이였다. 그리고 그 속에 내가 41일 전에 캘리포니아 주에 있는 친구에게 보낸 편지가 엉망이 된 채 외로운 모습을 드러내고 있었다. 친구의 직장 주소로 보낸 그 편지에는 '주소지 불분명'이라는 도장이 찍혀 있었다.

그것을 보고 나는 조그맣게 한숨을 내쉬었다. 방금 도넛 한 조각에 영혼을 팔고 온 때문만은 아니었다. 얼마 전에 〈스미소니언〉지의 단어게임난에 어떤 장난기 많은 영혼이 '매사 존 힐'이라는 애매한 주소로 편지를 보낸 것을 우체국 직원이 '매사추세츠 주 앤도버 시 존 언더힐'로 판독하고 그리로 보내주었다는 이야기를 읽은 기억이 났기 때문이다.

이것은 재미있는 이야기고 또 정말로 믿고 싶은 이야기지만, 캘리포니아로 보낸 내 편지의 운명을 보면 미국의 우편서비스와 주소지 추적 능력에 경고를 보낼 필요가 있을 듯하다. 내가 보낸 편지의 문제점은 주소를 '캘리포니아 주 버클리 시 블랙오크 출판사'라고만 쓰고, 거리 이름이나 번지수는 몰라서 안 썼다는 데 있다. 주소가 불완전하다는 것은 나도 인정하지만 그래도 '매사 존 힐'보다는 훨씬 더 분명하고, 어쨌든 블랙오크 출판사는 버클리에 있는 회사다. 우체국 직원들을 포함하여 버클리 시를 아는 사람이라면 누구라도 블랙오크 출판사를 알 게 아닌가. 하지만 결과를 보면 그렇지 않은 게 분명했다.(내 편지가 6주 동안 캘리포니아에서 어떤 일을 겪었는지는 아무도 모른다. 비록 멋지게 그을려서 내면을 알고 싶게 만드는 외관을 하고 있긴 했지만.)

이제 이 우울한 이야기에 온기를 불어넣어줄 만한 이야기를 들려드리기로 하겠다. 내가 영국을 떠나기 얼마 전, 영국 우체국에서는 '요크셔 데일에 거주하는 작가, 빌 브라이슨 귀하'라고 쓰여 있는 편지를 발신지인 런던에서부터 48시간 이내에 내게 배달해주었다. 주소지를 추적하는 솜씨가 참으로 놀랍지 않은가.

그러므로 지금 나는 간식을 제공하지는 않지만 문제를 적극적으로 해결해나가는 우편서비스와 테이프를 무료로 빌려주고 즉각적인 도움을 제공하지만 내가 거리 이름이 잘 안 떠오를 때 아무런 도움이 못 되는 우편서비스 사이에 마음이 나뉘어 있다. 여기서 얻을 수 있는 교훈은 물론 한 나라에서 다른 나라로 이주할 때에는 그에 따르는 좋은 점도 있고 나쁜 점도 있음을 받아들여야 하며, 여기에 대해 우리가 할 수 있는 일은 아무것도 없다는 것이다. 이것이 내가 아침 산책을 통해 얻은 가장 심오한 깨달음은 아니지만, 어쨌든 도넛을 공짜로 먹었으니 전체적으로 나는 행복하다고 해야 할 것이다.

그럼 여러분만 괜찮으시다면 나는 이제 차를 몰고 버몬트 주로 가서 부바라는 사람에게서 내 우편물을 찾아와야겠다.

(이 칼럼을 쓰고 난 몇 달 뒤, 나는 영국의 한 독자가 겉봉에 '미국 뉴햄프셔 주 어딘가에 사는 《나를 부르는 숲》의 저자, 빌 브라이슨 귀하'라고 적어 보낸 편지를 받았다. 이 편지는 아무런 코멘트나 자구의 수정 없이 발신일로부터 5일 뒤에 도착했다. 미국 우편서비스의 의심할 나위 없는 승리를 축하한다.)

3. 잠자리에 드는 가장 좋은 방법

　지금은 미국에 살고 있는 내게 영국 생활에서 가장 기억에 남는 즐거운 추억이 뭔지 아는가? 한밤중에 술집에서 돌아와 몽롱한 상태로 TV를 켜 놓고 '개방 대학'(우리나라로 치면 한국방송통신대학과 유사한 방식의 대학)을 보는 것이다. '개방 대학'은 원하는 사람에게는 누구에게나 대학교육의 기회를 주기 위해 수년 전 영국에서 도입한 놀랍고도 상찬할 만한 제도다. 학습 과정의 일부는 집에서, 일부는 캠퍼스에서, 일부는 정규방송이 끝난 늦은 밤이나 일요일 아침 일찍 방영되는 TV 방송 강좌를 통해 이루어진다.

　대부분 1970년대 초에 제작된 것으로 보이는 이 방송 강좌에는 주로 헝클어진 머리에 이상한 옷차림을 한 괴짜 학자들이 등장하는데, 그들은 커다란 플라스틱 분자 모형이 놓여 있는 책상을 앞에 두고 칠판 앞에 서서 이해할 수 없는 말을 늘어놓곤 한다.

　"그러나 메르소의 정리에 의하면, 중성미자에 양전하를 작용시킬 경우 두 개의 자유로운 동위원소가 반대 기울기를 가진 궤도로 날아가는 한편, 이 공식에서 볼 수 있는 바와 같이 음전자는 양전자가 되고 양전자는 음전자가 됩니다."

그러고는 〈뉴요커〉지 만화에 정기적으로 등장하는 것과 비슷한 복잡하고 의미 없는 공식들 중 하나를 끼적거린다.

'개방 대학'이 술집 순례를 마치고 돌아온 사람들에게 인기가 있는 이유는 내용이 재미있어서가 아니라 꽤 오랜 기간 자정 이후에 영국 TV에서 방영하는 유일한 프로그램이었기 때문이다.

지금은 한밤중에 집에 돌아와 TV를 켜면 트렌치코트를 입고 서서 풀리지 않는 미스터리를 이야기하는 피터 그레이브스나 기상 예보, 〈왈가닥 루시〉 등이 나올 터이고, 최소한 세 개의 채널에서 〈M*A*S*H〉 재방송을 하고 있을 것이며, 프리미엄 영화 채널에서는 주로 결혼 적령기의 여배우들이 유쾌한 소동을 벌이는 영화들을 틀어줄 것이다. 모두 그 나름의 재미는 있겠지만, 500cc 맥주 여섯 잔을 마시고 나서 '개방 대학'을 보는 재미에는 비할 바가 못 된다. 진심으로 하는 말이다.

이유는 잘 모르겠으나 나는 늘 늦은 밤에 TV를 켜고 '개방 대학'을 보는 게 재미있었다. 그 안에는(아마도 남은 시간을 모두 역전류 검출관 앞에서 보낼 생각으로) 1973년에 단 한 번 간 '쇼핑 여행'에서 앞으로 입을 옷을 몽땅 사가지고 왔을 것처럼 보이는 강사가 나와서 이상하게 단조로운 목소리로 "따라서 발산하지 않는 두 개의 해(解)를 더했을 때 또 하나의 발산하지 않는 해가 얻어진다는 것을 알 수 있습니다" 같은 말을 하곤 했기 때문이다.

대부분의 경우 나는 그들이 하는 말을 이해하지 못했지만(그렇기 때문에 더 열심히 보았는지도 모른다) 아주 드물게 강의 주제를 이해하고 흐뭇해질 때가 있었다. 몇 년 전에는 마케팅 분야에서 학위를 따려는 사람들을 위한 아주 재미있는 강의를 본 적이 있는데, 영국과 미국에서 각기 건강 관련 제품을 판매하는 방식을 비교하는 내용이었다.

강의의 요지는 같은 제품이라도 시장에 따라 판매 방식을 달리 해야 한다는 것이었다. 예를 들어 감기약 광고의 경우, 영국에서는 이 약을 먹으면 상태가 호전될 것이라고 광고한다. 여전히 코가 빨갛고 파자마를 입고 있을지라도 어렴풋이나마 얼굴에 미소가 돌아오리라는 것이다. 그러나 미국에서는 똑같은 제품이라도 즉각적이고 전적인 치료 효과를 보장해야 한다. 이 기적의 제제를 복용하면 그 즉시 파자마를 벗어던지고 일터에 복귀할 수 있을 뿐만 아니라 그 어느 때보다 원기 왕성해져서 볼링장에서 하루를 마무리하리라는 식이다.

영국인들은 의약품이 그들의 생활을 바꿔놓으리라 기대하지 않는 반면, 미국인들은 그에 못 미치는 어떠한 약속에도 만족하지 못한다. 세월이 흘러도 미국인들의 이러한 사고방식에는 변함이 없는 것 같다. 미국인들이 완벽한 컨디션을 원한다는 것은 몇 분간 TV 채널을 이리저리 돌려보거나 잡지를 뒤적거리거나 약국 선반을 훑어보기만 해도 알 수 있는 일이다. 심지어 우리 집에 있는 샴푸 용기에조차도 "기분을 새롭게" 해줄 것이라고 쓰여 있다.

이상하게도 우리는 약을 먹지 말자고 굳게 다짐하면서도 약국에 가서 약을 한아름 사들고 온다. 미국인들은 매년 온갖 종류의 치료약에 75억 달러를 소비하며, 열성적으로 그리고 거리낌 없이 약품을 구입한다.

요즘 나오는 TV 광고들 중에는 쾌활해 보이는 중년 부인이 카메라를 향해 툭 터넣고 "설사가 날 때 나는 좀더 편안해지고 싶답니다"라고 말하는 광고가 있다.(여기에 대해 나는 늘 '왜 설사가 날 때까지 기다린담?' 하고 말하곤 한다.)

또 어떤 광고에서는 볼링장에서(이런 종류의 광고에는 볼링장이 자주 등장한다) 한 남자가 공을 잘못 던진 뒤 얼굴을 찡그리면서 곁에 있는 친구에게 "치질이 도졌어" 하고 중얼거린다. 그러면 친구는 주머니에 넣어둔 치질 연고를 꺼낸다! 운동가방도 아니고 자동차 앞좌석의 수납칸도 아니고 셔츠 주머니에서 꺼내 보여주는 것이다. 놀랍지 않은가.

그러나 내가 미국을 떠나 있는 동안에 일어난 정말 놀라온 변화는 처방약까지 광고를 하기 시작했다는 점이다. 지금 내 앞에는 〈건강〉이라는 제목의, 광고로 도배를 하다시피 한 대중잡지가 한 권 놓여 있는데, 여기에는 굵은 글씨로 "한 알만 드시면 될 것을 왜 두 알을 드시나요? 프렘프로는 알약 하나에 프레마린과 프로게스틴을 한데 섞어 놓은 유일한 처방약입니다" 같은 문구가 등장하는 광고가 나온다.

또 다른 광고는 "질 세균감염에 대한 만족스러운 처치를 받아보신 적이 있나요?" 같은 보다 자극적인 질문을 던진다. 세 번째 광고는 곧바로 경제적인 면을 파고든다. "나는 평생 혈압 약을 먹어야 한답니다. 그런데 의사가 약을 프로카디아XL에서 아달라트CC로 바꿔주어서 얼마나 절약이 되었는지 몰라요."

이러한 광고들이 노리는 것은 소비자들이 의사를 졸라 광고에 등장하는 약으로 처방을 받게끔 하려는 것이다. 사람들이 광고를 보고 어떤 약을 먹을지를 결정한다는 것은 참으로 이상스러운 일이다. 하지만 미국인들은 약에 대해 꽤 많이 알고 있는 듯하다. 의약품 광고는 거의 대부분 약에 대한 꽤 높은 수준의 지식을 전제로 하고 있다. 질 세균감염 광고는 디푸루칸을 복용하는 것은 "모니스타트7이나 진-로트리민, 미셀렉스7 같은 약을 일주일간 복용하는 것과 비슷하다"고 주장하며, 프렘프로 광고는 프렘프로가 "프레마린과 프로게스틴을 따로따로 복용하는 것과 같은 효과"를 낸다고 말한다.

이런 말들이 수백만 명의 사람들에게 유의미한 진술임을 이해하게 된다면 같이 볼링을 치러 온 친구가 셔츠 주머니에 치질 연고를 넣고 다니는 것도 그리 이상해 보이지는 않을 것이다.

전 국민이 이 같은 건강 강박증에 휩싸여 있는 것이 과연 그럴 만한 가치가 있는지 모르겠다. 그러나 완벽한 내적 조화를 얻을 수 있는 훨씬 더 기분 좋은 방법이 있다는 것은 안다. 바로 맥주 여섯 잔을 마시고 90분 동안 '개방 대학'을 시청한 뒤 잠자리에 드는 것이다. 이제까지 이 방법을 써서 효과가 없었던 적이 없다.

4. 요리란 무엇인가?

나는 레스토랑에 가는 것을 좋아하지 않는다. 레스토랑엘 가면 늘 이상하게 웨이트리스의 반감을 사게 되기 때문이다. 물론 이것은 결코 바람직하지 않은 현상이다. 웨이트리스들은 잠시 후 우리 입안에 들어갈 음식들에 대해 권력을 행사할 수 있는 몇 안 되는 사람들 중 하나이므로.

나의 문제는 음식 메뉴를 잘 알아듣지 못한다는 것이다. 예를 들어 내가 샐러드를 주문하면 웨이트리스는 16가지 드레싱의 이름을 재빠르게 읊어대는데, 나로서는 한 번에 그 많은 이름을 알아듣기가 버겁다.

"다시 한 번 말씀해주시겠어요?"

나는 바보 같은 미소를 지으며 말한다.

그러면 웨이트리스는 하루 종일 반편이들에게 16가지의 샐러드 드레싱을 읊어주어야 할 때면 누구라도 그렇듯, 가벼운 한숨을 내쉬고 눈알을 살짝 굴리고는 다시 한 번 샐러드 드레싱의 목록을 읊기 시작한다. 나는 이번에는 매우 엄숙하고 진지하게, 연신 고개를 끄덕이며 듣는다. 그러고는 예외 없이 그녀가 언급하지 않은 것을 선택한다.

"사우전드 아일랜드는 없는데요."

웨이트리스가 잘라 말한다.

나는 다시 한 번 들려달라고 할 수가 없어서 내가 기억하는 유일한 샐러드 드레싱, 이름이 하도 이상해서 기억하는 유일한 드레싱을 주문한다. 최근에는 보다 간편한 방법을 생각해냈다. "분홍빛이 돌고 운동 가방 냄새가 나지 않는 거라면 아무거나 상관없어요" 하고 말하는 것이다. 그러면 대개 알아서 가져다준다.

우아한 고급 레스토랑이라면 사정은 더욱 안 좋다. 종업원이 숨이 막힐 정도로 거창하고 화려한 수사를 동원해서 저녁 특선 메뉴를 설명하기 때문에 무슨 말인지 당최 알아들을 수가 없는 것이다. 지난주에 우리 부부는 결혼기념일을 맞아 버몬트 주에 있는 고급 레스토랑엘 갔는데, 그때 나는 웨이터가 설명하는 것을 단 하나도 알아듣지 못했다.

그는 열성적으로 말하기 시작했다.

"오늘 밤에는 우리 식당 소유의 식물원에서 키운 허브로 맛을 낸 '말 드 메르' 소스를 곁들여 먹는 해산물 갈레트가 있는데요, 이것은 프로시아 투구에 넣어서 정확히 17분 4초 동안 구워낸 후 삶은 닭 아랫볏과 우즐 잎사귀를 얹은 것이랍니다. 정말 맛있고 대단히 새로운 음식이지요. 또한 리오 로초 커틀릿이 있는데, 이것은 우리 식당의 플라멩코 무희들이 직접 손님의 식탁에서 양념을 해드립니다. 양념이 되어 부드러워진 고기를 구아버 껍질과 햇볕에 바짝 말린 치장벽토를 바른 토기에 넣어 27분 동안 구워내지요. 채식주의자들을 위해서는 우리 식당 소유의 숲에서 가져온 여러 가지 과일의 설탕절임과……."

이런 식의 설명이 30분간 이어졌다. 나보다 세련된 아내는 현란한 어구에 당황하지 않았다. 그녀의 당면 과제는 복잡 다양한 메뉴 중에서 무얼 먹을까를 결정하는 것이었다. 아내는 주의 깊게 듣고 나서 말했다.

"프라이팬에 구워서 유기농 스폴레토 위에 얹어서 나오는 것이 스퀴브인가요?"

"아니요, 그건 구운 당나귀 고기랍니다. 스퀴브는 파파야 속에 가볍게 굴려서 올레이와 칼라민에 버무린 것을 네 조각으로 나눠 껍질콩과 국수 위에 얹어서 내지요."

나는 아내가 왜 그런 것을 묻는지 알 수가 없었다. 죄다 너무 복잡해서 알아듣기도 힘들뿐더러 어쨌든 술에 취해서 내기라도 한 판 벌이지 않는 한 먹게 될 것 같지 않은 음식들이었으므로.

지금은 그 모든 순간이 특별하게 여겨진다. 왜냐하면 방금 전에 하버드 대학교의 저명한 박물학자인 에드워드 O. 윌슨의 명저《삶의 다양성》을 읽었는데, 여기서 윌슨은 서구 세계에서 먹는 음식이 실은 그다지 다양하지 않다는 새롭고도 놀라운 주장을 하고 있기 때문이다.

윌슨에 의하면 지구상의 식용 가능한 식물 3만 종 중에서 인간이 조금이라도 먹는 것은 20종에 불과하며, 그 중에서도 밀과 옥수수와 쌀이 온대지역 사람들의 먹거리 절반을 차지한다고 한다. 과일은 학계에 알려져 있는 3000종 중 10여 종을 제외하고는 완전히 잊혀졌으며, 채소의 경우 과일보다는 형편이 조금 낫지만, 아주 조금 나을 뿐이다.

그렇다면 우리는 왜 이렇게 적은 종의 식물만을 먹는가? 윌슨에 의하면 우리가 먹는 식물은 1만 년 전 신석기 시대의 우리 조상들이 처음 농사짓는 법을 알게 되었을 때 재배한 것들이라고 한다.

동물도 마찬가지다. 오늘날 우리가 식용으로 기르는 동물은 특별히 영양가가 높다거나 맛있어서 먹는 게 아니라 석기시대에 처음 길들여졌기 때문에 먹는 것이다.

다시 말해서 음식에 관한 한 우리는 미개인과 다를 바 없다. 나는 이 점이 많은 것을 설명해준다고 생각한다. 웨이터가 우리 앞에서 온갖 알 수 없는 음식들에 대해 멋들어진 설명을 늘어놓을 때 점점 커져가는 나의 곤혹스러움을 포함한 많은 것들을.

"아무 고기나 가져와요"라고 나는 말하고 싶었지만, 물론 그렇게 하지는 않았다.

마침내 그의 설명이 끝났을 때 그가 마지막으로 한 말이 나한테는 "호박 껍질과 금귤나무 열매를 넣고 오븐에 구운 퓌틸리테('하찮은 것'이라는 뜻의 불어)가 있습니다"처럼 들렸다.

"퓌틸리테가 아니라 푀이테(잎을 포개 놓은 모양의 케익류)에요."

아내가 말했다.

"그게 뭔데?"

내가 우울하게 물었다.

"당신이 좋아할 만한 것은 아니에요, 여보."

나는 침울한 얼굴로 웨이터를 향해 물었다.

"한때 소의 일부였던 거 뭐 없나요?"

그는 딱딱한 표정으로 고개를 끄덕였다.

"물론 있습니다, 손님. 몬태나 주에 있는 우리 식당의 전용 목장에서 옥수수를 먹여 기른 홀스타인 종 소의 옆구리 살에서 우리 식당의 정형사(도축한 육류의 뼈를 발라내고 부위별로 분류하는 직업)가 베어내어 종려나무와 버펄로 칩(말려서 연료로 쓰는 버펄로 똥) 위에서 서서히 익힌 450그램의 쉬프렘 드 뵈프('최상급 쇠고기'를 뜻하는 불어)가 있습니다."

"스테이크를 말하는 거요?"

나는 목에 힘을 주고 말했다.

"우리 식당에서 사용하는 용어는 아니지만, 그렇습니다."

물론이다. 이제 모든 게 분명해졌다. 전문용어만 잘 알고 있으면 여기서도 먹을 만한 게 있었다.

"그걸로 하지요. 그리고 거기에 사람 손으로 썰어서 임페리얼 밸리(캘리포니아 남동부 지역) 산(産)의 다양한 식물성 기름에 노릇노릇하게 튀긴 그 뭐라더라, 감자 드프라비테하고, 이 식당의 전용 쿨러에서 꺼내다가 실린더 모양의 글라스에 담은 시원한 캉티테 드 비에르('다량의 맥주'를 뜻하는 불어)를 같이 가져다주시오."

웨이터는 내가 식당의 규범을 깨뜨린 데 대해 깊은 인상을 받은 듯했다. 그는 고개를 끄덕이며 "알겠습니다, 손님" 하고 말한 뒤 발뒤꿈치를 철컥 맞부딪치고는 사라져갔다.

"푀이테는 가져오지 말아요."

나는 그의 등 뒤에 대고 소리쳤다. 나는 음식에 대해서는 잘 모르지만 이것만큼은 확실히 알고 있다. 스테이크와 함께 먹어서는 안 될 것이 하나 있다면 그것은 바로 푀이테라는 걸.

5. 규칙 1: 모든 규칙을 준수하라

요전 날 오후에 나는 어리석은 짓을 저질렀다. 동네 카페에 들어가서 좌석 안내를 받지도 않고 내 맘대로 자리에 가서 앉았던 것이다. 미국에서는 이런 일이 흔치 않지만 나는 그때 기발하고 중요한 생각인, '치약 튜브에는 언제나 약간의 치약이 더 남아 있다'를 떠올리고 있던 참이라 그 생각이 머릿속에서 사라지기 전에 메모해두고 싶었고, 어쨌든 카페 안은 거의 텅 비어 있다시피 해서 입구에서 가까운 곳에 자리를 잡고 앉았다.

잠시 후 '좌석 안내 담당 매니저'가 와서 차분한 목소리로 말했다.

"직접 자리를 찾아 앉으셨군요."

"네. 옷도 직접 입는답니다."

나는 자랑스럽게 대답했다.

"저 표지판을 보지 못하셨나요?"

그녀는 고갯짓으로 '좌석 안내를 받으실 때까지 기다려주세요'라고 쓰여 있는 커다란 표지판을 가리켰다.

나는 그 카페에 150번은 출입하였고, 아래에서 올려다보는 것을 제외한 모든 각도에서 그 표지판을 봐왔다. 하지만 모르는 체하기로 했다.

"오! 저런, 못 봤네요."

그녀는 한숨을 내쉬었다.

"지금 이쪽 파트의 안내를 담당하는 직원이 매우 바쁘니까 잠시만 기다려 주시겠어요?"

내 자리에서 사방 15미터 이내에 손님이 아무도 없었지만 그게 중요한 게 아니었다. 중요한 것은 내가 표지판에 적혀 있는 규칙을 따르지 않았고, 따라서 잠시 동안 벌을 서고 있어야 한다는 것이었다.

영국인들은 줄서기를 좋아하고 미국인들은 규칙을 좋아한다는 말처럼 잘못된 말도 없다. 영미인은 이런 일을 열의와 애정을 가지고 하는 게 아니라 이런 것들이 질서 잡힌 시민 사회를 이룩하고 유지하는 데 도움이 되리라는 생각에서 그렇게 하는 것뿐이다. 일반적으로 이것은 아주 좋은 일이다. 나는 영국에 약간의 독일식 질서를 도입하면 좋을 거라고 생각한 적이 있다. 예컨대 사람들이 주차장에서 두 개의 칸에 걸쳐 차를 주차시킨다거나 할 때 말이다.(이런 사람들은 사형 선고를 받아도 싸다.)

그러나 질서에 대한 미국인들의 집착은 때로 지나치다 싶을 때가 있다. 예를 들어서 우리 동네 수영장에는 27개나 되는 규칙이 적혀 있는데, 그 중에서도 압권은 '다이빙대에서는 발을 한 번만 구르시오'라는 규칙이다. 이런 규칙들이 실제로 시행되고 있는 것이다.

참으로 답답한 것은 이런 규칙들이 이치에 닿는지 여부가 중요한 게 아니라는 것이다. 일 년쯤 전에 미국의 항공사들은 점증하는 테러 위협에 대처하기 위해 승객들에게 사진이 부착된 신분증을 제시하도록 했다. 이 같은 사실을 나는 집에서 160킬로미터 떨어진 공항에서 비행기를 타려고 할 때 처음 알았다.

"사진이 있는 신분증을 보여주세요."

직장에서의 첫 포상으로 나일론 넥타이를 탔을 것 같은 매력적이고 열의가 넘치는 항공사 직원이 말했다.

"그래요? 나한테 그런 건 없을 텐데요."

나는 이렇게 말하고 그러면 뭐가 달라지기라도 할 것처럼 호주머니를 두드리기 시작했다. 그러고는 지갑에서 각종 카드를 끄집어냈다. 도서대출증, 신용카드, 사회보장카드, 건강보험카드, 항공권 등 내 이름이 쓰여 있는 온갖 종류의 카드가 있었지만 사진이 붙어 있는 것은 하나도 없었다. 마침내 나는 지갑 뒤편에서 가지고 있다는 사실조차 까맣게 잊고 있던 아이오와 주 운전면허증을 발견했다.

"유효기간이 지난 것이군요."

직원이 코웃음을 쳤다.

"그럼 비행기를 몰지 않도록 하죠."

내가 대답했다.

"어쨌든 여기에 붙어 있는 사진은 15년 전 것이에요. 보다 최근 사진이 필요합니다."

나는 한숨을 내쉬고 내 소지품을 샅샅이 뒤졌다. 그러던 중 마침 내가 쓴 책을 한 권 가지고 있다는 데에 생각이 미쳤다. 그 책 표지에 내 사진이 들어 있었던 것이다. 나는 살짝 안도하며 자랑스럽게 그 책을 직원에게 건넸다.

그는 책을 한번 쳐다보고 내 얼굴을 빤히 쳐다보더니 들고 있던 리스트에 시선을 주었다. 그러고는 "이건 허용되는 시각 이미지 리스트에 올라 있지 않은데요"라거나 그 비슷한 의미 없는 말을 했다.

"물론 그렇겠지만, 그래도 이건 나예요. 이보다 더 정확할 순 없다고요."

나는 목소리를 낮추며 그에게로 바싹 다가섰다.

"설마 내가 버펄로 행 비행기를 타기 위해 특별히 이 책을 만들었다고 생각하는 건 아니겠죠?"

그는 또다시 나를 빤히 쳐다본 후 다른 직원을 불러 의논하더니 또 다른 직원을 불러왔다. 결국 이 일은 세 명의 창구직원과 그들의 상사와 다시 그 상사의 상사, 그리고 두 명의 짐꾼과 몇몇 호기심 많은 구경꾼들과 알루미늄 케이스를 들고 다니며 장신구를 파는 사람 등이 몰려든 가운데 끝이 났다. 비행기 이륙시간이 임박하자 내 입가에 거품이 일기 시작했다. 나는 제일 윗사람에게 물었다.

"뭐가 이렇게 복잡해요? 왜 사진이 부착된 신분증이 필요한 거죠?"

그는 우울한 얼굴로 내 책과 운전면허증, 그리고 허용되는 사진들의 리스트를 보며 말했다.

"연방항공국 규정 때문입니다."

"그렇지만 당신은 정말로 테러리스트에게 신분증의 사진을 제시하게 함으로써 테러를 저지할 수 있다고 믿나요? 비행기 납치 같은 복잡한 임무를 계획하고 실행에 옮길 수 있는 사람이 그럴싸한 가짜 신분증 하나 만들지 못하리라 생각해요? 직장에서 졸지 않는, 그리고 아마도 작은 연체동물 이상의 지능을 가진 사람을 직원으로 고용해서 엑스선 촬영기 위의 스크린을 모니터하게 하는 것이 테러에 대비하는 보다 생산적인 방법이 아닌가요?"

내가 정확하게 이렇게 말한 건 아니지만, 그 당시의 내 기분을 말로 표현하자면 이랬다.

그러나 비행기 탑승 시에 요구되는 것은 신원을 밝히는 것이 아니라 안내문의 지시에 정확하게 일치하는 방식으로 신원을 밝히는 것이다.

나는 방법을 바꿔서, 사정을 해보기로 했다. 적합한 신분증이 없이는 다시는 공항에 나타나지 않겠노라고 약속하고, 깊이 반성하는 태도를 취했다. 버펄로에 가기 위해 나만큼 진지하게 노력한 사람도 없을 것이다.

마침내 그는 주저하며 창구직원에게 고개를 끄덕였다. 그러고는 내게 또다시 이런 식으로 은근슬쩍 넘어가려 하면 안 된다고 경고한 후 동료들과 함께 자리를 떴다.

창구직원은 내게 탑승권을 내주었고, 나는 게이트를 향해 걷다가 뒤돌아서서 나지막하고 비밀스러운 어조로 그에게 말했다.

"치약 튜브에는 언제나 약간의 치약이 더 남아 있답니다."

6. 야구팬이 된다는 것

사람들은 때때로 내게 야구와 크리켓이 어떻게 다른지를 묻는다.

답은 간단하다. 둘 다 볼과 배트를 다루는 솜씨가 뛰어나야 하지만, 다음과 같은 커다란 차이점이 있다. 바로 야구는 손에 땀을 쥐게 할 만큼 흥미진진한 경기이며, 하루 일과를 마치고 집에 돌아가면 어느 팀이 이겼는지 알 수 있다는 것이다.

물론 웃자고 하는 말이다. 크리켓은 규모는 좀 작지만 호쾌한 액션으로 가득한 멋진 경기다. 만약 의사가 내게 절대 안정을 취하고 지나치게 흥분하는 일이 없도록 하라고 지시한다면 나는 그 즉시 크리켓 팬이 될 것이다. 하지만 그때까지 내 마음은 야구에 가 있을 것이다.

야구는 내가 어릴 때부터 친근하게 접해왔으며 소년 시절에 하던 운동이다. 물론 이 같은 사실은 어떤 운동을 마음으로부터 이해하고 좋아하게 되는 데 있어 결정적인 요소가 된다. 여러 해 전에 나는 영국에서 영국인 친구들과 함께 축구장에 갔다가 이 점을 절실히 느꼈다.

나는 TV에서 축구경기를 보아왔던 터라 막상 실전에 임했을 때에도 어떻게 해야 하는지 안다고 생각했다. 그래서 친구 하나가 내 쪽으로 공을 띄웠을 때 나는 TV에서 케빈 키건이 그랬던 것처럼 머리로 가볍게 공을 튕겨서 골대에 꽂기로 마음먹었다. 비치볼에 헤딩할 때처럼 부드러운 '퉁' 소리와 함께 공이 가볍게 내 머리를 떠나 우아한 곡선을 그리며 골 네트를 가를 것이라 여겼던 것이다. 그러나 물론 이 때의 느낌은 볼링공에 헤딩하는 것과 비슷했다. 내가 예상했던 것과 그토록 다른 느낌을 받았던 적도 없었다. 나는 이마에 커다란 빨간 원과 '마이터(MITRE)'라는 글자가 박힌 채 비틀거리는 다리로 네 시간을 걸어 다닌 끝에 그렇게 어리석고 고통스러운 짓은 다시는 하지 않겠노라고 맹세했다.

내가 이 이야기를 하는 것은 이제 막 월드시리즈(여기서는 메이저리그 포스트시즌 전체를 가리킨다)가 시작되었고, 내가 왜 월드시리즈에 열광하는지를 알려주고 싶기 때문이다. 월드시리즈는 아메리칸리그의 승자와 내셔널리그의 승자 사이에 우열을 가리는 야구 경기다. 아니, 실은 몇 년 전에 제도가 바뀌었으므로 이 말은 그리 정확하다고 할 수 없다. 옛날 방식의 문제점은 겨우 두 팀이 맞붙는다는 것이었다. 보다 많은 팀을 끌어들이면 훨씬 더 많은 돈을 벌어들이리라는 것은 굳이 뇌수술 전문의가 아니어도 알 수 있는 일이다. 그래서 각 리그는 각각 서너 개의 팀으로 구성된 세 개의 지구로 나뉘었다. 이제 월드시리즈는 가장 뛰어난 두 팀 사이의 경기가 아니라 각 리그의 서부지구와 동부지구, 중부지구 우승 팀들과 와일드카드 팀이 일련의 플레이오프 경기를 치르는 방식으로 진행된다.

이것은 매우 복잡하지만, 본질적으로는 시카고 컵스를 제외한 다른 모든 팀이 월드시리즈에 진출할 기회를 갖는다는 것을 의미한다. 시카고 컵스는 이처럼 유리한 여건의 제도 하에서도 이때가지 월드시리즈에 진출할 자격을 얻은 적이 단 한 번도 없었다. 자격이 될 뻔한 적은 종종 있었지만, 그리고 때때로 자격이 안 되리라고는 상상도 할 수 없을 정도로 좋은 성적을 거두기도 하지만 늘 마지막에 일을 그르치고 만다. 17경기를 연속으로 진다거나, 쉬운 공을 잡지 못하고 다리 사이로 흘려보낸다거나, 외야수끼리 서로 부딪치는 희극적인 광경을 연출한다거나 하는 식으로 어떻게 해서든 월드시리즈에 진출할 기회를 놓치고 마는 것이다.

그들은 이 같은 일을 반 세기 동안 확실하고도 효율적으로 수행해 와서, 1945년 이래로 시카고 컵스는 월드시리즈에 진출해본 적이 없다. 스탈린도 그보다는 좋은 시절을 보냈을 것이다. 시카고 컵스의 해마다 반복되는 이 같은 실패는 야구와 관련하여 내 평생 변치 않는 유일한 것이었고, 이를 나는 매우 고맙게 생각한다.

야구팬이 되는 것은 쉬운 일이 아니다. 야구팬들은 어찌할 수 없이 감상적인 사람들인데, 미국의 스포츠계처럼 큰돈을 벌어들이는 곳에는 그러한 감상이 개입할 여지가 없기 때문이다. 다른 나라 사람들이 느끼는 미국 스포츠계의 두드러진 현상 중 하나는 구단이 너무나 아무렇지도 않게 오랜 팬들을 버리고 새로운 도시로 옮겨간다는 것이다. 영국 축구의 경우 맨체스터 유나이티드가 런던으로 옮긴다거나 에버턴이 포츠머스에 새로이 둥지를 트는 일 따위는 상상도 할 수 없는 일이다. 그러나 여기서는 늘상 그런 일이 일어나며, 한 번 이상 옮기는 경우도 더러 있다. 브레이브스는 보스턴에서 창단된 팀이지만 밀워키로 옮겼다가 다시 애틀랜타로 옮겼고, 애슬레틱스는 필라델피아에서 시작했지만 캔자스시티로 갔다가 다시 오클랜드로 옮겼다.

그러는 동안 메이저리그는 점점 몸집이 불어나 나로서는 팀과 연고지를 연결하기가 힘들 정도가 되었다. 메이저리그의 30개 팀 중에서 내가 어릴 때 연고지로 알고 있던 도시에 그대로 남아 있는 팀은 11개뿐이다. 이제는 내가 잘 모르는 팀들도 있어서, 애리조나 다이아몬드백스 같은 경우 순위표를 보지 않고는 내셔널리그 소속인지 아메리칸리그 소속인지 알 길이 없다. 야구를 사랑하는 한 사람으로서 이런 고백을 해야 한다는 것은 참으로 끔찍한 일이 아닐 수 없다.

팀이 원래의 터전을 지킨다고 해도 실은 지키는 게 아니다. 그들은 끊임없이 옛 스타디움을 부수고 새 스타디움을 짓는다. 나를 괴짜라고 불러도 좋고 까다롭다고 해도 좋다. 그러나 야구 경기는 옛 스타디움에서 관람해야 한다는 것이 내 생각이다. 예전에는 미국의 모든 대도시에 유서 깊은 구장이 있었다. 대체로 축축하고 낡아서 삐걱거리지만 품격이 있는 구장이. 옛 구장들은 좌석에 금이 가 있고, 바닥은 흥분되는 순간에 쏟은 음료수 자국이 오랜 세월 눌어붙어 끈적거리는 데다, 지붕을 떠받치는 무쇠 기둥은 시야를 가리기 일쑤다. 그러나 이런 것들은 모두 영광의 일부다.

이런 옛 구장들 중 지금까지 남아 있는 구장은 네 곳뿐이며, 그 중 두 군데, 뉴욕의 양키스타디움과 보스턴의 펜웨이파크는 헐릴 위기에 처해 있다. 나는 우리 집이 펜웨이파크에서 가깝다는 점이 우리가 뉴햄프셔 주에 정착하게 된 결정적인 이유라고는 말하지 않겠다. 하지만 확실히 그것도 한 가지 요소로 작용했다. 그런데 이제 구장 소유주가 펜웨이를 부수고 새 스타디움을 세우려고 하는 것이다.

공정을 기하기 위해서 이 점은 말해두어야 할 것 같다. 바로 1990년대에 지어진 새 구장들은 그 이전의 30년간 지어진 다목적구장에 반대하여 건설되었고, 옛 구장의 품격과 친근함을 유지하려고 애써왔다는 것이다.

하지만 새 구장들에는 한 가지 돌이킬 수 없는 결함이 있으니, 바로 새것이라는 점이다. 새 구장은 역사가 일천하고, 면면히 이어져온 영광스러운 과거와 단절되어 있다. 아무리 신경 써서 잘 짓는다 해도 새 펜웨이파크는 테드 윌리엄스가 방망이를 휘두르던 곳이 될 수 없다. 신발이 바닥에 들러붙지도 않을 것이고, 소리의 울림도 예전 같지 않을 것이다. 이상한 냄새도 나지 않을 것이다. 한 마디로 그곳은 펜웨이가 될 수 없을 것이다.

나는 펜웨이가 헐리면 새 구장에 가지 않겠노라고 입버릇처럼 말해왔지만, 그것이 진심이 아님을 안다. 나는 어찌할 수 없이 야구에 중독되어 있기 때문이다. 이 모든 상황이 불운한 시카고 컵스에 대한 나의 끝없는 존경과 찬탄을 배가시킨다. 컵스 팀은 시카고를 떠나겠노라고 위협한 적도 없고, 줄곧 리글리필드를 지켜왔다. 심지어 여전히 대부분의 경기를 (야구에 대해 신이 애초에 의도하신 대로) 주간경기로 치르고 있기까지 하다. 리글리필드에서 벌어지는 주간경기를 관람하는 것은 미국에서 접할 수 있는 참으로 멋진 경험 중 하나다.

문제는 시카고 컵스만큼 월드시리즈에 진출할 자격을 갖춘 팀도 없지만, 시카고 컵스는 월드시리즈에 진출할 수 없다는 것이다. 그렇게 되면 월드시리즈에 나간 적이 없는 그들의 전통을 깨뜨리는 것이 될 터이기에. 이 무슨 풀리지 않는 모순인가?

어떤가? 야구팬이 되는 것은 쉬운 일이 아니라고 한 내 말이 이해가 되는가?

7. 도와주세요!

요전 날 나는 '컴퓨터 구조대'에 전화를 걸었다. 나보다 훨씬 나이 어린 누군가에 의해 나의 무지함이 일깨워져야 했기에. 앳된 목소리의 상담원은 먼저 시리얼 넘버부터 알려달라고 했다.
"그게 어디에 있는데요?"
내가 조심스럽게 묻자 그는 이렇게 대답했다.
"CPU의 기능조절장치 밑에 있어요."
내가 컴퓨터 구조대에 전화를 자주 하지 않는 것은 이래서다. 대화를 나눈 지 4초도 지나지 않았는데 나는 이미 무지와 수치의 물결에 휩쓸려 얼음처럼 차가운 굴욕의 만 깊숙이 밀려들어간 느낌이었다. 금방이라도 그가 메모리가 얼마나 되는지를 물어올 것 같은 불길한 예감이 들었다.
"TV 화면처럼 생긴 것 근처에 있나요?"
나는 힘없이 물었다.
"컴퓨터에 따라 다르죠. 선생님 컴퓨터 모델이 Z-40LX 멀티미디어 HPii인가요, 아니면 ZX46/2Y 크로미엄 B-BOP인가요?"
대화는 이런 식으로 계속되었지만, 결론부터 말하자면 내 컴퓨터의 시리얼 넘버는 메인 컨트롤박스 밑의 자그마한 금속판에 새겨져 있었다. 자, 나를 어리석은 이상주의자라고 불러도 좋다. 하지만 만약 내가 컴퓨터회사 사장이어서 우리 회사에서 만든 모든 컴퓨터에 시리얼 넘버를 붙여놓고 고객으로 하여금 회사에 전화할 때마다 시리얼 넘버를 되뇌게끔 해놓았다면, 나는 이웃의 도움을 받아 가구를 옮겨야 간신히 보이는 그런 위치에 시리얼 넘버를 붙여놓지는 않을 것 같다.

내 컴퓨터의 모델 넘버는 CQ12476590003312-Dip/22/4이다. 여기서 내가 묻고 싶은 것은 왜 이렇게 복잡한 번호가 필요한가 하는 것이다. 만약 이 우주에 존재하는 모든 중성미자나 우주 대폭발 시에 생겨나서 가장 멀리 사라져간 기체와 이 지구 사이의 모든 물질 입자가 컴퓨터로 바뀐다고 해도 이런 제도에서라면 충분히 쓰고도 남을 만큼의 시리얼 넘버를 만들 수 있다.

나는 이 일을 계기로 일상생활에 필요한 갖가지 번호들을 살펴보게 되었는데, 거의 대부분이 지나치게 길고 복잡했다. 예를 들어 내 비자카드 번호는 열세 자리다. 2조의 잠재 고객을 커버할 수 있는 숫자인 것이다. 대체 무슨 생각에서 그토록 긴 숫자를 사용하는 걸까? 버젯렌트카 카드 번호도 열일곱 자리가 넘는다. 동네 비디오 가게조차도 10억 9000만 명의 고객을 확보하고 있는 것처럼 보인다.(〈LA 컨피덴셜〉이 늘 없는 것도 그 때문일 것이다.)

가장 인상적인 것은 '블루크로스/블루쉴드' 의료보험카드로, 여기에는 내가 YGH47590701800번으로 적혀 있을 뿐만 아니라 02368그룹으로 분류되어 있다. 그렇다면 각 그룹마다 나와 같은 번호를 가진 사람이 있을 것이다. 같은 번호를 가진 사람들끼리의 모임이 상상이 되는가?

자, 이제 본론으로 들어가기로 하자. 지난 20년 동안 미국인들의 삶을 무한히 향상시켜 준 것 중의 하나는 아무리 머리가 나쁜 사람이라도 기억할 수 있는 전화번호의 출현이다.

사람들은 이미 오래 전에 숫자가 아니라 문자에 의존하면 보다 쉽게 기억할 수 있다는 것을 깨달았다. 예를 들어 내 고향 디모인에서는 표준시를 알려면 244-5646번으로 전화하면 되는데, 이 번호가 잘 외어지지 않는다면 BIG JOHN으로 전화해도 같은 번호가 나온다. BIG JOHN은 누구나 쉽게 기억할 수 있을 것이다.(이상하게 이름 앞부분을 잘 기억하지 못하고, 낯선 사람을 깨워 시간을 물어보는 우리 어머니는 예외지만, 그건 또 다른 이야기다.)

요즘은 모든 기업에서 1-800번대 번호를 쓰는 까닭에 1-800-FLY TWA라든가 244-GET PIZZA 같은 번호를 흔히 볼 수 있다. 지난 20년 동안 일어난 변화 중에서 나 같은 단순한 사람들의 삶을 이루 말할 수 없이 향상시켜준 것은 그리 많지 않지만, 문자가 섞인 전화번호만큼은 의문의 여지없이 내 삶을 향상시켜 주었다.

이제 한 가지 제안을 하고자 한다. 우리 모두 어떤 경우에든 한 가지의 번호만 사용하는 것이다. 그렇게 되면 내 번호는 당연히 1-800-BILL이 될 것이고, 이 번호는 모든 경우에 통용이 될 것이다. 전화번호로도 쓰이고 신용카드나 여권번호로도 사용될 것이다. 그리고 이 번호로 비디오도 빌려볼 수 있을 것이다.

물론 그러기 위해서는 무수히 많은 컴퓨터 프로그램을 다시 만들어야 하겠지만, 그것은 분명 가능한 일일 것이다. 컴퓨터의 시리얼 넘버를 찾고 나면 곧바로 컴퓨터회사에 이야기해 봐야겠다.

8. 이발소에서

내 머리칼은 늘 즐거운 듯 위로 솟구쳐 있다. 내 몸의 나머지 부분이 아무리 고요하고 평화로워도, 상황이 아무리 심각하고 엄숙해도, 머리칼은 늘 파티를 벌이는 듯하다. 덕분에 단체사진에서 나를 찾는 것은 그리 어렵지 않다. 남몰래 '댄스 크레이즈 97'이라는 디스코 앨범에 귀를 기울이고 있는 듯한 머리칼을 하고 뒷줄에 서 있는 사람이 바로 나이기 때문이다.

나는 몇 달에 한 번씩 불길한 예감을 안고 변두리 이발소로 향한다. 왜 그런지는 잘 모르겠지만 나는 이발소에 가기가 두렵다. 이발 가운을 두르고 안경을 벗고 날카로운 이발 기구에 머리를 맡기는 것에는 나를 무력하고 불안하게 만드는 무언가가 있다.

팔을 자유롭게 쓸 수 없고 눈도 제대로 뜨지 못하는 상황에서 낯선 사람이 내 머리에 심각한, 거의 후회할 만한 무언가를 하고 있다고 한번 생각해보라. 나는 지금까지 250번은 머리를 잘랐을 터인데, 이를 통해 한 가지 배운 점이 있다면 이발사는 자기가 자르고 싶은 대로 자르고 여기에 대해 내가 할 수 있는 일은 아무것도 없다는 것이다. 따라서 내게 있어서 머리를 자르는 그 모든 과정은 트라우마로 가득하다. 나는 늘 저 사람에게만은 맡기고 싶지 않다고 생각한, 대개 '신참'이라고 불리는 이발사에게 걸리기 때문에 더욱 그렇다. 특히 그가 나를 자리에 앉히고 난 다음, 둘이서 내 머리 윗부분의 절망적으로 뻗친 머리칼을 빤히 쳐다보는, 그리고 그가 걱정될 만큼 열성적인 어조로 "그래, 어떻게 해드릴까요?" 하고 묻는 순간이 두렵다.

"그냥 조금 다듬어주세요."

나는 그에게 희망적인 눈길을 보내며 말해보지만, 그가 지나치게 불룩하고 무스로 빳빳하게 세운 머리와 아마도 컬이 져서 탄력 있어 보이는 앞머리를 떠올리고 있음을 이미 알고 있다.

"눈에 잘 띄지 않고 점잖아 보이는 스타일로요. 은행원이나 회계사 같은."

"원하시는 머리 모양이 있나 한번 보세요."

그는 영화 〈썬더버드〉에 나오는 등장인물들과 비슷한 헤어스타일을 하고 미소를 짓고 있는 남자들의 흑백사진이 붙어 있는 벽을 가리키며 말했다.

"조금 덜 튀어 보였으면 하는데요."

"보다 자연스러운 스타일 말씀이신가요?"

"맞아요."

"예컨대 제 머리 같은?"

나는 이발사를 힐끔 쳐다보았다. 그의 헤어스타일은 거친 바다 위를 지나는 항공모함 혹은 장식적으로 다듬어 깎은 정원을 연상시켰다.

"좀더 차분한 스타일로요."

나는 긴장해서 말했다.

그는 생각에 잠긴 채 고개를 끄덕였는데, 그 모습은 머리 모양에 관한 한 우리가 같은 우주에 속해 있지 않다는 것을 말해주는 듯했다. 그러고 나서 그는 갑자기 결연한 어조로 말했다.

"어떤 스타일을 원하시는지 알 것 같아요. 웨인 뉴턴 식 머리 모양이죠."

"그게 아니에요."

나는 항의했지만, 그는 이미 가위를 쥔 채 내 머리를 내리눌러 턱이 가슴에 닿게 만들었다.

"아주 인기 있는 스타일이랍니다. 볼링 팀 사람들은 모두들 그 머리를 하고 있죠."

그는 모터 돌아가는 소리와 함께 머리를 밀기 시작했다. 마치 벽지라도 벗겨내는 것처럼.

"나는 정말로 웨인 뉴턴 식 머리 모양을 원한 게 아니라고요."

나는 감정을 담아 중얼거렸지만 턱이 가슴에 닿아 있는데다 어쨌든 내 목소리는 이발 기구가 내는 소리에 묻혀 잘 들리지 않았다.

그래서 나는 움직이지 말라는 지시대로 꼼짝도 하지 않고 무릎만 쳐다보며 이발 기구가 내 머리 위를 지나갈 때의 끔찍한 소리를 들으면서 마치 영원처럼 길게 느껴지는 고통의 시간을 보내야 했다. 곁눈으로 힐끗 보니 꽤 많은 양의 머리칼이 어깨 위에 떨어져 있었다.

"너무 많이 자르지 말아요."

나는 투덜거렸지만, 그는 옆자리의 손님과 이발사와 함께 보스턴 켈틱스에 대한 이야기에 열을 올렸고, 이따금씩 다시 내 머리에 관심을 보이며 "오, 이런"이라거나 "젠장" 하고 웅얼거릴 뿐이었다.

마침내 그가 내 머리를 들어 올리며 물었다.

"길이는 어떠세요?"

나는 거울을 보았지만 안경을 끼지 않은 까닭에 보이는 것이라곤 멀리 분홍색 풍선처럼 보이는 게 전부였다.

"모르겠어요. 너무 짧은 것 같은데요."

내가 자신 없는 목소리로 말했다.

그는 내 눈썹 위쪽의 모든 것에 우울한 눈길을 보냈다.

"폴 앙카 식으로 자르기로 했던가요, 아니면 웨인 뉴턴 식으로 자르기로 했던가요?"

"둘 다 아니에요. 그냥 조금 다듬기로 했지요."

나는 마침내 상황을 정리할 기회가 온 것이 기뻐서 대답했다.

"뭐 한 가지 여쭤봐도 될까요? 손님은 머리가 얼마나 빨리 자라나요?"

"그다지 빨리 자라는 편은 아닌데요."

나는 거울을 뚫어져라 보았지만 여전히 아무것도 안 보였다.

"왜요? 무슨 문제라도 있나요?"

그러자 그는 "오, 아니에요" 하고 말했지만 마치 "네, 맞아요"라고 말하는 것처럼 들렸다. 그는 말을 계속했다.

"아니, 아무 문제 없어요. 그저 손님의 왼쪽 머리는 폴 앙카 스타일로, 오른쪽 머리는 웨인 뉴턴 스타일로 된 것 같아서요. 혹시 집에 커다란 모자를 가지고 계신가요?"

"대체 무슨 짓을 한 거죠?"

내가 놀라서 물었지만, 그는 다른 이발사들에게 의논하러 가고 없었다. 그들은 작은 목소리로 이야기하며 교통사고 환자를 보듯이 나를 보았다.

"제가 먹고 있는 항히스타민제 때문일 거예요."

신참의 우울한 목소리가 들려왔다.

이발사들 중 한 사람이 다가와서 자세히 보더니 겉보기보다는 심각하지 않다고 말했다.

"왼쪽 귀 뒤편의 머리를 좀 떼다가 다른 쪽 귓가에 붙이고 이쪽에서도 좀 가져다 붙이면 바니 러블(애니메이션 〈고인돌 가족〉에서 플린스톤의 멍청한 친구 캐릭터)과 비슷한 머리 모양이 되겠는걸."

그런 후에 그 이발사는 내 쪽을 보고 말했다.

"앞으로 몇 주 동안 외출할 일이 많으신가요?"

" '바니 러블'이라고 했나요?"

"에르퀼 포와로(애거서 크리스티의 추리소설에 등장하는 명탐정)처럼 보이지 않는다면 말이죠."

다른 이발사가 대답했다.

"에르퀼 포와로라고요?"

나는 낙심했다.

그들은 신참으로 하여금 나머지 할 수 있는 것을 하게 두었고, 신참은 10분쯤 후에 내게 안경을 건네고 머리를 들어올렸다. 거울에 비친 내 모습은 귀 달린 레몬 머랭 파이 같았다. 내 어깨 뒤쪽에서 신참이 자랑스럽게 웃고 있었다.

"어쨌든 꽤 괜찮아졌는데요?"

그가 말했다.

나는 아무 말도 할 수 없었다. 그에게 꽤 많은 돈을 건네고 비틀비틀 이발소를 나와서 옷깃을 세우고 머리를 어깨에 푹 파묻은 채 집으로 향했다.

집에 도착하자 아내가 내 얼굴을 한 번 쳐다보더니 진지하게 물었다.

"이발사를 화나게 할 만한 말을 하기라도 한 거예요?"

나는 어깨를 으쓱해 보였다.

"은행원처럼 잘라달라고 했는데."

아내는 다른 모든 아내들이 그렇듯 한숨을 내쉬었다.

"글쎄요, 말은 되는군요."

그녀는 특유의 수수께끼 같은 태도로 중얼거린 뒤 커다란 모자를 찾으러 갔다.

9. 소비자 상담 전화

　일전에 나는 줄곧 내 신경을 건드리던 무언가를 목욕탕에서 발견했다. 바로 조그만 치실 통이었다.
　내 관심을 끈 것은 치실 자체가 아니라 무료 상담 전화번호가 찍혀 있는 용기다. 거기에는 소비자 상담 전화를 하루 24시간 운영한다고 쓰여 있었다. 그러나 여기서 드는 의문 하나. 대체 전화할 일이 뭐란 말인가? 누군가 전화해서 근심 어린 목소리로 "치실을 구입했는데, 그 다음엔 어떻게 해야 하지요?" 하고 묻는 광경을 상상할 수 있는가?
　어떠한 이유에서든 치실회사에 전화를 걸 정도면 구강 위생에 대해 그렇게까지 무지하지는 않을 것이다.
　나는 호기심이 동해서 우리 집의 벽장 안을 전부 살펴보았다. 흥미롭게도 요즘 나오는 거의 모든 가정용품에는 소비자 상담실 전화번호가 찍혀 있었다. 우리는 소비자 상담실에 전화를 걸어 비누와 샴푸의 사용법을 안내받을 수도 있고, 아이스크림이 녹아서 밑으로 줄줄 새지 않게 하려면 어디에 보관해야 하는지에 대한 도움말을 들을 수도 있으며, 매니큐어를 신체의 어느 부위에 발라야 가장 멋져보일지에 대한 전문가의 의

견을 들을 수도 있다.("그러니까 이마에 바르는 게 아니란 말이죠?")

전화가 없거나, 있어도 아직 그 사용법을 익히지 못한 사람들을 위해서는 제품포장에, 땅콩의 경우 "껍질을 까서 드세요"라든가 표백제의 경우 "주의: 음료수 병으로 재활용하지 마세요" 같은 글이 인쇄되어 있다. 우리는 최근에 전기다리미를 하나 샀는데, 여기에는 폭발물과 함께 사용하지 말라는 문구가 적혀 있었다. 두어 주 전에는 이와 비슷한 맥락의 신문기사를 접했는데, 거기에는 '계속하려면 아무 키나 누르세요'라는 문구에서 '아무' 키가 뭔지를 묻는 전화가 너무나 많이 걸려 와서 이 문구의 수정 여부를 고려중이라는 어느 컴퓨터 소프트웨어 회사에 대한 이야기가 실려 있었다.

며칠 전까지만 해도 나는 이런 종류의 안내문이 필요한 사람들을 맘껏 비웃어주곤 했는데, 다음의 세 가지 이유로 생각을 달리하게 되었다.

첫째, 신문에서 애틀랜타 브레이브스의 스타 플레이어인 존 스몰츠에 대한 기사를 접했는데, 그 기사에 의하면 스몰츠는 훈련 기간에 가슴에 상처 자국이 난 상태로 모습을 드러냈다가 주변에서 자꾸 어찌된 일이냐고 묻자 몹시 쑥스러워하면서 셔츠를 입고 다림질을 하다가 그렇게 되었음을 고백했다.

둘째, 나는 그렇게 어리석은 짓을 저지른 적은 없지만, 그것은 단지 내가 그럴 생각을 하지 못했기 때문임을 깨닫게 되었다.

셋째, 결정적으로 나는 그저께 밤에 두 가지 볼일을 보러, 구체적으로 말하자면 파이프 담배를 사고 편지를 부치러 밖에 나갔다. 그러고는 담배를 사서 곧장 길을 건너 우체통으로 가서는 거기에다 담배를 집어넣었다. 내가 얼마나 더 걸은 뒤에야 이 같은 실수를 깨달았는지는 말하지 않겠다.

우체통에 '담배나 기타 개인 소지품은 투입하지 마시오'라는 문구가 붙어 있어야 실수를 하지 않을 나 같은 사람들은 다른 사람들을 비웃을 자격이 없다. 설령 상대가 자기 가슴에다 대고 다림질을 하거나 샴푸 회사의 소비자 상담실에 전화해서 샴푸 칠하는 방법을 묻는 사람들이라고 해도.

내가 저녁식탁에서 그 이야기를 하자 아내와 아이들은 모두 박장대소하며 내게 필요한 경고문들을 제안하기 시작했다. "주의: 출입문에 '당기시오'라고 쓰여 있으면 아무리 밀어봐야 헛일임" "경고: 탁자와 의자들 사이를 지날 때에는 스웨터를 머리 위로 벗지 마시오" 등 여러 가지가 나왔지만 그 중에서도 압권이었던 것은 "주의: 집을 나서기 전에 셔츠 단추가 하나씩 밀려서 채워져 있지나 않은지 확인하시오"다. 우리는 이렇게 경고문을 만들면서 몇 시간을 보냈다.

내가 무언가를 기억하거나 옷차림을 단정히 하거나 천장이 낮은 입구를 지나가거나 하는 것들을 포함한 여러 가지 일에 서툴다는 것은 나도 인정한다. 하지만 보다 중요한 것은 유전자다. 이제 이 말이 무슨 뜻인지 설명하도록 하겠다.

최근에 나는 건망증이 유전이라는 것을 밝혀낸 미시간 대학교인지 미네소타 대학교인지, 여하튼 'M'으로 시작하는 추운 주에 있는 대학교의 연구에 대한 신문기사를 보았다. 나는 이 기사를 오려내어 '건망증'이라는 제목의 파일에 철해 두었지만, 물론 그 파일을 어디에다 두었는지 잊어버렸다.

그러나 오늘 아침에 이 기사를 찾으려다 '유전자, 기타'라는 제목의 또 다른 흥미로운 파일을 발견했는데, 다행히 이것은 내가 찾으려고 한 것과도 전혀 관련이 없지는 않았다. 이 파일에는 1996년 11월 29일자 〈사이언스〉지에 실린 〈걱정 관련 특질과 세로토닌(뇌 신경 전달물질의 하나로, 부족하면 우울증을 유발할 수 있다고 알려져 있다) 운반 유전자 조절 부위 내 다형성(동종 집단 가운데에서 2개 이상의 대립형질이 뚜렷이 구별되는 현상)의 연관성〉이라는 제목의 글이 있었다.

아주 솔직하게 말하자면 나는 세로토닌 전달체의 다형성에 대해, 적어도 농구 시즌에는 새로운 지식을 많이 접하지 못했다. 하지만 "세로토닌 전달체는 세로토닌 반응의 크기와 기간을 조절함으로써 뇌의 세로토닌성 신경전달을 미세조정하는 데 중심적인 역할을 한다"라는 문장을 보았을 때 다른 누구라도 그랬겠지만 '와, 이 사람들 정말 대단한걸' 하는 생각이 들었다.

논문의 결론은 우리가 날 때부터 걱정이 많은 사람으로 태어날지 그렇지 않은 사람으로 태어날지를 결정하는 유전자인 17q12 염색체의 SLC6A4 유전자를 찾아냈다는 것이다. 정확하게 말하자면 긴 형태의 SLC6A4 유전자를 가진 사람은 낙천적이고 태평한 사람이 되기 쉽고, 짧은 형태의 SLC6A4 유전자를 가진 사람은 집을 나선 뒤 얼마쯤 가다가 꼭 "차 세워요. 욕실 물을 틀어놓고 나온 것 같아요" 같은 말을 하는 부류의 사람이 되기 쉽다.

이것이 일상생활에서 의미하는 바는 만약 우리가 날 때부터 걱정이 없는 사람으로 태어났다면 걱정할 일이 없고(물론 걱정을 하지도 않겠지만), 반면에 걱정이 많은 사람으로 태어났다면 여기에 대해 우리가 할 수 있는 일이 아무것도 없으니 걱정을 하지 않는 편이(하지만 물론 불가능한 일이다) 낫다는 것이다. 이 연구와 앞서 언급한, 어느 추운 주의 대학에서 행한 건망증 연구를 함께 놓고 생각해볼 때 유전자는 참으로 많은 것을 설명해준다고 하겠다.

'유전자, 기타' 파일은 또 한 가지 흥미로운 사실을 알려주었다. 리처드 도킨스는 《눈먼 시계공》에서 인간의 몸을 구성하는 10조 개의 세포에는 그 하나하나에 브리태니커 백과사전보다 더 많은 양의 유전 정보가 담겨 있지만 우리 몸속 유전 물질의 90퍼센트는 아무 일도 하지 않는 듯하다고 말했다.

여기서 다음과 같은 네 가지의 중요한 결론을 이끌어낼 수 있다. (1) 유전자는 비록 많은 일을 하지는 않을지라도 다양한 방법으로 우리를 실망시킬 수 있다. (2) 언제나 편지를 먼저 부치고 나서 담배를 사도록 하라. (3) 네 번째 항목을 기억해낼 수 없다면 결코 네 가지를 제시하겠다고 말하지 말라. (4) ……

10. 디자인 결함

나에게는 달리기를 좋아하는 10대 아들이 있다. 그 아이는 어림잡아 61켤레의 운동화를 가지고 있는데 그 하나하나가 다 베라자노내로스 교(뉴욕 시의 브루클린과 스태튼 섬을 잇는 복층 현수교) 이상으로 축적된 디자인 기술의 진수를 보여주는, 정말 놀라운 것들이다. 방금 아들의 마라톤 잡지에서 '스포츠 유틸리티 스니커즈'라 불리는 운동화에 대한 평을 읽었는데, 이렇게 쓰여 있었다.

"신발 앞뒤에 미세한 기공이 있는 이중 깔창 시스템이어서 안정감이 있으며, 뒤축의 젤이 충격을 흡수한다. 또한 이 신발의 좁은 족적은 인체공학적인 면에서 높은 효율성을 발휘하는 주자에게 적합한 운동화 고유의 특징이다."

앨런 셰퍼드(미국 최초의 우주인)조차도 이렇게 엄청난 과학의 혜택을 누리지는 못했을 것이다.

여기서 드는 의문 하나. 아들아이는 세심하게 디자인되어 인체공학적으로 효율이 높은 무수히 많은 운동화들 가운데 하나를 고를 수 있는데 반해 내 컴퓨터 키보드는 왜 이렇게 허접한가? 나는 진지하게 묻고 싶다.

내 컴퓨터의 키보드에는 내가 예전에 쓰던 수동식 타자기의 두 배에 달하는 102개의 키가 있다. 얼핏 보기에는 엄청나게 편리하고 유용해 보인다. 사용할 수 있는 기호나 부호도 다양해서 괄호가 세 종류에 콜론이 두 종류이고, 글자에 삿갓 표시나 세디유(로마자를 쓰는 몇 개의 언어에서 특정 문자 아래 붙여 발음이 다르다는 것을 알려주는 기호)를 덧붙일 수도 있으며, 오른쪽과 왼쪽으로 각기 떨어지는 사선을 그을 수도 있다.

사실 키가 너무 많아서 키보드 오른쪽의 키들은 어디에다 쓰는 건지도 모를 정도다. 어쩌다 잘못 눌러서 w9rk n+w look l*ke th?s 같은 문자열이 서너 줄씩 반복되거나 쓰던 글의 마지막 페이지가 알파벳이 아니라 윙딩이라고 불리는 글꼴로 바뀐 적은 있지만 그 외에는 어떤 기능을 하는지 전혀 모르겠다.

서로 기능이 겹치는 키들도 많고 아무 기능도 없어 보이는 키들도 많다. 특히 재미있는 것은 '퍼즈' 키로, 이 키는 눌러도 아무 일도 일어나지 않아서 과연 제 할 일을 하고 있는가 하는 형이상학적 질문을 불러일으킨다. 또한 엉뚱한 곳에 자리 잡고 있는 것처럼 보이는 키들도 더러 있다. 예를 들어 '딜리트' 키가 '오버프린트' 키 옆에 붙어있는 바람에 내가 마지막으로 쓴 문장들이 앞에 썼던 모든 문장들을 잡아먹은 경우가 종종 있었다. 실수로 몇 개의 키를 동시에 누를 때도 많은데, 그럴 경우 박스가 뜨면서 '이것은 무의미한 박스입니다. 이것을 원하시나요?'라는 문장이 뜨고, 잠시 후에 다시 '무의미한 박스를 원하지 않는 게 확실한가요?'라는 문장이 뜬다. 하지만 이런 것들은 다 그냥 그럴 수 있다 치자. 나는 오래 전부터 컴퓨터가 내 친구가 아니라는 것을 알고 있었다.

내가 정말 답답한 것은 사용 가능한 102개의 키들 중에 분수 $\frac{1}{2}$을 나타내줄 키가 하나도 없다는 점이다. 타자기에는 늘 ½ 키가 있었다. 그러나 컴퓨터에서 ½을 치려면 문자표 입력 메뉴로 들어가 'WP 문자열'을 불러와야 하며, 거기서 다시 숨어 있는 ½을 찾기 위해 기억을 되살려가며 여러 문자 영역을 뒤져야 한다. 참으로 지루하고 무의미한, 나로서는 받아들이기 힘든 일이다.

하지만 이 세상에는 받아들이기 힘든 일이 대부분이다. 내 차의 계기반에는 문고판 책이 들어갈 만한 크기의 움푹 파인 공간이 있다. 선글라스나 동전을 넣어두기에 안성맞춤인 공간으로, 차가 움직이지 않는 한 매우 유용하다. 그러나 차를 움직이기가 무섭게, 특히 브레이크를 밟거나 코너를 돌거나 완만한 경사를 오를 때에는 그 안에 든 게 죄 쏟아져 내린다. 입구를 막아주는 턱이 없기 때문이다. 단지 바닥이 움푹 들어간 평평한 공간일 뿐이어서, 못이라도 박아서 걸어두지 않는 한 어떤 물건도 보관할 수가 없다.

그렇다면 왜 이런 것을 만들어놓은 것일까? 분명 누군가 그것을 디자인한 사람이 있을 것이다. 누군가, 어쩌면 계기반 물품보관함 부의 전 직원이 이 차(궁금해하시는 분들을 위해 말해두자면, 닷지 엑스크레타다)에 아무것도 보관할 수 없는 물품보관함을 디자인해 넣느라 시간과 노력을 들였을 것이다. 정말 대단한 성취가 아닐 수 없다.

그러나 물론 이것은 현대식 비디오의 다기능적 디자인에 비하면 아무것도 아니다. 독자 여러분도 다 아실 테니까 일반적인 VCR 녹화가 얼마나 어려운지에 대해 쓸데없는 소리를 늘어놓거나 하지는 않겠다. 방을 가로질러가서 배를 바닥에 깔고 녹화가 제대로 되고 있는지를 확인하는 것이 얼마나 짜증나는 일인지에 대해서도 말하지 않겠다. 그저 우연히 생각난 것 한 가지를 이야기하고자 한다. 나는 최근에 VCR을 한 대 구입했는데, 제조업체에서 자랑하는 이 VCR의 장점 중 하나는 최대 12개월까지 사전 예약녹화가 가능하다는 것이다. 자, 이제 여기에 대해 잠깐 생각해보자. 과연 하나의 프로그램을 일 년 동안이나 계속해서 녹화할 일이 있을까?

내 말이 늘 불평을 일삼는 늙은이의 말처럼 들리지 않았으면 한다. 요즘에는 내가 어렸을 때 보지 못한 매우 뛰어난 제품들이 많이 나와 있음을 나도 기꺼이 인정하며, 특히 휴대용 계산기와 포스트잇에는 경탄과 감사의 마음을 금할 수 없다. 그러나 세상에는 그 사용법에 대해 잘 생각해보지 않고 디자인한 것처럼 보이는 물건들이 너무나 많다.

디자인이 잘못 되어서 사용하기 불편한 일상용품들을 한번 떠올려보자. 팩스, 스캐너, 복사기, 호텔 샤워기, 호텔 알람시계, 비행기 티켓, 텔레비전 리모컨, 전자레인지, 그리고 내가 아닌 다른 사람들이 가지고 있는 거의 모든 전자제품들……

이런 물건들은 왜 그렇게 사용하기 불편하게 만들어졌을까? 그것은 최고의 디자이너들이 모두 운동화를 만들고 있기 때문이다. 아니면 전자제품을 만드는 사람들이 멍청하든가. 어느 쪽이 되었든, 정말 불공평한 일이다.

11. 룸서비스

　내가 오랫동안 꿈꿔왔던 것 중 하나는 캘리포니아 주 샌루이스오비스포에 있는 모텔인에 가보는 것이다.
　모텔인이 특별히 좋은 모텔도 아니기에 나의 이 같은 바람은 조금 엉뚱해 보일 수도 있겠다. 1925년에 지어진 모텔인은 레스토랑 기업 조로에게서는 많은 사랑을 받았지만 그 밖의 기업들에게서는 외면을 당했던 스페인 식민지 풍의 건물로, 주유소들과 패스트푸드점들 및 보다 현대적인 다른 모텔들 틈에 섞여 고속도로 주변의 그늘진 곳에 자리하고 있다.
　그러나 이곳은 한때 로스앤젤레스와 샌프란시스코를 잇는 해안 고속도로 상의 유명한 휴게소였다. 이 화려한 양식의 모텔 건물은 패서디나(로스앤젤레스 북동쪽에 있는 도시)의 건축가 아서 하이네만의 작품이지만, 그의 보다 중요한 업적은 이 건물에 붙인 이름에 있다. 그는 '모터'와 '호텔'이라는 단어를 가지고 이리저리 궁리하던 끝에 '모-텔'이라는 말을 만들어냈으며, 이것이 신조어임을 강조하기 위해 중간에 하이픈을 집어넣었다.
　그때까지는 미국에 이미 많은 모텔이 들어서 있었지만(최초의 모텔은

1901년 애리조나 주 더글러스에 지어진 애스킨스 코티지 캠프다), 그것들은 다른 이름들, 가령 오토 코트, 코티지 코트, 호텔 코트, 투르-오-텔, 오토 호텔, 방갈로 코트, 캐빈 코트, 투어리스트 캠프, 투어리스트 코트, 트레브-오-텔로 불렸다. 꽤 오랫동안 '투어리스트 코트'가 하룻밤 묵어가는 숙소를 가리키는 일반적인 명칭으로 굳어져가는 듯했으며, 1950년경이 되어서야 모텔이 일반적인 지위를 획득하게 되었다.

내가 이 모든 것을 알게 된 것은 방금 미국 모텔의 역사에 관한 책을 읽었기 때문이다. 《미국의 모텔》은 세 명의 학자가 쓴 꽤 무게 있는 책으로 "숙박업소에 대한 수요자와 공급자의 필요가 숙박업소의 체계적인 조직망 발달에 강한 영향을 끼쳤다" 같은 딱딱한 문장들로 가득하지만, 그럼에도 불구하고 나는 이 책을 사서 단숨에 읽어치웠다. 모텔과 관련한 것이라면 뭐든 사족을 못 쓰기 때문이다.

모텔에 대한 애정은 나로서도 어찌할 도리가 없다. 나는 지금도 모텔 방문에 키를 꽂을 때마다 가슴이 두근거린다. 모텔은 비행기 기내식과 마찬가지로 나를 흥분시키고 더 자세히 알고 싶게 만드는 것들 중 하나다.

모텔의 황금기는 또한 우연히도 나의 황금기인 1950년대와 일치한다. 내가 모텔에 매료된 것도 그러한 연유에서인지 모른다. 1950년대에 차로 미국을 여행해보지 않은 사람은 모텔이 얼마나 매력적인지 상상도 할 수 없을 것이다. 그 당시는 홀리데이인이나 라마다 같은 전국적인 모텔 체인이 거의 없을 때였다. 1962년까지도 모텔의 98퍼센트가 개인 소유여서 각 모텔마다 저마다의 독특한 분위기가 있었다.

예전의 모텔들은 기본적으로 두 가지 유형으로 나뉜다. 첫 번째 유형은 별장 같은 분위기의 고급 모텔로, 대개 사방이 널따란 잔디밭으로 둘러싸여 있고, 시원한 그늘을 드리우는 나무들과 하얗게 칠한 차바퀴로 장식한 화단이 있다.(모텔 소유주들은 진입로 가장자리에 늘어놓은 바위도 하얗게 칠하곤 했다.) 수영장이나 그네를 갖춘 곳도 많았고, 간혹 선물 가게나 커피숍이 있는 곳도 있었다.

방안은 온가족이 단란한 한때를 보낼 수 있도록 편안하고 우아하게 꾸며져 있어서, 바닥에는 두터운 카펫이 깔려 있고, 에어컨과 대형 TV가 구비되어 있으며, 전화기와 라디오가 달린 스탠드와 15분간 마사지를 해주는 진동침대, 번쩍거리는 욕실에 때로는 드레스룸까지 있었다.

두 번째 유형의 모텔은 조야한 가구들을 들여놓은 형편없는 모텔로, 우리 가족은 늘 이런 호텔에 묵곤 했다. 역사상 위대한 구두쇠 중의 하나인 우리 아버지는 잠만 자러 들어가는 방에 돈을 쓸 이유가 없다고 생각했다.

그 결과 우리는 대체로 말이 튀다 나왔나 싶을 정도로 푹 꺼진 침대에 냉방장치라곤 열린 창문이 전부고, 한밤중에 가구 부서지는 소리와 '총 내려놔, 비니. 뭐든 시키는 대로 다 할게'라고 말하는 여자의 째지는 듯한 목소리를 듣고 잠이 깰 것만 같은 모텔 방에서 야영을 해야 했다. 이런 경험들로 인해 상처를 받았다거나 불합리하게 비참한 기분이 들었다는 이야기가 아니다. 하지만 영화 〈싸이코〉에서 재닛 리가 모텔 욕실에서 살해당하는 장면을 보고 '그래도 저기엔 샤워 커튼이라도 있네' 하고 생각했던 것이 지금도 기억에 생생하다.

이 모든 것이 고속도로 여행을 예측 불가능한 흥미로운 것으로 만들어준다. 하루의 끝에 얼마만큼 편안한 잠자리를 얻게 될지, 어떤 소소한 즐거움들이 기다리고 있는지 결코 알 수 없기 때문이다. 이렇듯 예전의 모텔들은 요즘의 하나같이 세련되고 쾌적한 편의시설들에서는 맛볼 수 없는 즐거움을 선사했다.

그러나 이는 모텔 체인의 부상과 함께 급격하게 바뀌었다. 예컨대 홀리데이인은 1958년에 79개소이던 것이 20년도 채 안 되어 1500개소로 늘어났다. 오늘날에는 5개 모텔 체인에서 미국 모텔 방의 3분의 1을 소유하고 있다. 요즘의 여행객들은 확실히 삶에 있어서 불확실성을 원치 않는 것 같다. 그들은 같은 장소에 머물고, 같은 음식을 먹고, 어디에 가든 같은 TV 프로그램을 시청하기 원한다.

최근에 나는 가족을 데리고 워싱턴 D.C.에서 뉴잉글랜드까지 차를 운전해 가다가 아이들에게 이런 이야기를 들려주면서 그날 밤에는 가족이 운영하는 옛날식 모텔에서 묵는 게 어떻겠느냐고 제안했다. 모두들 매우 어리석은 생각이라 여겼지만 나는 멋진 경험이 될 것이라고 식구들을 설득했다.

하지만 옛날식 모텔은 좀처럼 찾기 힘들었다. 수십 군데의 모텔을 지나쳤지만 전부 전국적인 체인망을 갖춘 모텔들뿐이었다. 90분간을 그렇게 헛되이 찾아다니다가 일곱 번인가 여덟 번째로 주간(州間) 고속도로를 벗어났을 때 마침내 발견했다. 어둠 속에서 빛나고 있는, 완벽하게 1950년대 스타일을 간직한 슬리피할로 모텔을.

"길 건너에 컴포트인이 있는데요."

아이들 중 하나가 말했다.

"우리는 컴포트인에 가지 않아, 지미."

나는 흥분한 나머지 나한테는 지미라는 아이가 없다는 것도 잠시 잊어버린 채 설명했다.

"우리는 진짜 모텔에 묵을 거야."

영국인인 아내는 먼저 방을 살펴보아야 한다고 말했다. 물론 방안은 끔찍했다. 가구도 낡은데다 너무 추워서 입김이 하얗게 뿜어져 나오는 게 보일 정도였다. 샤워 커튼이 있기는 했지만 겨우 세 개의 고리에 의지해 매달려 있었다.

"분위기가 있잖아."

내가 고집을 피웠다.

"서캐가 있겠죠."

아내가 말을 받았다.

"건너편의 컴포트인으로 가는 게 좋겠어요."

나는 믿기지 않는 마음으로 아내와 아이들이 나가는 것을 지켜보았다.

"너는 여기 있을 거지, 지미?"

내가 말했지만, 지미조차도 한번 돌아보지도 않고 나가버렸다.

나는 15초가량 거기 서 있다가 불을 끄고 키를 반납한 뒤 컴포트인으로 건너갔다. 그곳은 무미건조하고 개성이 없는 게, 내가 예전에 머문 적이 있는 다른 컴포트인들과 똑같았다. 하지만 깨끗하긴 했다. TV도 나왔고, 무엇보다도 샤워 커튼이 아주 근사했다.

12. 소비하는 즐거움

방금 전에 나는 미국이 최고의 쇼핑 천국이라는 확실한 증거를 확보했다. 그것은 아침 우편물들에 섞여 들어온 비디오 카탈로그의 형태로 찾아왔다. 카탈로그에는 〈타이타닉〉이라든가 〈건강과 몸매관리를 위한 타이치 운동〉, 존 웨인이 출연한 영화들처럼 자주 접하는 비디오들과 함께 〈완전 누드로 마카레나 춤추기〉라는 비디오 교본이 등장하는데, 이 비디오는 옷을 벗은 시청자들에게 "전국을 휩쓰는 이 라틴 댄스의 멋진 동작"을 가르쳐주겠다고 약속한다.

카탈로그에 등장하는 또 다른 흥미로운 비디오로는 〈골동품 농장 트랙터〉라는 제목의 다큐멘터리와 존 낫츠 영화 전집, 그리고 보통의 주부들이 "누드로 집안일을 하는" 광경을 묘사한 〈미국의 벌거벗은 주부들 상, 하〉가 있다. 그런데도 나는 크리스마스를 위해 고작 소켓 렌치를 주문했으니…….

내가 하고 싶은 말은, 이 놀라운 나라에서는 돈을 주고 살 수 없는 게 거의 없다는 것이다. 물론 지난 수십 년간 미국에서 쇼핑은 국기(國技)로 자리잡았지만, 최근에는 소매업 발달에 있어서 매우 중요한 역할을 한 세

가지가 출현하여 쇼핑을 보다 높은 차원으로 끌어올렸다. 그 세 가지란 다음과 같다.

텔레마케팅

이것은 일단의 상담원들이 전혀 모르는 낯선 사람들에게 무작위로, 그것도 저녁식사 시간에 전화를 걸어서 어떤 물건이나 서비스를 구입하면 스테이크용 나이프나 AM/FM 라디오를 공짜로 준다는 식의 준비된 문구를 끈질기게 읽어주는 완전히 새로운 사업으로, 상담원들이 점점 더 집요해져가고 있다.

내가 낯선 사람의 전화 한 통화로 플로리다에 있는 콘도를 예약하기란 모르몬교 선교사의 방문을 받고 종교를 바꾸는 것만큼이나 가능성이 희박한 일이지만, 확실히 모든 사람이 다 나 같지는 않은 것 같다. 〈뉴욕 타임스〉에 의하면 미국의 텔레마케팅 사업은 연간 350억 달러 규모로 성장했다고 한다. 너무나 어마어마한 액수라 생각하면 머리만 아프니 다음 항목으로 넘어가기로 하자.

아울렛 몰

이것은 랄프 로렌이나 캘빈 클라인 같은 회사들이 자사 제품을 할인된 가격으로 파는 곳이다. 많은 경우 아울렛 몰은 쇼핑몰이라기보다는 아울렛 상점들로 구성된 하나의 지역사회다. 쉬운 예로 L.L.빈 사가 있는 메인 주의 프리포트를 들 수 있다.

지난 여름에 우리는 메인 주의 해안 고속도로를 따라 달리다가 그곳에 들렀다. 프리포트를 방문하는 절차는 예나 지금이나 한결같다. 길게 늘어서 있는 차량들 뒤를 느릿느릿 기어가다가 주차할 곳을 찾아다니느라 40분을 소모한 뒤 수천 명의 사람들 틈에 끼어서 이제까지 알려졌거나 앞으로 알려질 모든 브랜드의 상점들이 늘어서 있는 중심가를 떠밀려 내려가는 것이다.

그 모든 것의 한가운데에 커다란 L.L.빈 매장이 있다. 이곳은 일 년 365일 하루 24시간 문을 연다. 원한다면 새벽 3시에 카약을 살 수도 있고, 실제로 그렇게 하는 사람들도 있다. 또 다시 머리가 아파오기 시작한다.

카탈로그판매

물론 우편 주문을 통한 쇼핑은 오래전부터 있어왔지만, 지금은 그 규모가 놀랄 만큼 커졌다. 우리가 미국에 도착한 그날부터 우리 집 현관에 카탈로그들이 날아들기 시작했다. 요즘은 일주일에 열 개나 그 이상의 카탈로그를 받아보게 되는데, 그 종류도 다양해서 비디오, 원예용품, 속옷, 책, 캠핑용품, 낚시용품, 욕실을 보다 멋지고 산뜻하게 만들어주는 물품 등등 없는 게 없다.

나는 늘 이 카탈로그들을 다른 광고물들과 함께 버리곤 했다. 얼마나 어리석었는지……. 카탈로그들이 오랜 시간 읽는 기쁨을 줄 뿐만 아니라 내가 그 존재조차 모르고 있던 가능성의 세계를 열어 보여주고 있음을 지금에야 깨닫게 된 것이다.

바로 오늘, 우리는 앞서 언급한 누드 마카레나 브로셔와 함께 '진지한 독서가를 위한 도구' 카탈로그를 받았다. 압지와 서류 케이스, 침실 스탠드, 서류함 등과 같은 일상적인 물품들이 지면을 가득 채운 가운데 특별히 '가방 걸이'라고 하는 물건이 내 눈을 사로잡았다. 그것은 물건 놓는 곳이 바닥에서 15센티미터쯤 떨어진 곳에 있는 일종의 손수레 같은 것이었다. 진한 체리색과 보통 체리색 사이에서 선택할 수 있고 139달러라는 매력적인 가격에 구입할 수 있는 그 가방 걸이는 우리 시대의 가장 골치 아픈 문제인 물품 보관 문제를 덜어주기 위해 고안된 것으로, 카탈로그에는 다음과 같은 문구가 적혀 있었다.

"우리들 대부분은 집에서나 사무실에서나 가방을 어디에 두느냐 하는 성가신 문제에 부딪칩니다. 그래서 나온 것이 이 가방 걸이입니다. 이것은 여러분의 가방을 바닥에 닿지 않는 곳에 두어 하루 동안 가방 안에 물건을 쉽게 넣었다 뺐다 할 수 있게 해줍니다."

나는 특히 "하루 동안"이라는 말이 마음에 든다. 하루 일을 마치고 '아, 바닥에서 15센티미터쯤 올라온, 원목 색깔의 바퀴 달린 조그마한 가방 받침대가 있으면 얼마나 좋을까?' 하고 생각한 적이 얼마나 많았던가!

그러나 조심해야 할 것은 카탈로그의 선전문구들이 종종 너무나 그럴 듯해서 속아 넘어가기 쉽다는 것이다. 방금 전에 주방용품을 선전하는 또 다른 카탈로그를 보았는데, 그 안에는 '포르토 로톨로 디 카르타'라고 하는 이태리 수입품에 대해 "양쪽 측면이 스프링처럼 탄력적"이고, "스테인리스 스틸로 된 축"에 "놋쇠 장식으로 마감"을 하고 "안정성을 높여주는 고무 패킹"을 사용한 이 물건을 단돈 49달러 95센트에 구입할 수 있다고 쓰여 있었다. 하지만 자세히 보니 종이타월 홀더 광고였다.

분명 카탈로그에 "아무리 봐도 이것은 단순한 종이타월 홀더일 뿐이고, 이것을 사는 사람은 멍청이입니다"라는 문구를 써넣을 수는 없는 노릇일 테고, 그래서 회사 측에서는 해외 명품이라는 점과 기술적 복잡성으로 소비자를 현혹시켜야 했던 것이다.

카탈로그에 나와 있는 가장 평범한 물건조차도 1954년 형 뷰익보다 더 많은 디자인 상의 특징을 자랑한다. 지금 내 앞에는 또 다른 회사에서 보낸 카탈로그가 놓여 있는데, 여기에는 그 회사에서 만든 플란넬 셔츠에 대해서, 논퓨즈드 칼라(칼라 심을 열을 가하거나 접착제를 쓰지 않고 바느질로 칼라에 붙인 것)에 건틀릿 버튼(긴 커프스에 세로로 길게 달아놓은 단추)과 특별히 긴 소맷부리가 달려 있고, (낮잠의 질을 높여주는)이중직 40수 원단을 사용하였으며, 박스형 뒷주름(셔츠 뒷면의 중앙에 잡힌 주름)과 사용하기 편리한 라커 룹(라커에 걸 수 있게끔 셔츠 뒤에 달아놓은 고리)이 있다고 묘사되어 있다.

나는 때때로 이런 솔깃한 광고의 유혹에 넘어갈 뻔한 적이 있음을 고백한다. 그러나 마지막에 나는 보다 양질의 낮잠을 자기 위해 37달러 50센트를 내고 셔츠를 사느냐, 아니면 그냥 낮잠을 자느냐 중에 양자택일을 해야 한다면 후자를 택하리라는 것을 깨달았다.

하지만 만약 누군가 라커 룹이 달려 있고 색상을 선택할 수 있는 〈완전 누드 마카레나 소켓 렌치 사용법〉 비디오를 출시한다면 나는 지금 당장이라도 주문할 준비가 되어 있다.

13. 숫자 게임

끊임없이 우리를 놀라게 하는 미국 의회에서는 최근 미 국방부에, 원래 요청한 금액보다 110억 달러가 더 많은 예산을 배정하기로 결의했다. 110억 달러가 얼마나 많은 돈인지 짐작이 되는가? 물론 안 될 것이다. 누구도 짐작하지 못할 것이다. 그렇게 많은 액수는 상상을 초월한다.

미국과 미국 경제의 어느 쪽을 돌아보아도 상상할 수 없는 엄청난 숫자에 맞닥뜨리게 된다. 금주의 신문에서 무작위로 고른 숫자 몇 개만 봐도 알 수 있다. 캘리포니아 주의 경제규모는 8500억 달러에 달하며, 미국의 연간 국내총생산은 6조 8000억 달러다. 연방 예산은 1조 6000억 달러고, 연방 재정적자는 2000억 달러에 근접한다.

우리는 이 숫자들이 실제로 얼마나 어마어마하게 큰 숫자인지 간과하기 쉽다. 〈타임〉지에 의하면 마지막으로 집계된 미국의 국가채무액은 4조 7000억 달러에서 "머리카락 한 올"만큼 모자란다. 실제 액수가 4조 6920억 달러이니 과히 틀린 말은 아니지만 실제와는 80억 달러 차이가 난다. 책장 위에 떨어진 머리카락치고는 꽤나 큰 머리카락인 셈이다.

나는 영국에서 한 전국지의 경제부문 데스크를 꽤 오랫동안 맡았었기 때문에 경험이 많은 금융 저널리스트들조차도 종종 10억과 1조를 혼동할 때가 있음을 안다. 여기에는 두 가지의 아주 그럴듯한 이유가 있는데, 첫째, 금융 저널리스트들은 점심 때 술 마실 일이 많고, 둘째, 그런 숫자들이 정말로 혼돈스럽기 때문이다.

문제는 바로 그것이다. 큰 숫자들은 우리의 이해 범위를 벗어나 있다. 뉴욕의 6번가에는 누군가가 돈을 들여서 세워놓은 '국가채무시계'라는 전광판이 있다. 지난번에 가서 보았을 때에는 4조 5336억 380만 4000달러를 기록하고 있었는데, 매 초마다 1만 달러씩 늘어나는 까닭에 마지막 세 자리는 거의 눈에 보이지 않을 정도다. 그러나 과연 4조 5000억 달러가 실제로 의미하는 바는 얼마나 될까?

먼저 1조 달러가 얼마나 되는지 살펴보자. 여러분이 1달러짜리 지폐로 가득 찬 방 안에 있고, 여러분이 서명한 지폐는 곧 여러분의 소유가 된다고 한번 상상해보라. 그리고 논의를 위해서 여러분은 초당 지폐 한 장에 서명을 할 수 있고, 쉬지 않고 서명을 계속한다고 가정하자. 1조 달러를 버는 데 얼마나 걸릴 것 같은가? 재미삼아 한번 맞춰보시라. 12주? 2년? 5년?

1초에 한 장씩 서명을 한다면 약 17분마다 1000달러씩을 벌게 될 것이다. 그렇게 쉬지 않고 서명을 한다면 12일 후에 처음으로 100만 달러를 손에 넣을 것이고, 따라서 1000만 달러를 얻는 데에는 120일, 1억 달러를 버는 데에는 3년이 넘어가는 1200일이 걸릴 것이다. 31.7년 후에는 10억 달러를 가진 재산가가 될 것이고, 1000년쯤 지나면 빌 게이츠 같은 거부가 될 것이다. 그러나 1조 달러를 얻는 것은 3만 1709년이 지난 뒤에야 가능한 일이다. 1조 달러란 그런 액수다.

재미있는 것은 경제학자들과 정책 입안가들의 입에 오르내리는 그 상상도 할 수 없을 만큼 어마어마한 숫자들 대부분이 현실적으로 그다지 소용에 닿지 않는다는 사실이 점점 분명해져가고 있다는 것이다. 현대 경제 정책의 근거가 되는 국내총생산(GDP)을 예로 들어보겠다. GDP는 1930년대에 경제학자 사이먼 쿠즈네츠에 의해 도입된 개념으로, 강철이나 고무, 감자, 타이어 등과 같은 물리적인 것들을 측정하는 데 효과적이고, 따라서 전통적인 공업 경제에서는 매우 유용하게 쓰일 수 있었다. 그러나 오늘날 거의 모든 선진국들이 생산해내는 것은 컴퓨터 소프트웨어나 이동통신, 금융 서비스 등과 같은 서비스와 아이디어가 대부분이고, 이런 것들은 부(富)를 생산하되 반드시 지게차나 선박에 실어 시장에 내놓을 수 있는 상품의 형태로 생산되지는 않는다.

이러한 활동은 계량화하기가 어려워서 그 정확한 생산량을 알기 힘들다. 요즘에는 많은 경제학자들이 최근 몇 년간의 미국 GDP 성장률이 2~3퍼센트 더 낮게 평가되어왔으리라 여긴다. 별 문제가 아닌 것처럼 보일지 몰라도 만약 이것이 사실이라면 이미 휘청거릴 정도로 거대해진 미국 경제가 사람들이 생각했던 것보다 3분의 1배가량 더 큰 규모였다는 말이 된다. 달리 말하면 미국 경제의 틈새에 사람들이 생각지도 못한 수천억 달러가 떠돌아다니고 있다는 이야기다. 믿기지 않는 일이다.

여기 또 하나의 보다 흥미로운 견해가 있다. GDP는 완전히 쓸모없는 도구이기 때문에 실은 이 모든 것이 아무런 문제가 되지 않는다는 견해다. GDP는 말 그대로 일정 기간 동안의 국가 수익을 대략적으로 산출한 것으로, 교과서적인 표현을 쓰자면 "완제품과 서비스의 달러 가치"다.

모든 종류의 경제활동은 GDP를 높이는 데 일조한다. 좋은 측면의 경제활동인지 나쁜 측면의 경제활동인지는 상관이 없다. 예를 들어 O. J. 심슨 재판은 변호사 수임료와 법정 비용, 기자회견을 위한 호텔 비용 등을 모두 합쳐 2억 달러를 미국 GDP에 더했지만, 이렇게 값비싼 비용을 치른 사건이 미국을 더 위대하고 고상한 나라로 만들어주었다고 생각하는 사람은 아무도 없을 것이다.

사실 나쁜 측면에서의 경제활동이 좋은 측면의 경제활동보다 GDP에 더 많은 보탬이 될 때가 종종 있다. 나는 최근에 펜실베이니아 주에 있는 한 아연 공장에 다녀왔는데, 그 일대는 대기오염이 너무 심해서 산의 한쪽 사면이 완전 벌거숭이가 되다시피 했다. 공장 울타리에서 산꼭대기 사이에 녹색식물이라고는 풀 한 포기 찾아볼 수 없었다. 그러나 GDP의 관점에서 보면 그 이상 좋은 일도 없다. 공장에서 만들어 파는 모든 아연 제품의 달러 가치와, 정부에서 그 일대의 공기를 정화시키고 산에 나무를 심는 데 쓸 수천만 달러, 그리고 오염물질 속에서 생활하다가 병에 걸린 공장 근로자들과 마을 사람들을 치료하는 데 들어갈 의료비용이 모두 GDP에 포함되기 때문이다.

전통적인 견해로는 이 모든 것이 손실이 아니라 이익이다. 호수나 바다에서의 어류 남획도 그렇고, 삼림벌채도 마찬가지다. 간단히 말해서 우리가 자연 자원을 마구 쓰면 쓸수록 GDP는 더 성장한다.

언젠가 경제학자 허먼 데일리가 말한 것처럼 "현재의 국가 회계 시스템은 지구를 파산해서 빚을 청산해야 하는 기업쯤으로 여기게 만든다." 혹은 작년에 〈애틀랜틱 먼슬리〉지에서 다른 세 명의 저명한 경제학자가 말한 것처럼 "GDP라는 이상한 기준에 의하면 이 나라의 경제 영웅은 거액의 이혼소송을 진행중인 말기암 환자다."

그런데도 우리는 왜 이 터무니없는 척도를 계속 사용하는가? 왜냐하면 아직까지 GDP는 경제학자들이 제시한 최고의 기준이기 때문이다. 경제학을 '우울한 학문'이라 부르는 이유를 알겠다.

14. 정크푸드 천국

요전 날 나는 냉장고 안을 청소하기로 마음먹었다. 우리는 보통 냉장고 정리를 하지 않는다. 그냥 4~5년에 한 번씩 냉장고 안에 있는 모든 음식물을 상자에 담아서, 연구에 도움이 될 만한 것이 있으면 쓰시라는 메모와 함께 애틀랜타에 있는 질병관리연구소에 보낸다. 하지만 요 며칠 우리 집 고양이 한 마리가 보이지 않았는데 얼핏 냉장고 아래 칸 뒤쪽에서 고양이를 닮은 무언가를(나중에 커다란 고르곤졸라 치즈 덩어리임이 밝혀졌지만) 본 듯해서 냉장고 청소를 하게 된 것이다.

나는 무릎을 꿇고 앉아서 쿠킹호일을 벗겨가며 타파웨어 음식용기들 속을 주의 깊게 들여다보다가 '브랙퍼스트 피자'라고 하는 흥미로운 음식물과 맞닥뜨렸다. 나는 촌스러운 옷을 입은 내 옛날 사진을 볼 때처럼 일종의 서글픈 애정을 가지고 그것을 살펴보았다. 브랙퍼스트 피자는 나의 어리석은 쇼핑행태를 보여주는 가장 최근의 품목이기 때문이다.

몇 주 전, 나는 아내에게 다음에 슈퍼에 갈 때는 같이 가겠노라고 말했다. 아내가 장 봐가지고 오는 것들은, 뭐랄까, 미국인의 입맛에 딱 들어맞는 것들은 아니었기에. 내 말은, 우리는 정크푸드의 파라다이스에 살고 있는데도 아내는 신선한 브로콜리나 스웨덴 식 크래커빵(밀가루나 호밀 가루로 만든 달지 않은 빵) 같은 것들만 사가지고 온다는 뜻이다.

물론 그것은 아내가 영국인이기 때문이다. 아내는 미국 음식이 제공하는 비할 데 없이 기름지고 끈적끈적한 풍미를 알지 못한다. 나는 인공 베이컨 조각과 자연 상태에서는 볼 수 없는 노란색의 녹은 치즈와 크림 타입의 초콜릿 소를 먹고 싶었다. 한입 깨물면 달콤한 액체가 입 안 가득 고이거나 셔츠 앞부분에 엄청나게 튀겨서 조심조심 식탁에서 일어나 싱크대로 가야 하는 그런 음식을 맛보고 싶었다.

그래서 아내를 따라 슈퍼에 가서, 아내가 멜론을 눌러보고 버섯 가격을 알아보는 사이에 정크푸드 코너로 갔다. 야채 코너를 제외한 모든 곳이 다 정크푸드 천지여서, 가히 정크푸드의 천국이라 할 만했다.

아침식사 용 시리얼을 고르는 데만 해도 반나절은 걸릴 것 같았다. 시리얼의 종류가 200종은 족히 되어 보였다. 말리고 튀기고 설탕 코팅을 입힌 온갖 재료의 시리얼들이 다 거기 있었다. 가장 먼저 눈에 들어온 것은 '쿠키 크리스프'라고 하는 시리얼로, 이것은 영양가 있는 아침식사인 것처럼 보이지만 실은 우유에 말아 먹는 초코칩쿠키일 뿐이다. 대단하다.

'피넛버터 크런치'나 '시나몬 미니 번스', '몬스터 마시멜로가 들어 있는 카운트 쇼콜라' 같은 것들, 그리고 네 종류의 쿠키가 들어 있는 '쿠키 블라스트 오트밀'도 눈에 띄었다. 나는 이 시리얼들을 종류별로 하나씩 그리고 오트밀 두 개를 끌어안고(김이 무럭무럭 나는 쿠키를 큰 대접으로 하나 먹어치우지 않고서는 하루를 시작할 수 없다고 내가 몇 번이나 말하지 않았던가) 쇼핑 카트 쪽으로 뛰어갔다.

"그게 뭐죠?"

아내가 가게에서 나를 대할 때의 그 특유한 어조로 물었다.

"6개월 치 아침식사야."

나는 설명할 시간이 없어서 그렇게만 말하고 숨을 헐떡이며 뛰어갔다.

"그 중 하나라도 다시 내려놓고 그라놀라(납작 귀리에 건포도나 누런 설탕을 섞은 아침식사용 건강식품)를 살 생각은 아예 하지도 마."

정크푸드 시장이 이렇게 성장했을 줄은 상상도 못했다. 눈길이 닿는 곳마다 문파이 패스트리, 피캔스핀휠 패스트리, 피치멜로 캔디, 루트비어버튼 캔디, 초코 데블도그 케이크 등 우리를 배불뚝이로 만들어줄 식품들로 가득했고, 플러프라는 이름의 마시멜로 샌드위치 스프레드는 아기를 목욕시킬 수 있을 만큼 커다란 통 속에 담겨 있었다.

요즘 슈퍼에서 구입할 수 있는 영양가 없는 음식이 얼마나 종류가 다양하며, 실제로 얼마나 많은 양이 소비되고 있는지는 상상을 초월한다. 최근에 나는 미국인 한 사람이 일 년에 8킬로그램의 프레첼 과자를 먹는다는 기사를 읽었다. 8킬로그램이라니! 게다가 그것은 평균적인 수치에 불과하다. 어딘가에는 내가 안 먹은 만큼의 프레첼을 더 먹고 있는 누군가가 있을 게 아닌가.

나는 뚱뚱한 사람들이 즐겨 먹는 음식이 진열되어 있는 7번 통로가 특히 마음에 들었다. 토스터 패스트리라고 하는 제품이 코너 전체를 가득 메우고 있었는데, 이 토스터 패스트리에는 여덟 종류의 토스터 스트루들이 들어 있다고 한다. 토스터 스트루들이 정확히 뭐지? 뭐, 그런 건 상관없다. 어쨌든 달콤한 설탕 코팅이 입혀져 있지 않은가. 나는 그것을 한아름 집어들었다.

내가 살짝 들떠 있었다는 것은 인정한다. 하지만 맛있는 음식이 너무 많았고, 나는 너무 오랫동안 외국에 나가 있었다.

마침내 아내로 하여금 나를 제지하게 만든 것은 브랙퍼스트 피자였다. 그녀는 브랙퍼스트 피자 상자를 보고는 "안 돼요" 하고 말했다.

"뭐라고 했지, 여보?"

"브랙퍼스트 피자 같은 것을 집에 들여놓을 수는 없어요. 그런 것 말고……."

그녀는 적당한 예를 찾아내려고 카트 안을 뒤적거렸다.

"아니 이건 뭐죠? 루트비어버튼에 토스터 스트루들, 그리고……."

그녀는 전에 본 적이 없는 상자를 들어올렸다.

"이게 뭐예요?"

나는 그녀의 어깨 너머로 들여다보며 대답했다.

"전자레인지용 팬케이크야."

"전자레인지용 팬케이크라고요?"

그녀는 내 말을 따라했지만, 아까보다는 조금 흥분이 가라앉은 듯했다.

"과학은 참으로 놀랍지 않소?"

"지금 선반에 내려놓지 않는 것은 모두 당신이 먹어야 해요. 하나도 남김없이 말이죠. 내 말 알아들었어요?"

"물론이지."

나는 최대한 진지하게 말했다.

아내는 정말로 내게 그 음식들을 다 먹어치우게 했다. 나는 몇 주에 걸쳐 다양한 종류의 정크푸드를 맛보았는데, 하나같이 끔찍했다. 음식 하나하나가 다. 정크푸드가 맛이 변한 건지, 내 입맛이 달라진 건지는 알 수 없었지만, 어쨌든 어릴 때 즐겨 먹던 호스티스 컵케이크조차도 실망스러울 만큼 맛이 밍밍했다.

　가장 끔찍했던 것은 브랙퍼스트 피자였다. 나는 이것을 먹으려고 서너 번은 시도를 해보았다. 오븐에 넣고 구워도 보고, 전자레인지에 데워도 보고, 하다 못해 플러프 마시멜로 스프레드를 발라서 먹으려고도 해보았다. 하지만 결국은 포기하고 냉장고 아래 칸에 숨겨놓았다.

　요전 날 이 타파웨어를 보고 미묘한 감정을 느낀 것도 그 때문이다. 나는 타파웨어를 꺼내서 잠시 주저하다가 뚜껑을 열어보았다. 냄새가 그리 고약하지는 않았다. 어쩌면 화학물질들로 가득 차서 박테리아가 서식할 틈이 없었는지도 모른다. 나의 어리석음을 되새기기 위해 조금 더 놓아둘까도 생각해보았지만 결국에는 버려야 했다. 그것을 버리고 난 후에 나는 배가 고파져서 스웨덴 식 크래커빵과 샐러리를 찾아 찬장을 뒤졌다.

15. 집에서 혼자 노는 법

아내는 미국 생활과 관련한 거의 모든 것을 경이롭게 여긴다. 장 본 물건을 비닐봉투에 넣어주는 슈퍼마켓 직원에게 감동하고, 종이 성냥과 공짜 얼음물에 감탄하며, 피자를 집까지 배달해주는 것을 문명사회의 상징쯤으로 여긴다. 나는 미국의 식당 종업원들이 누구에게나 좋은 하루를 보내라고 인사한다는 이야기를 아내한테 차마 하지 못할 것 같다.

나는 미국을 사랑하고 미국에서 누리는 많은 편리한 것들에 감사하지만 이것들을 그저 맹목적으로 받아들이고 싶지는 않다. 내가 산 식료품들을 점원이 봉투에 담아주는 문제를 예로 들어보자. 점원의 서비스가 고맙긴 하지만 그 사이에 나는 과연 무엇을 할 수 있는가? 가만히 서서 점원이 물건을 담아주는 광경을 지켜보는 것밖에 더 하겠는가? 점원이 수고를 한다고 해도 그 동안 내가 양질의 시간을 보내는 것은 아니다.

그러나 미국 생활에는 나 자신도 놀랄 만큼 경이로운 것들이 있긴 하다. 그 중에서도 단연 으뜸은 음식물 처리기다. 음식물 처리기는 노동력을 절감해주는 장치의 대표 격이면서도 노동력을 절감해줄 때가 거의 없다. 시끄럽고 재미있고 극도로 위험하면서도 대단한 위력을 발휘해서,

그동안 이것 없이 어떻게 살았을까 싶을 정도다. 만약 18개월 전에 누군가가 내게 장차 내 인생의 가장 큰 즐거움이 부엌 싱크대 구멍에 물건을 집어넣는 게 된다면 어떨 것 같으냐고 물었다면 나는 그 사람의 면전에다 대고 크게 웃어주었겠지만, 사실 지금 내 인생의 가장 큰 즐거움은 부엌 싱크대 구멍에 물건을 집어넣는 것이다.

나는 전에 음식물 처리기를 써본 적이 없어서 음식물 처리기가 과연 무엇을 할 수 있는지를 시행착오를 통해 배워나가는 중이다. 젓가락을 넣으면 가장 활발한 반응을 보이지만(물론 권하고 싶지는 않지만, 우리는 때때로 모든 종류의 기계에 대해 그것이 무엇을 할 수 있는지 시험해봐야 직성이 풀릴 때가 있다), 가장 풍부하고 묵직한 소리가 나면서 가장 고장을 덜 일으킬 때는 멜론 껍질을 넣었을 때다. 다량의 커피 찌꺼기를 넣으면 베수비오 화산 폭발 같은 멋진 장면이 연출되지만, 이것은 아내가 집을 비우기 전에는, 그리고 대걸레와 접사다리를 옆에 가져다놓기 전에는 시도하지 않는 편이 낫다.

음식물 처리기와 관련한 가장 흥미진진한 사건은 물론 음식물 찌꺼기가 막혔을 때, 그리하여 금세라도 음식물 처리기가 다시 작동을 시작해서 내 손을 날려버리리라는 것을 알면서도 손으로 그 음식물 찌꺼기를 제거해야 할 때다. 원래 인생은 위험의 연속이 아니던가.

음식물 처리기만큼이나 만족스럽고 기발하면서도 널리 알려져 있지는 않은 장치가 벽난로의 재 떨어지는 구멍이다. 이것은 거실 벽난로 바닥에 설치된 금속판으로, 그 밑에는 벽돌로 만든 깊은 구멍이 있다. 벽난로 청소를 할 때 재를 양동이에 쓸어 담으면 온 집안에 재 가루가 흩날리지만, 이 구멍에 잘 밀어 넣으면 영구히 사라진다. 정말 대단하다.

이론적으로는 이 구멍도 언젠가는 막혀야 하지만, 우리 집에 있는 구멍은 끝이 없는 것 같다. 지하실 벽에 있는 조그만 철제문을 열면 이 구멍이 얼마나 찼는지 볼 수 있게끔 되어 있어서, 나는 가끔 이것을 보러 지하실에 내려간다. 꼭 필요한 일은 아니지만 이것은 내게 지하실에 내려갈 구실이 되어주기에 나는 늘 기꺼이 이것을 핑계 삼아 지하실에 내려간다. 음식물 처리기와 재 떨어지는 구멍에 이어 미국 생활에서 세 번째로 경이로운 것이 지하실이기 때문이다. 미국의 지하실이 놀라운 이유는 너무나 어마어마하게, 불필요할 정도로 심하게 넓기 때문이다.

나는 어릴 때 지하실이 있는 집에서 자랐기 때문에 미국의 지하실에 대해서는 잘 안다. 미국의 지하실은 거의 대동소이하다. 모든 지하실에는 거의 사용하지 않는 빨랫줄이 걸려 있고, 어딘가에서 떨어진 물방울이 지하실 바닥을 대각선으로 흐르며, 거풍(擧風)을 시키지 않은 캠핑 장비들이 보관되어 있고, 6개월 전에 난로 속으로 사라진 이후로 줄곧 모습을 드러내지 않는 쥐생원과 관련이 있는 무언가가 있다.

사실 지하실은 일상생활에서는 별로 사용할 일이 없는 까닭에 어느날 문득 생각이 나면 선물처럼 느껴지기가 쉽다. 지하실에 내려온 아빠들은 누구나 지하실 안을 둘러보면서 한번쯤 이런 생각을 할 것이다. '이런, 공간이 이렇게 넓은데 여기서 뭐라도 해야겠군. 미니바를 만들거나 당구대를 들여놓는 거야. 아니면 주크박스나 자쿠지(물결을 일으키는 장치가 되어 있는 커다랗고 둥근 욕조)를 들여놓아도 괜찮겠는걸. 핀볼 머신을 몇 대 들여놓아도 좋고…….' 그러나 물론 이것은 스페인어를 배운다거나 집에서 이발을 한다거나 하는 것처럼 언젠가 하려고 마음은 먹고 있지만 실제로는 하지 않는 일들 중 하나다.

간혹 젊고 열성적인 부모가 지하실을 애들 놀이방으로 개조하는 경우도 있긴 하지만, 지하실에서 놀고 싶어하는 아이는 아무도 없기에 이런 시도는 늘 실패로 끝나고 만다. 부모가 아무리 아이들을 사랑하고 아이들이 아무리 부모를 신뢰해도 아이들의 마음속에는 부모가 재빨리 지하실 문을 잠그고 플로리다로 휴가를 떠날지도 모른다는 불안감이 늘 존재하기 때문이다. 지하실은 깊고도 피할 길이 없는 두려움을 안겨준다. 공포영화에서 지하실이 등장하는 것도 그런 연유에서고, 어쩌면 아빠들이 지하실에 자주 내려가지 않는 것도 그 때문인지 모른다.

이 세 가지 이외에도 얼음물이 나오는 냉장고라든가 사람이 드나들 수 있는 대형 벽장, 중앙난방 등 미국의 가정생활에 놀라운 것들은 무수히 많지만 여기서 일일이 열거하지는 않겠다. 지면도 모자랄뿐더러 아내가 나가 있는 동안 음식물 처리기에 주스통을 넣으면 어떻게 되는지를 알아보고 싶기 때문이다. 그 결과는 나중에 알려드리기로 한다.

16. 컵홀더 혁명

나는 다음과 같은 일이 실제로 있었으리라고 확신한다.

어떤 사람이 컴퓨터 구조대에 전화를 걸어서 자기 컴퓨터의 컵홀더가 떨어져나갔다고 불평하며 어떻게 고쳐야할지를 묻는다.

"컵홀더라고요?"

컴퓨터 구조대 사람이 당황해서 묻는다.

"죄송합니다만 고객님, 무슨 말씀이신지……. 혹시 컴퓨터 전시회에서 사셨거나 아니면 홍보용 기념품으로 받으신 건가요?"

"아니에요. 컴퓨터에 원래부터 달려 있던 거예요."

"하지만 저희 회사에서는 컵홀더가 달린 컴퓨터를 판매하지 않는데요."

"그렇지만 내 컴퓨터에는 컵홀더가 달려 있다니까요."

전화를 건 사람은 약간 열이 오른 목소리로 말한다.

"지금 내 눈앞에 있는 걸요. 본체 아래쪽의 버튼을 누르면 스르르 미끄러져 나온다고요."

그는 컴퓨터의 CD 넣는 곳을 커피잔을 올려놓는 용도로 사용하고 있었던 것이다.

내가 이 이야기를 하는 것은 이번 주 칼럼의 주제인 컵홀더를 소개하기 위함이다. 세상은 지금 컵홀더로 넘쳐난다.

요즘 자동차 업계에서 컵홀더의 중요성은 아무리 강조해도 지나치지 않을 정도다. 최근 〈뉴욕 타임스〉에서 가족용 차량 10여 대를 비교분석한 장문의 기사를 실었는데, 여기서 비교 기준이 된 10가지 중에는 엔진 크기와 트렁크의 공간, 핸들링, 서스펜션의 품질 등과 함께 컵홀더 수가 들어 있었다. 내가 잘 아는 자동차 판매상의 말로는 사람들이 가장 먼저 물어보거나 차에 올랐을 때 가장 먼저 만져보는 게 컵홀더였다고 한다. 사람들은 컵홀더를 기준으로 차를 선택하는 것이다.

신형 닷지 캐러밴처럼 17개의 컵홀더를 부착한 차들도 있다. 제일 큰 닷지 캐러밴이 7인승인데, 그렇다면 한 사람당 2.43개의 컵홀더가 돌아간다는 것은 굳이 핵물리학자가 아니라도 알 수 있는 일이다. 여기서 왜 승객 한 사람당 2.43개의 컵홀더가 필요하냐고 물을 수도 있겠다. 좋은 질문이다.

미국인들은 음료수를 과도하게 많이 마신다. 우리 동네 주유소에서는 '슬러피'라고 하는 달콤한 음료수를 파는데, 컵 사이즈가 60온스(약 1.7kg) 짜리까지 있다. 그러나 닷지 캐러밴에 탄 일가족이 모두 슬러피와, 이 슬러피의 후유증을 다스리기 위한 '밀크 오브 마그네시아'(변비나 소화불량, 가슴 쓰림에 듣는 약)를 하나씩 마신다고 해도 여전히 세 개의 컵홀더가 남는다.

미국에는 자동차 안에 다양한 편의장치를 갖추는 오랜 전통이 있으며, 내 생각에 이렇게 많은 컵홀더를 장착하는 것도 이런 전통에서 비롯된 듯하다.

미국인들이 차 안에 다양한 편의장치를 갖추고 싶어하는 이유는 그들이 차 안에서 생활하기 때문이다. 미국인의 94퍼센트가 외출할 때 자가용을 이용한다. 미국인들은 가게에 갈 때뿐만 아니라 가게에서 가게로 이동할 때에도 차를 타고 간다. 미국에서는 대부분의 사업장에 주차장이 딸려 있기 때문에 여섯 가지의 볼일이 있는 사람은 여섯 번 차를 이동시키며, 심지어 길 건너편에 있는 가게에 갈 때에도 차를 몰고 간다.

미국에는 2억 대의 자동차가 있고(전 세계 인구의 5퍼센트가 전 세계 자동차의 40퍼센트를 소유하고 있는 셈이다), 분명 폐차되는 것도 많을 테지만 매달 200만 대의 차가 새로이 거리로 쏟아져 나온다. 지금 미국에는 20년 전에 비해 두 배나 많은 차량이 두 배나 많은 도로를 달리고 있다.

그러니까 미국인들은 차를 많이 가지고 있고 차 안에서 보내는 시간이 많으므로 차 안에 많은 편의장치를 갖춰놓고 싶어하는 것이다. 그러나 차 안에 갖춰놓을 수 있는 편의장치의 종류에는 한계가 있다. 그렇다면 특히 사람들이 컵홀더에 열광하는 이때에 멋진 컵홀더로 차 안을 장식하는 것보다 좋은 게 무엇이겠는가?

분명한 것은 자동차에 컵홀더를 부착하지 않는 것은 중대한 실수라는 점이다. 몇 년 전에 나는 스웨덴의 볼보 사에서 바로 이러한 이유 때문에 미국에 수출하는 차들을 전부 다시 설계해야 했다는 이야기를 읽은 적이 있다. 볼보 사의 엔지니어들은 어리석게도 구매자가 성능 좋은 엔진과 충격완화장치, 좌석난방장치 같은 것을 원하리라 생각했지만 실상 구매자가 원한 것은 슬러피 컵을 올려놓을 수 있는 작은 컵홀더였다. 그래서 닐스 닐손이나 라르스 라르손 같은 이름을 가진 한 무리의 사람들이 자동차에 컵홀더를 장착할 수 있게끔 설계를 다시 했고, 그리하여 볼보 사는 비록 금전적인 손실은 만회하지 못했을지라도 음료수에 대한 문외한이라는 불명예는 씻어버릴 수 있게 되었다.

이제 앞에서 말한 모든 것들로부터 한 가지 중요한 결론을 이끌어낼 수 있다. 아무리 애를 써도 컵홀더에 관한 이야기만으로는 칼럼 분량을 다 채울 수 없다는 사실이다.

그러므로 이제 볼보 사에 닐스 닐손이나 라르스 라르손 같은 이름의 직원들이 있다는 것을 내가 어떻게 알게 되었는지를 이야기하기로 하겠다.

몇 년 전 스톡홀름에 있을 때의 어느날 저녁에(주민들이 모두 귀가한 지 오래인 8시 이후였다) 나는 할 일이 없어서 스톡홀름 시 전화번호부를 뒤적거리며 그 안에 나오는 이름들을 살펴보았다. 스웨덴에는 성(姓)이 몇 개 안된다는 이야기를 들은 적이 있는데, 과연 그랬다. 에릭손, 스벤손, 닐손, 라르손 같은 성을 가진 사람들이 각각 2000명도 넘었으며, 그 나머지는 대부분 욘손이나 요한손 및 그 비슷한 이름이었다. 사실 이름이 너무 적어서(혹은 스웨덴인들이 너무 멍청하든가) 많은 사람들이 같은 이름을 두 번씩 쓰고 있었다. 스톡홀름에는 에릭 에릭손이 212명, 스벤 스벤손이 117명, 닐스 닐손이 126명, 라르스 라르손이 259명 있었다. 나는 종이에 이 숫자들을 적어놓고는 줄곧 이것을 언제쯤이나 활용할 수 있을까 생각해왔다.

여기에서 우리는 또 다시 두 가지의 결론을 이끌어낼 수 있다. 하나는 쓸데없는 정보를 적어놓은 종이라도 잘 간직해두면 언젠가 쓸 데가 있다는 것이고, 다른 하나는 스톡홀름에 가면 술을 마시라는 것이다. 그럼 이제 나는 슬러피를 마시러 가야겠다.

17. 번호 좀 알려주세요

요전 날 나는 너무 놀라서 들고 있던 탄산음료를 셔츠에 쏟은(뭐, 꼭 놀랐을 때에만 음료수를 쏟는 것은 아니지만) 적이 있다. 내가 그렇게 놀란 이유는 관공서, 정확하게 말하면 미국 사회보장국에 전화를 걸었는데 누군가가 전화를 받았기 때문이다.

그때 나는 다음과 같은 녹음된 음성을 듣게 되리라 예상하고 있었다.

"지금은 통화량이 많아 상담사와 통화하실 수 없으니 짜증나는 음악을 들으시며 잠시 기다려 주십시오. 음악과 함께 매 15초마다 '지금은 통화량이 많아 상담사와 통화하실 수 없으니 짜증나는 음악을 들으시며 잠시 기다려 주십시오'라는 메시지가 나갈 겁니다."

그러니 전화벨이 정확히 270번 울린 뒤 진짜 사람 목소리가 나왔을 때 내가 얼마나 놀랐겠는가. 그는 내게 몇 가지 신상정보를 묻더니 이렇게 말했다.

"미안하지만, 빌, 잠시만 기다리셔야 하겠는걸요."

그는 나를 빌이라고 불렀다. 브라이슨 씨도 아니고, 선생님도 아니고, 위대하신 납세자님도 아니고 빌이라고 불렀던 것이다. 2년 전 같았으면 조금 무례하다고 생각했겠지만 지금은 나도 이런 방식이 마음에 든다.

격식을 차리지 않고 스스럼없이 대하는 미국적인 방식이 내 인내심을 시험할 때도 있기는 하지만(식당 종업원이 자기 이름은 밥이고 오늘 저녁 내 식사시중을 들게 되었다고 말할 때면 나는 지금도 "그냥 치즈버거를 먹으러 왔어요, 밥. 당신에 대해 알고 싶어서 온 게 아니라" 하고 말하고 싶은 충동을 느낀다), 나는 대체로 이런 대화 방식을 좋게 생각하는 편이다. 왜냐하면 이것은 보다 근본적인 무언가를 나타내주기 때문이다.

여기에는 상대방에게 굽실거리는 비굴함이 없으며, 누구도 다른 사람보다 더 우월하지 않다는 보편적인 믿음이 전제되어 있다. 얼마나 멋진가. 우리 동네 환경미화원도 나를 빌이라고 부르고, 내 주치의도 나를 빌이라고 부르고, 내 아이들이 다니는 학교의 교장선생님도 나를 빌이라고 부른다. 그들이 내게 굽실대지도 않고 내가 그들에게 굽실대지도 않는다. 사람들 사이의 관계란 모름지기 이러해야 하리라고 나는 생각한다.

영국에 있을 때 나는 10년 동안 같은 회계사에게 일을 맡겼는데, 우리 관계는 늘 정중하지만 사무적이었다. 그녀는 나를 '브라이슨 씨' 이외의 호칭으로는 부르지 않았고, 나도 그녀를 '크레즈윅 부인' 이외의 다른 호칭으로 불러본 적이 없다. 하지만 미국에 와서 한 회계사와 전화로 만날 약속을 정한 뒤 그의 사무실에 갔더니 그는 대뜸 "아, 빌, 와주셔서 고맙습니다" 하고 말했다. 우리는 금세 친해졌고, 지금은 만나면 서로의 아이들에 대해 묻는 사이가 되었다.

평등의 정신은 다른 방식으로도 나타난다. 우리가 살고 있는 하노버는 대학촌이다. 이 지역의 대학교인 다트머스 대학교는 사립대학이라서 외부인들에 대해 폐쇄적일 것 같지만 전혀 그렇지 않다. 다트머스 대학교는 영국의 옥스퍼드나 케임브리지 대학교와는 달리 일반인의 캠퍼스 출입을 자유롭게 허용하고 있다. 옥스퍼드 대학교와 케임브리지 대학교는 국가 소유이고, 따라서 그 안의 유서 깊은 건물들이 실은 공공시설임에도 불구하고 거의 모든 학교 시설을 외부인에게 개방하지 않는다. 옥스퍼드 대학교의 보들리언 도서관에 들어가서 내부를 한 바퀴 둘러보거나 잠시 대학 안뜰을 산책이라도 해보라. 어떤 일이 일어나는지.

이와는 극히 대조적으로 다트머스 대학교는 지역사회를 위해 많은 노력을 기울이고 있다. 우리 딸은 다트머스 대학교의 스케이트장에서 스케이트를 타고, 우리 아들이 다니는 고등학교의 육상부는 겨울에 다트머스의 실내 트랙에서 연습을 한다. 공연예술센터인 홉킨스 센터에서는 일반인들도 영화와 공연을 즐길 수 있다. 어제 저녁에도 아이 하나와 함께 히치콕의 영화 〈북북서로 진로를 돌려라〉를 대형 스크린으로 감상한 뒤 학생식당에 가서 커피와 치즈케이크를 먹었다. 이 모든 일을 함에 있어서 신분증을 제시하거나 특별 허가를 받아야 할 필요는 없으며, 학교 측의 눈치가 보인다거나 사유지를 침범한 사람처럼 마음이 불안할 이유도 전연 없다.

이 모든 것은 답답한 일상에 숨구멍을 틔워주고, 내가 찬탄해 마지않는 열린 마음과 평등의 빛을 던져준다. 그러나 이것으로 할 수 없는 일이 하나 있으니, 바로 아내의 사회보장카드가 어디 있는지 모를 때 사회보장번호를 알아내는 일이다. 내가 사회보장국에 전화를 걸었을 때 우리는 세금 관련 서류를 작성하느라 사회보장번호가 급하게 필요했다. 그래서 나는 수화기에서 다시 사회보장국 사람의 목소리가 들려왔을 때 그런 사정을 설명했다. 어쨌든 그는 나를 빌이라고 불렀으니 어딘가 통하는 데가 있을 거라고 생각했던 것이다.

그가 말했다.

"미안하지만 그건 본인에게만 알려주도록 되어 있는데요."

"카드에 이름이 적혀 있는 사람 말인가요?"

"맞아요."

"하지만 그녀는 내 아내인걸요."

"카드번호는 본인에게만 알려주도록 되어 있어서요."

"만약 내가 내 아내라면 전화상으로 내게 그 번호를 말해줄 수 있나요?"

"그렇지요."

"하지만 다른 사람이 내 아내인 척하고 전화를 걸어서 물어볼 수도 있잖아요."

그는 잠시 멈칫하더니 다시 말을 이었다.

"전화한 사람을 그 사람 본인이라 여기고 알려주는 거지요."

"잠깐만요."

나는 잠시 생각했다. 아내가 외출을 했으니 그녀를 불러올 수도 없고, 그렇다고 이 모든 과정을 반복하고 싶지도 않았다. 나는 다시 수화기에 대고 보통 때의 내 목소리로 말했다.

"여보세요, 저는 신시아 브라이슨인데요, 제 카드번호를 알 수 있을까요?"

신경질적으로 킬킬 웃는 소리가 들렸다.

"빌, 당신이라는 거 알아요."

"아니, 정말이에요. 나는 신시아 브라이슨이라구요. 제 카드번호를 알 수 있을까요?"

"알려드릴 수 없어요."

"내가 여자 목소리로 말하면 상황이 달라질까요?"

"그래도 안 돼요."

"그냥 궁금해서 물어보는 건데, 지금 당신 컴퓨터 화면 속에 내 아내의 번호가 떠 있나요?"

"그래요."

"그렇지만 말해주지는 않겠군요?"

"말해줄 수 없어요, 빌."

그는 진심인 듯했다.

나는 다년간의 경험을 통해 미국 공무원들이 규칙을 어길 일은 전혀 없으리라는 것을 알고 있었으므로 더 이상 조르지 않았다. 대신 흰색 티셔츠에 묻은 딸기주스 얼룩을 빼는 방법을 아느냐고 물어보았다. 그러자 곧바로 대답이 돌아왔다.

"베이킹소다를 탄 물에 하룻밤 담가두세요. 그러면 금방 빠질 테니."

나는 고맙다고 말한 뒤 전화를 끊었다.

물론 내가 필요로 하는 정보를 얻을 수 있었다면 좋았겠지만, 적어도 나는 친구를 한 명 사귀었고, 베이킹소다에 대한 그의 말은 옳았다. 티셔츠는 새것처럼 하얘졌다.

18. 친절한 사람들

내가 이번 주 칼럼에 미국 생활에서 느낀 불만을 쓰려 하고 있는데, 아내가 커피를 가져다주면서 컴퓨터 화면을 잠깐 들여다보더니 앞의 몇 줄을 소리 내어 읽었다.

"구시렁구시렁, 구시렁구시렁"

그러고는 발을 끌며 멀어져갔다.

"뭐라고요, 사랑스러운 부인?"

내가 불렀다.

"당신은 그 칼럼에서 늘 불평만 늘어놓잖아요."

"하지만 세상은 바로잡아줄 필요가 있어요, 보디시어(이스트 앵글리어에 살았던 아이시나이 족의 왕비로, 로마의 지배에 저항하다 비참한 최후를 맞았다)의 매력적인 따님."

나는 차분하게 말했다.

"게다가 불평하는 게 내 일인걸."

"불평하는 게 당신이 하는 전부죠."

글쎄, 꼭 그렇지만은 않다는 것이 내 생각이다. 바로 이 칼럼에서 미국의 음식물 처리기에 대한 찬사를 몇 자 적기도 했고, 고객 감사의 날에 공짜 도넛을 제공한 지역 우체국을 칭찬한 기억도 분명히 나니까. 하지만 아내의 말에도 일리가 있다.

　미국에는 칭찬 받아 마땅한 경이로운 것들, 이를테면 권리장전과 정보자유법, 그리고 세 번째로는 공짜 음료수 리필 등 생각나는 것들이 많지만, 그 무엇도 사람들의 친절을 따라오지는 못한다.

　우리 가족이 뉴햄프셔 주의 이 작은 마을로 이사를 왔을 때 마을 사람들은 마치 자신들의 완벽한 행복에 한 가지 부족한 게 있다면 바로 우리의 부재이기라도 한 것처럼 우리를 반갑게 맞아주었다. 그들은 우리에게 케이크와 파이를 가져다주고 포도주를 가져다주었다. "그러니까 거액을 주고 스미스 씨 댁을 사들인 사람들이 바로 당신들이었군요" 같은 말을 하는 사람은 아무도 없었다. 영국에서라면 대개 그런 인사말을 건넸을 테지만 말이다. 우리 옆집 사람들은 우리가 식당에서 저녁을 먹으려 하는 것을 알고는 이사 온 첫날밤에 밖에서 식사를 하는 것은 너무 쓸쓸하지 않겠느냐며 자기네 집에서 식사할 것을 강권했다. 마치 여섯 명 분의 음식을 더 만드는 것처럼 쉬운 일도 없다는 듯이.

　우리 집 가구를 실은 컨테이너선이 리버풀 항을 떠나 포트사이드와 몸바사, 갈라파고스 제도를 경유하여 보스턴에 도착하리라는, 그리하여 우리가 당분간 침대도 없고 의자나 식탁도 없이 지내야 한다는 이야기가 돌자 낯모르는 친절한 사람들이(그 중에 몇몇은 그 이후로 본 적이 없다) 줄지어 의자와 램프, 탁자, 심지어 전자레인지까지 날라 왔다.

　그것은 참으로 놀라운 광경이었고, 지금까지도 내 뇌리에 깊이 박혀 있다. 우리 가족은 올해 크리스마스에 한 열흘 간 영국에서 지내다 왔는데, 한밤중에 집에 돌아와 배가 고파서 냉장고 문을 열어보니 그 안에 식사와 후식까지 들어 있었다. 어떤 이웃이 냉장고 안을 가득 채워놓고, 화병에 꽃까지 꽂아놓았던 것이다. 이런 종류의 일은 늘 일어난다.

최근에 나는 아이 하나를 데리고 다트머스 대학교의 야구경기를 보러 갔다. 우리는 경기가 시작하기 바로 전에 도착해 매표소 앞에 길게 늘어서 있는 줄 끝에 가서 섰는데, 잠시 후에 어떤 사람이 다가와서 말했다.

"표를 사려고 기다리시는 중인가요?"

나는 "아니요, 그냥 줄을 더 길게 만들려고 여기 서 있답니다"라는 말이 떠올랐지만 물론 "그런데요"라고만 대답했다.

"이거 가지세요."

그는 표 두 장을 내밀었다.

늘 상황 파악이 더딘 내게 가장 먼저 든 생각은 여기에는 뭔가가 있으리라는 것이었다.

"얼만데요?"

내가 조심스럽게 말했다.

"아니, 아니, 그냥 가지세요. 우리는 경기를 보러 갈 수가 없어서요."

그는 조금 떨어진 곳에 시동이 걸린 채 세워져 있는 차를 가리켰다. 조수석에 여자가 앉아 있는 게 보였다.

"정말요? 이거 정말 고맙습니다."

그때 언뜻 어떤 생각이 들어서 나는 그에게 다시 물어보았다.

"이걸 주려고 일부러 여기까지 왔단 말이에요?"

"안 그러면 표를 버려야 하니까요."

그는 변명하듯 말하고는 이렇게 덧붙였다.

"즐거운 시간 보내세요."

참으로 이상한 것은(그 중에서 가장 이상한 것은) 이 지역에 범죄가 없다는 사실이다. 전혀 없다. 사람들은 500달러짜리 자전거를 아무렇지도 않게 길가의 나무 옆에 세워놓고 가게에 들어가 쇼핑을 한다. 누군가 자전거를 훔쳐간다면, 그 자전거 주인은 도둑의 뒤에다 대고 이렇게 소리칠 게 틀림없다.

"그걸 윌슨 가 32번지로 가져다 주시겠어요? 그리고 3단 기어는 작동이 안 되니까 조심하시고요."

이 마을에서는 아무도 문을 잠그지 않는다. 나는 처음 이곳에 와서 부동산 중개업자와 함께 집을 보러 다니다가 그녀가 차 문을 잠그지 않는 것을 보고 깜짝 놀란 기억이 있다. 심지어 우리가 점심식사를 하러 식당에 들어갔을 때에조차도 그녀는 차 문을 잠그지 않았다. 앞좌석에는 휴대폰이, 뒷좌석에는 쇼핑한 물건들이 놓여 있었음에도 불구하고.

우리가 둘러보려던 집들 중에 그녀가 열쇠를 잘못 가져온 집이 있었다. 그 사실을 알자 그녀는 "하지만 뒷문은 열려 있을 거예요" 하고 자신 있게 말했고, 정말 그랬다. 나는 점차 이 동네에서는 이런 일이 일상적이라는 것을 알게 되었다. 우리는 집 문을 잠그지 않고 휴가를 떠난 사람들과 자기 집 열쇠가 어디에 있는지도 모르는 사람들, 자기 집 열쇠가 있는지조차 모르는 사람들을 알고 있다.

이제 여러분은 당연히 왜 이런 곳에 도둑이 들끓지 않는지 의아한 생각이 들 것이다. 여기에는 두 가지 이유가 있다. 첫째, 이곳에는 장물을 내다 팔 시장이 없다. 만약 뉴햄프셔 주에서 누군가에게 슬쩍 다가가 "카스테레오 사실래요?" 하고 물어보면, 그 사람은 당신을 정신 나간 사람

보듯 하며 "아뇨, 있는데요" 하고 말할 것이다. 그러고는 당신을 경찰에 신고할 것이고, 그리고 이것이 두 번째 이유인데, 경찰은 당신을 쏠 것이다.

그러나 물론 이곳에서는 경찰이 사람들을 쏘지 않는다. 범죄가 없어서 총을 사용할 일이 없기 때문이다. 이곳은 드물게 정이 많고 고결한 사람들이 모여 사는 동네다. 지금은 우리도 여기에 익숙해졌지만 이사 온 지 아직 얼마 안 됐을 때 내가 어떤 여자에게 이에 대한 놀라움을 토로하자, 뉴욕에서 성장했지만 이곳에서 20년을 산 그 여자는 한 손을 내 팔에 얹고 마치 대단한 비밀이라도 알려주는 것처럼 이렇게 말했다.

"당신은 더 이상 실제 세계에 있는 게 아니에요. 당신은 뉴햄프셔에 있다고요."

19. 왜 모두들 걱정하는가

 여기 여러분에게 알려드리고 싶은 사실이 하나 있다. 〈워싱턴 포스트〉지에 의하면 1995년 한 해에 컴퓨터 해커들이 16만 1000번이나 펜타곤의 보안 시스템을 뚫고 들어왔다고 한다. 이는 매 시간 당 18번, 즉 3.2분에 한 번꼴로 불법적인 침입이 이루어졌다는 이야기다.
 아, 여러분이 무슨 말을 할지는 알고 있다. 여러분은 아마 이런 종류의 일은 전 세계의 운명을 한 손에 틀어쥐고 있는 그 어떤 획일적인 방어체제에서도 일어날 수 있다고 말할 것이다. 어쨌든 다량의 핵무기를 비축하고 있는 곳이라면 사람들이 그 내부를 살펴보고 싶어하고, '폭파'라든가 '코드 레드' 같은 버튼들이 무엇에 쓰이는 버튼인지 알고 싶어하는 것도 당연한 일이므로. 그것은 인간의 본성일 뿐이다.
 게다가 펜타곤은 걸프전에서 사라진 기록을 찾느라 바빠서 다른 데 신경 쓸 여유가 없었다. 여러분도 신문에서 읽어서 아실지 모르겠지만 펜타곤은 걸프전에 대한 공식 기록 200쪽 중 36쪽을 제외한 나머지 전부를 잃어버렸다. 잃어버린 파일 중 절반은 걸프전 지휘본부의 한 장교가 부대 안의 컴퓨터에 게임을 잘못 다운받다가 지워졌다.(내가 지어낸 이야기라면 좋겠지만, 그렇지 않다.)

나머지 파일들은, 글쎄……, 그냥 사라져버렸다. 알려진 것이라곤 두 세트는 플로리다 주의 중앙사령부로 보내졌으나 지금은 찾을 수 없고, 세 번째 세트는 메릴랜드 주의 군 기지 안에 있는 '금고 속에서 사라졌다'는 것이 전부다.

공정을 기하자면 펜타곤은 CIA의 정보가 대단히 신뢰할 만하지는 않다는 심란한 소식에 동요되었을 게 틀림없다. 최근 뉴스에 의하면 CIA는 소련의 동태를 감시하느라 연간 20억 달러를 쏟아 부으면서도 소련의 해체를 예측하는 데 완전히 실패했고, 이는 자연히 펜타곤의 최고위층을 낙심케 했다. 일선에서 믿을 만한 정보를 얻지 못하는데 어떻게 전쟁을 제대로 수행할 수 있겠는가 말이다.

CIA는 CIA대로 FBI가 수년간 CIA 요원인 올드리치 에임스를 감시해왔으며, 그가 두툼한 파일을 들고 워싱턴의 소련 대사관에 들어갔다가 빈손으로 나오는 모습을 사진으로 찍어왔으면서도 그가 무슨 일을 꾀하고 있는지 확실히 알아내지 못했다는 소식(이 중 어느 하나도 내가 지어낸 것이 아님을 재차 강조해둔다)에 동요되어 임무를 제대로 수행하지 못했을 것이다. FBI는 에임스가 CIA 요원임을 알고 있었고, 그가 정기적으로 소련 대사관을 방문한다는 사실을 알고 있었으며, 또한 CIA가 내부에서 암약하고 있는 스파이가 누구인지 알아내려 혈안이 되어 있음에도 이런 미묘한 단서들을 연결시키지 못하고 있음을 알고 있었다.

에임스는 결국 붙잡혀서 종신형을 선고받았지만, 이 일과 관련하여 FBI는 아무런 감사도 받지 않았다. 그도 그럴 것이 FBI는 손대는 일마다 엉망으로 만들어버렸기 때문이다. 먼저 FBI는 1996년에 있었던 애틀랜타올림픽공원 폭탄테러 사건 때 공원 경비원인 리처드 주얼을 범인으로 오인, 체포하는 실수를 저질렀다. FBI에 의하면 주얼은 공원에 폭탄을 설치해놓고 경찰에 전화를 걸어서 이 사실을 알린 뒤 다시 1분에 2마일(약 3.2km)을 달려서 폭탄이 있는 곳에 나타나 이것을 발견한 체함으로써 영웅이 되었다. 주얼과 폭탄을 연결시킬 아주 미약한 증거조차 없었고, 그가 전화를 걸고 나서 다시 제때에 공원에 나타나기란 불가능하다는 것이 밝혀졌음에도 FBI는 자신들이 엉뚱한 사람을 범인으로 지목했음을 몇 달이 지난 후에야 깨달았다.

그리고 나서 4월에는 FBI의 과학수사실험실에서 지난 수년간 핵심적인 증거자료의 대부분을 함부로 다루거나 잃어버리고, 흘리거나 오염시켰으며, 주차장에서 차에 싣고 내리는 장면이 목격되었다는 뉴스가 보도되었다. FBI 요원들이 증거를 조작하는 경우도 더러 있었다. 한번은 실험실 요원이 실제로는 현미경을 들여다보지도 않은 채 현미경을 통해 발견한 사실을 기초로 용의자의 유죄를 입증하는 보고서를 쓴 적도 있다. 실험실의 끈질기고도 독창적인 작업으로 인해 최소한 1000건의 유죄판결을 받은 사선이(어쩌면 수천 건도 더 될 것이다) 엄청난 비용을 들여 재검토되거나 항소심으로 넘어갈 것이다. FBI는 여전히 애틀랜타올림픽공원 사건의 범인도, 남부 일대의 교회들에서 발생한 폭탄테러의 범인도 잡지 못하고 있으며, 1995년 애리조나 주에서 있었던 기차 탈선 사건과 관련해서는 단 한 명의 용의자도 체포하지 못했고, 유나바머(1975년부터 1995년 사이에 발생한 일련의 우편물을 통한 폭탄테러 사건의 범인을 지칭하는 말로, 범인의 목표였던 대학(University)과 항공사(Airlines)의 앞글자를 따 FBI가 범인에게 붙인 별명)를 잡지 못했고(그는 동생의 제보로 체포되었다), 1996년의 트랜스월드항공사(TWA)

여객기 800편의 폭발이 테러에 의한 것인지 단순 사고인지에 대해서도 아직 파악하지 못한 상태다.(FBI의 한 관리가 심령술사로 하여금 사고 현장과 비행기 잔해를 살펴보게 한 사실이 나중에 드러났으니, 우리의 세금이 현명하게 쓰이고 있다고는 결코 말할 수 없을 것 같다.)

많은 사람들은 이를 통해 FBI와 FBI 요원들이 위험할 정도로 무능하다고 결론짓는다. 물론 그들의 생각이 옳지만, 최근 들어 FBI의 저하된 사기와 저조한 실적을 오히려 별것 아닌 것처럼 보이게 하는 상황이 발생했다. 작년에 FBI보다 훨씬 더 무능한 집단이 발견된 것이다. 바로 미국의 보안국들 이야기다.

지면이 모자라서 보안국들이 저지른 어리석은 일들을 전부 이야기할 수는 없으므로, 두 가지만 언급하겠다. 첫째, 작년에 로스앤젤레스 카운티 보안국에서는 실수로 23명이 넘는 죄수를 풀어주는 기록을 세웠는데, 그 중에는 위험하고 괴팍한 자들도 있었다. 23번 죄수를 풀어주고 난 후 한 감독관은 기자들에게 설명하기를, 직원 한 사람이 강도·강간으로 잡혀 들어온 그 죄수를 오리건 주로 보내 장기 복역하게 하라는 명령서를 받아들고는, 누구나 그럴 수 있는 일이지만, 그 말뜻을 잘못 이해하여 죄수에게 소지품을 전부 돌려주고 문께로 데리고 나와 모퉁이를 돌면 맛있는 피자집이 있다고 소개까지 해줬다고 말했다.

폭발물 탐지견들을 데리고 지역 공항으로 훈련을 나간 밀워키 시의 보안관 대리들은 한술 더 뜬다. 그들은 2킬로그램의 폭발물을 공항 안의 어디엔가 감춰놓고는 그 감춰둔 장소를 잊어버렸다. 말할 필요도 없이 폭발물 탐지견들은 그것을 찾아내지 못했다. 그것이 올 2월의 일인데, 보안관 대리들은 아직도 그 폭발물을 찾고 있다. 밀워키 시 보안국에서 공항에 폭발물을 가져다놓고 그 장소를 잊어버린 것은 이번이 두 번째다.

이런 유의 사건을 얼마든지 더 댈 수 있지만 여기서 그치기로 한다. 내가 펜타곤의 컴퓨터에 침입할 수 있는지 알아보고 싶기 때문이다. 나를 악마라고 불러도 좋다. 하지만 내게는 늘 작은 나라 하나를 통째로 날려버리고 싶은 소망이 있었다. 그것은 완전범죄가 될 것이다. CIA는 범죄 사실을 알아차리지 못할 것이고, 펜타곤은 알아도 기록을 잃어버릴 것이고, FBI는 18개월을 조사한 끝에 엉뚱한 사람을 범인으로 체포할 것이고, 로스엔젤레스 군 보안국에서는 그를 놓아줄 테니까. 다른 건 몰라도 이것만큼은 사람들의 마음에서 다른 모든 걱정거리를 몰아내줄 것이다.

20. 위험 요소

여기 엄청나게 불공평해 보이는 사실이 하나 있다. 바로 내가 미국인이라는 이유로 영국 사람들보다 때 이른 사고사를 당할 확률이 두 배는 높다는 것이다. 내가 이것을 알게 된 것은 래리 러든이 쓴 《위험에 관한 책: 일상생활 속에서 만나는 불운에 대한 흥미로운 사실들》을 읽었기 때문이다.

이 책은 주로 미국에서 일어나는 사고에 대한 흥미롭고도 유용한 도표와 그래프, 사실 분석 등으로 가득하다. 덕분에 나는 만약 금년에 내가 농장 일을 한다면 여기 가만히 앉아 있을 때보다 팔이나 다리를 잃을 확률이 세 배는 높고, 치명적인 독이 온몸에 퍼지게 될 확률이 두 배는 높다는 것을 알게 되었다. 내가 12개월 이내에 살해당할 확률은 1만 1000분의 1이고, 숨이 막혀서 죽을 확률은 15만 분의 1, 댐이 무너져서 죽을 확률은 1천만 분의 1, 하늘에서 떨어진 무언가에 머리를 맞고 죽을 확률은 2억 5천만 분의 1이다. 내가 집안에만, 그것도 창가에서 떨어진 곳에 있는다고 해도 하루 중에 무언가에 의해 죽을 확률은 45만 분의 1이다. 꽤나 두려운 일이 아닐 수 없다.

그러나 단지 내가 미국인이라는 이유만으로, 내 나라의 국기가 성조기라는 이유만으로, 내 옷장 한가운데에 야구모자가 걸려 있다는 이유만으로 내가 필립 공이나 스파이스 걸스보다 사고로 죽을 확률이 두 배나 높다는 것만큼 화나는 일도 없다. 이것은 죽음을 결정하는 공정한 방식이 아니다.

러든은 미국인들이 영국인들보다 사고를 당할 확률이 두 배나 높은 이유를 설명하지 않았다.(아마 설명을 하자니 몹시 언짢았을 것이다.) 하지만 여러분도 짐작하실 수 있듯이 나는 여기에 대해 곰곰이 생각해보았는데, 그 이유는(잠깐만 생각해봐도 확연해진다) 미국이 유난히 위험한 곳이기 때문이다.

이 점을 한번 생각해보자. 뉴햄프셔 주에는 운전 중에 사슴과 부딪쳐 사망하는 사람이 매년 10여 명에 이른다. 그러나 영국에서 이런 사고로 죽는 사람은 거의 없을 것이다. 내 말이 틀렸다면 지적해주시기 바란다. 영국에서는 곰이나 사자의 먹이가 되는 사람도 없을 것이고, 들소에 받혀 의식을 잃거나 방울뱀에 물린 발목을 움켜쥐고 있어야 할 일도 없을 것이다. 토네이도나 지진, 허리케인, 산사태, 눈사태, 홍수, 폭설 등으로 인해 갑작스럽게 목숨을 잃는 사람도 없을 것이다. 그런데 이런 일들이 미국에서는 매년 수백 건은 아닐지라도 수십 건씩 발생하고 있다.

마지막으로, 그리고 무엇보다 우선해서 총기 문제가 있다. 미국에는 현재 2억 정의 총이 있으며, 우리는 꽤나 총을 쏘고 싶어한다. 해마다 4만 명의 미국인이 총에 맞아 사망하는데, 그 대부분이 사고사다. 보다 구체적으로 말하자면 미국인 10만 명 당 총에 맞아 죽는 사람이 6.8명이다. 인구 10만 명 중에 총기 사고로 죽는 사람이 0.4명에 불과한 영국과는 차원이 다른 것이다.

간단히 말해서 미국은 꽤나 위험한 나라다. 그런데도 우리는 엉뚱한 것들만 걱정하고 있으니 참으로 알 수 없는 일이다. 이곳 하노버에 있는 카페 '루'에 앉아 주위 사람들이 하는 말을 들어보면 온통 콜레스테롤과 나트륨, 유방 엑스선 사진과 안정시 심박수에 대한 이야기뿐이다. 미국인들 대부분은 달걀노른자에 대해 알레르기 반응을 보이면서도 너무나 명백한, 그러나 피할 수 있는 위험들에 대해서는 별로 개의치 않는다.

이 나라 사람들 중 40퍼센트가 아직도 안전띠를 매지 않는다. 그저 놀라울 따름이다. 안전띠를 매는 데 돈이 드는 것도 아니고, 게다가 그 덕분에 슈퍼맨처럼 앞 유리창을 뚫고 나가는 사고를 미연에 방지할 수 있는 게 명백한데도 왜 안전띠를 착용하지 않는 것일까.(이런 사고들에 대해 주의 깊은 기록을 남겨두는 몇 안 되는 주들 중 하나인 버몬트 주의 보고에 의하면 버몬트 주에서는 1998년 1월부터 10월 사이에 발생한 교통사고로 81명이 사망했으며, 그 중 76퍼센트가 안전띠를 매지 않았다고 한다.) 보다 놀라운 것은 교통사고가 났을 때 어린이들이 에어백 때문에 목숨을 잃는다는 최근의 신문기사들로 인해 사람들이 너도나도 에어백을 제거하고 있다는 사실이다. 그들은 사고를 당한 어린이들 모두가 앞좌석에 앉아 있었다거나 거의 대부분이 안전띠를 착용하지 않고 있었다는 점은 고려하지 않는 듯하다. 에어백은 수천 명의 목숨을 구할 수 있음에도 사람들은 그것이 위험을 초래한다는 잘못된 생각 때문에 에어백을 제거하고 있다.

총기에도 이와 비슷한 통계적 모순이 적용된다. 미국인들의 40퍼센트는 집에 총을 가지고 있으며, 보통 이것을 침대 옆의 서랍에 넣어둔다. 이

총으로 범죄자를 쏠 확률은 100만 분의 1도 안 되지만, 집안사람들, 대개는 주변에서 돌아다니던 아이들을 쏠 확률은 앞서 말한 숫자의 20배가 넘는다. 그럼에도 1억 명이 넘는 사람들이 이러한 사실을 무시할 뿐만 아니라 때로는 시끄럽게 구는 주변 사람들에게 총을 쏘겠다고 위협하기까지 한다.

그러나 최근에 이슈가 된 간접흡연만큼 사람들의 비합리적인 태도를 잘 보여주는 것도 없다. 4년 전, 미 환경보호국에서는 다른 사람들이 피우는 담배 연기에 정기적으로 노출되는 35세 이상의 비흡연자가 후에 폐암에 걸릴 확률은 3만 분의 1이라고 발표했다. 반응은 즉각적이었다. 미국 전역에 걸쳐 직장에서, 레스토랑이나 쇼핑몰에서, 기타 공공장소에서 흡연이 금지되었다.

이 모든 소란의 와중에 간과된 것은 간접흡연의 위험이 실은 얼마나 극미한가 하는 것이다. 3만 분의 1의 확률은 꽤 심각하게 느껴질 수도 있겠지만, 실은 그리 대단한 수치가 아니다. 통계적으로 따져보면 정기적으로 담배 연기가 자욱한 방 안에 앉아 있는 것보다 일주일에 한 번 돼지고기를 먹는 편이 암에 걸릴 확률이 더 높다. 매주 당근 하나를 먹어도 마찬가지고, 매달 오렌지 주스 두 잔을 마시거나 2년에 한 번 상추 한 포기를 섭취해도 마찬가지다. 애완용으로 기르는 앵무새로 인해 암에 걸릴 확률이 간접흡연으로 암에 걸릴 확률보다 다섯 배는 더 높다.

나는 흡연이 주변을 지저분하게 하고, 다른 사람들에게 불쾌감을 주며, 흡연자의 건강에 안 좋고, 카펫에 구멍을 낸다는 점에서 흡연 금지에 전적으로 찬성한다. 하지만 총기 소지와 안전띠 미착용은 허용하면서도 공공의 안전을 이유로 흡연을 금지하는 것은 조금 이상하다는 생각이 든다.

그러나 이런 일들에는 논리가 개입할 여지가 없다. 몇 년 전에 내가 형이 복권을 사고 나서(당첨될 확률은 1200만 분의 1쯤 된다) 차에 올라 안전띠를 매지 않는(대형 교통사고로 이어질 확률은 매년 40분의 1이다) 것을 보고 그의 모순된 행동을 지적하자 형이 잠깐 나를 쳐다보더니 이렇게 말한 기억이 난다.

"그럼 내가 너를 너희 집에서 4마일(약 6.5km) 못 미치는 곳에 내려놓을 확률은 얼마나 된다고 생각해?"

그때 이후로 나는 이런 생각을 혼자서만 간직하고 있다. 그러는 편이 훨씬 덜 위험하므로.

21. 사라져가는 방언

월트는 가끔씩 우리 집 목공일을 돌봐주는 사람으로, 112세는 돼 보이지만 놀랍게도 톱질과 못질을 할 수 있다. 적어도 15년은 마을 안팎의 자잘한 목공일을 해왔을 것이다.

월트는 우리 동네에서 코네티컷 강 하나만 건너면 나오는 버몬트 주에 살고 있으며, 정직하고 근면한, 그리고 천성적으로 시간과 돈과 말의 낭비를 싫어하는 진정한 뉴잉글랜드인이다.(그는 말을 하면 세금을 내야 한다는 이야기라도 들은 것처럼 말을 한다.) 무엇보다도 그는 뉴잉글랜드 사람들 모두가 그렇듯이 아침 일찍 일어난다. 뉴잉글랜드 사람들은 정말 감탄스러울 정도로 일찍 일어난다. 우리에겐 몇 해 전에 이곳으로 이주해온 영국인 친구들이 있는데, 그 중 한 사람이 이사 온 지 얼마 안 됐을 때의 이야기다. 그 친구가 치과에 전화를 걸어서 다음날 6시 반에 가기로 예약을 해놓고 다음날 저녁에 치과를 찾아갔더니 치과에는 불이 꺼져 있었다. 치과 측에서는 물론 아침 6시 반을 말한 것이었다. 만약 월트에게 6시 반에 와 달라는 이야기를 했더라면 그는 아마 더 일찍은 안 되겠느냐고 물었을 것이다.

여하튼 그는 요전 날 7시가 되기 조금 전에 우리 집에 도착해서는 노리치를 지나는 길이 극심하게 막혀서 늦었노라고 말했다. 여기서 재미있는 것은 노르위치의 도로가 교통체증을 빚을 수도 있다는 사실이 아니라 그가 영국의 도시에 대해 말하듯 '노리치'라고 발음했다는 점이다. 노르위치와 그 인근에 사는 사람들 모두가 '노르위치'라고 발음했기에 월트의 발음은 나를 놀라게 했다.

내가 여기에 대해 묻자 월트는 "아휴" 하고 말했다.

'아휴'는 다양한 용도로 사용되는 뉴잉글랜드 말로, 대개 모자를 벗고 머리를 긁적이며 천천히 끌듯이 발음한다. 말뜻은 '무슨 말을 하려고 했는데……, 다시 생각해보니 안 하는 게 낫겠네요' 정도의 의미다. 월트는 1950년대까지는 '노리치'로 불리다가 뉴욕이나 보스턴 등지에서 외부인들이 들어와 살면서부터 '노르위치'로 바뀌었다고 설명해주었다. 요즘은 월트보다 나이가 어린 사람들은 누구나, 그러니까 사실상 모든 사람이 '노르위치'라고 발음한다. 지역 고유의 발음에 대한 외부인들의 무신경한 태도 때문에 전통적인 발음이 사라져간다는 것은 서글픈 일이다. 하지만 이것은 일반적인 추세를 나타내는 한 예일 뿐이다.

30년 전에는 버몬트 주 인구의 4분의 3이 버몬트 주에서 태어난 사람들이었지만, 요즘에는 그 비율이 절반쯤밖에 안 되며, 그보다 훨씬 못 미치는 지역도 있다. 따라서 요즘에는 버몬트 주에서 '카우(cow)'를 '쿄우'라고 발음하고, '나도 그래(So do I)'라고 할 것을 '나도 안 그래(So don't I)'라고 말하는, 그리고 버몬트 주 특유의 약간은 비밀스럽고 다채로운 표현을 구사하는 사람들이 예전에 비해 많이 줄어들었다.

버몬트 주의 시골 잡화점 앞을 서성거리다보면 늙은 농부 둘이 커피를

"개구리 가죽만큼 더" 달라고 하거나 "글쎄, 그러면 자네 어머니가 잼 병을 달그락거리는 소리가 더 요란해지지 않겠나"라고 말하는 것을 들을 수 있을 것이다. 하지만 그보다 더 자주 볼 수 있는 것은 L.L.빈 옷을 입은 도시의 피서객이 가게 주인에게 구아버가 있느냐고 묻는 광경일 것이다.

이런 일은 미국 전역에서 일어나고 있다. 나는 방금 전에 노스캐롤라이나 주의 해안가에서 조금 떨어진 오크러코크 섬의 방언에 관한 연구서를 읽었다. 오크러코크 섬은 일련의 섬들이 둑 모양으로 죽 늘어선 아우터뱅크스의 일부로, 이곳 주민들은 한때 관광객들이 엘리자베스 조(朝) 영국의 반쯤 잃어버린 식민지에 온 듯한 느낌을 받을 정도로 소리의 울림이 풍부하고 신비로운, 기분 좋은 방언을 구사했다.

섬 주민들은 특이하고 경쾌한 억양을 구사하며 이 억양에 어울리는 고어들을 많이 사용하는데, 여기에는 '몸이 불편하다'는 뜻의 '큄미시(quammish)나 '어떤 것의 조각'이라는 뜻의 '플랫짓(fladget),' '귀찮게 하다'는 뜻의 '맘먹(mommuck)' 등과 같이 셰익스피어가 펜을 놓은 이후로 거의 들어보지 못한 단어들도 있다. 또한 그들은 섬사람들답게 바다와 관련된 단어를 많이 사용한다. 예를 들어 배가 돛을 거의 올리지 않은 채 강한 바람을 받으며 달린다는 의미의 '스커드(scud)'를 육상 활동에도 가져다 써서, 자동차로 스커드하러 가자는 식의 표현을 한다. 마지막으로 그들은, 외지인들에게는 정말 놀랍게도 영어 이외의 단어(그 한 예로 포치를 의미하는 '피저(pizer)'를 들 수 있는데, 이것은 이탈리아어 '피아자(piazza)'에서 유래한 게 분명하다)를 받아들였으며, 이런 단어들을 마치 링고 스타가 도싯(잉글랜드 남부의 주) 억양으로 말하는 것처럼 발음한다. 한마디로 흥미로운 방언이다.

이런 현상은 1957년 연방정부에서 오크러코크 섬과 본토를 잇는 다리를 건설할 때까지 꾸준히 지속되었다. 그러나 다리가 완공되자 곧바로 관광객들이 밀어닥치면서 오크러코크 방언은 점차 사라져갔다.

이 모든 것은 노스캐롤라이나 주립대학교의 언어학자들에 의해 과학적으로 관찰되고 기록되었다. 그들은 반세기 동안 주기적으로 현장답사를 해왔는데, 섬에 올 때마다 방언이 꾸준히 줄어드는 것을 발견하였다. 그러다가 놀랍게도 오크러코크 방언이 되살아나기 시작했다. 연구자들은 중년층, 즉 섬에 관광산업이 처음 부각되었던 1950년대와 1960년대에 자란 사람들이 다시 예전의 말하기 방식으로 돌아갔을 뿐만 아니라 옛날식 발음이 보다 뚜렷해졌음을 발견했다. 연구자들의 추정에 의하면 섬사람들은 "자신들이 관광객이나 최근에 본토에서 이주해온 사람들이 아니라 오크러코크 '토박이'임을 나타내고 싶어서 의식적으로나 무의식적으로 방언을 더 과장되게 사용하는 것" 같다고 한다.

이런 현상은 다른 곳에서도 발견된다. 마서스비니어드 섬의 방언에 관한 한 보고서에 의하면 '하우스'와 '마우스'를 '하으스'와 '마으스'로 발음하는 식의 그곳 전통 발음이 거의 사라져가는 듯하다가 예기치 못하게 되살아나고 있다고 한다. 그 주된 원인은 외지에 나가 살다 돌아온 섬사람들이 스스로를 외지인과 구별하기 위해 예전의 어투로 돌아간 데 있다.

그렇다면 이것은 억양이 풍부한 버몬트 주 방언이 되살아나리라는, 그리하여 사람들이 "그건 전에 아파본 적이 없는 곳을 아프게 할 거야"라든가 "그건 수퇘지의 뒷다리보다 더 거칠어"라고 말하는 것을 또 다시 들을 수 있게 되리라는 것을 의미할까? 애석하게도 그런 것 같지는 않다. 수집한 자료에 의하면 이 같은 방언의 부활은 섬이나 비교적 고립되어 있는 지역사회 안에서만 일어나는 듯하다.

  그러므로 월트가 목공일을 그만두게 되면 누가 되었든 그의 뒤를 잇는 사람은 설사 버몬트 주에서 나고 자랐을지라도 말투가 예전의 버몬트 주 사람들 같지는 않을 것이다. 나는 그저 그가 너무 일찍 일어나는 사람이 아니기만을 바랄 뿐이다.

22. 비효율에 관한 보고

며칠 전, 지역 신문에 난 기사 하나가 내 눈길을 사로잡았다. 인근의 공항에서 관제탑과 부대시설을 민영화하려 한다는 기사였다. 공항이 적자를 내고 있어서 미 연방항공국에서는 보다 싼 가격에 착륙서비스를 제공할 수 있는 업체와 계약을 맺음으로써 경비를 줄이려 한다고 했다. 특히 내 관심을 끌었던 대목은 다음과 같은 문장이었다.

"연방항공국의 뉴욕 사무소 대변인 아를렌 살락은 관제탑을 인수할 회사의 이름을 대지 못했다."

흠, 참으로 마음이 놓이는 소식이다. 글쎄다. 어쩌면 내가 너무 과민해져 있는지도 모르겠다. 가끔씩 그 공항을 이용하는 내가 비행기의 정상 착륙을 유도하는 공항의 능력에 특별한 관심을 가지고 있기 때문인지도 모른다. 나는 관제탑이 타월 만드는 회사나 사고 처리를 담당하는 회사에 매각되지 않기를, 그리고 다음번에 공항에 도착했을 때 내가 탄 비행기가 사다리 위에서 빗자루를 흔드는 누군가에 의해 착륙 안내를 받는 일이 없기를 바란다. 최소한 연방항공국이 상대 회사가 어떤 회사인지 정도는 알고 관제탑을 매각했으면 싶다. 나를 까다롭다고 해도 좋다. 하지만 그 정도의 정보는 연방항공국 파일에 들어 있어야 한다고 생각한다.

연방항공국이 대단히 효율적인 집단은 아니다. 최근의 보고서에 의하면 연방항공국은 수년간 여러 차례의 정전 사태와 노후화된 설비의 기능장애, 과로와 스트레스로 지친 직원들, 훈련 프로그램의 부족, 지휘계통의 분산으로 인한 관리 부실 등을 겪어왔다고 한다. 보고서에는 설비의 기준과 관련해서 "21개의 각기 다른 사무실에서 71건의 명령과 7건의 표준, 그리고 29건의 세부지침을 발표했다"고 쓰여 있다. 그 결과 연방항공국은 자신이 어떤 설비를 소유하고 있으며 그것이 어떻게 관리되고 있는지, 심지어 누가 커피를 탈 차례인지조차도 모르는 사태에 이르렀다.

보다 불길한 소식도 들려온다. 〈로스앤젤레스 타임스〉지에 의하면 "연방항공국이 관제 시설의 현대화 계획을 제때 시행하기만 했어도 최소한 3건의 항공기 사고는 예방할 수 있었을 것"이라고 한다.

내가 이런 이야기를 하는 것은 오늘의 주제가 미국 내의 광범위한 비효율이기 때문이다. 미국이 두드러지게 비효율적인 나라라는 뜻은 아니다. 그러나 미국에서 비효율적인 면모가 발견되었을 경우 그것은 매우 두드러져 보인다. 미국이 큰 나라인 탓도 있을 것이다. 큰 나라는 큰 정부를 낳고, 큰 정부는 많은 부처를 낳으며, 각 부처는 많은 법과 규칙을 만들어내기 때문이다. 부처가 많아진 데 따른 필연적인 결과는 오른손이 하는 일을 왼손이 모를 뿐만 아니라 오른손이 있는지조차 모른다는 것이다. 이것은 냉동 피자의 예로 설명할 수 있다.

미국에서 냉동 치즈피자의 감독기관은 식품의약국이지만, 냉동 페페로니피자의 감독기관은 농무부이다. 두 부처는 피자의 내용물이나 라벨에 대해 각각의 기준을 가지고 있으며, 검사관 팀과 면허증이나 허가증과 관련한 법규 및 기타 많은 비용이 들어가는 문서작업도 각기 다르다. 냉동 피자 하나에 대해서만도 이렇게 많은 일이 연관되어 있는 것이다. 전체 식품과 관련해서 모든 연방 법규를 준수하는 데 드는 비용은 일 년에 6680억 달러로, 한 가구 당 7000달러 꼴이다. 법규를 지키는 데 꽤나 많은 돈이 들어가는 셈이다.

그러나 미국의 비효율에 씁쓸한 맛을 더해주는 것은 극도의 인색함이다. 여기에는 특히 관공서의 근시안적 행정이 한몫 한다. 국세청의 예를 들어보자. 미국에는 매년 대략 1000억 달러(다른 많은 나라의 국민총생산보다 더 많은 금액이다)의 세금탈루가 이루어지고 있다. 1995년, 의회에서는 실험적으로 국세청에 1억 달러의 예산을 더 배정하여 이 문제를 조사하도록 했다. 그 해 말 국세청은 8억 달러의 세금을 더 걷었다. 이것은 전체 탈세액의 극히 일부에 불과하지만, 그래도 세금 징수에 추가로 들어간 1달러 당 8달러의 정부 수입이 늘어난 셈이다.

국세청에서는 만약 이 프로그램을 계속할 경우 이듬해에는 최소 120억 달러의 세금이 더 걷히고, 그 다음해에는 더 많은 세금이 걷히리라 자신했다. 그러나 의회에서는 이 프로그램을 확대하는 대신 연방 적자 감소 프로그램의 일환으로 돌렸다. 내 말이 무슨 뜻인지 이해하는가?

혹은 식품 검사의 예를 들어보자. 요즘은 육류가 살모넬라균이나 대장균 같은 세균에 감염되었는지 여부를 알려주는 온갖 종류의 최첨단 장비들이 나와 있다. 그러나 정부 예산이 부족해서 연방 식품검사관들은 작업라인 위를 지나는 육류를 육안으로 검사하고 있다. 얼마 안 되는 급료를 받는 연방 식품검사관들이 매일같이 컨베이어벨트 위를 지나는, 똑같이 털이 뽑힌 닭고기 1만 8000마리를 얼마나 주의 깊게 살펴볼지는 안

봐도 눈에 선하다. 나를 냉소주의자라고 불러도 좋다. 하지만 십여 년을 같은 일을 해온 검사관이 '오, 여기 닭고기 몇 마리가 더 오네. 이거 흥미롭겠는걸' 하고 생각할 리는 만무하다는 것이 내 생각이다. 여하튼 세균은 육안으로는 구별이 안 된다.

그 결과 정부 스스로도 인정했듯이 전체 닭고기의 20퍼센트와 칠면조 고기의 49퍼센트가 세균에 감염됐다. 이로 인한 질병의 치료에 어느 정도의 비용이 들어갈지는 모르겠지만, 매년 8000만 명이 공장에서 오염된 식품으로 인해 병에 걸리고, 그리하여 추가적인 병원비라든가 생산성 감소 등으로 인해 50억~100억 달러 규모의 경제적 손실을 초래한다고 한다. 거기에 미국에서는 매년 9000명이 식중독으로 죽어간다.

이 모든 것은 다시금 연방항공국의 예를 생각나게 한다.(사실은 그렇지 않지만, 어찌되었건 나는 다시 그 이야기로 돌아가야 한다.) 연방항공국은 미국에서 가장 비효율적인 부서일 수도 있고 아닐 수도 있다. 하지만, 10킬로미터 상공에서 내 운명을 좌우할 수 있는 유일한 부서임에는 틀림없다. 그러므로 연방항공국에서 이름도 기억하지 못하는 회사에 관제탑을 이양하기로 했다는 소식에 내가 얼마나 불안에 떨었을지 상상할 수 있으리라.

지역 신문에 의하면 이달 말까지는 인수 작업이 마무리될 것이라고 한다. 그로부터 사흘 뒤에 나는 그 공항에서 워싱턴 행 비행기를 타야 한다. 혹시라도 두어 주가량 신문의 이 칼럼난이 공란으로 남겨질까봐 미리 말해두는 것이다.

하지만 어쩌면 비행기 때문이 아닐 수도 있겠다. 방금 아내에게 저녁 메뉴를 물었더니 칠면조버거라는 대답이 돌아왔다.

23. 왜 아무도 걷지 않는가

　최근에 캘리포니아 대학교 버클리 분교의 한 연구원이 미국인들의 걷기 습관을 연구한 결과 미국인들은 평균적으로 1년에 120킬로미터, 일주일에 2.3킬로미터, 하루에 328미터도 채 걷지 않는다는 것이 밝혀졌다. 나도 게으르긴 하지만, 이건 너무 심했다. 나는 리모컨을 찾으러 다니는 데만 해도 그보다는 많이 걷는다.
　앞서 언급한 연구에 의하면 우리 중 85퍼센트가 '필수불가결하게' 앉아서 일하는 사람들이고, 35퍼센트가 '전적으로' 앉아서 일하는 사람들이다. 미국 국민은 앉아서 일하는 사람들과 차를 타고 다니는 사람들로 구성되어 있다.
　미국으로 돌아오기로 했을 때 우리 부부는 걸어서 중심가에 다녀올 수 있는 아담한 마을에 살기로 마음먹었다. 우리가 살고 있는 하노버는 전형적인 뉴잉글랜드의 작은 마을로 쾌적하고 조용하고 아담하면서도 있어야 할 것은 다 갖추어져 있다. 중심가는 잘 정돈되어 있고, 주택가에는 나무가 많이 심어져 있으며, 마을 한가운데에는 다트머스 대학교의 유서 깊은 건물들로 둘러싸인 녹지대가 있다. 한마디로 걸어서 일을 보러 다니기에 괜찮은 기분 좋은 동네다. 하지만 내가 아는 한 걸어서 일을 보러 다니는 사람은 아무도 없다.

나는 집에 있을 때는 거의 매일같이 걸어서 중심가에 간다. 우체국에도 가고, 도서관에도 가고, 서점에도 가며, 때로 기분이 내킬 때면 로지 제이키스 카페에 들러 카푸치노도 마신다. 가끔씩 저녁에 아내와 함께 너깃 극장까지 걸어가서 영화를 보고 오거나 머피 주점에 들러 맥주를 마시기도 한다. 이 모든 것이 내 삶의 큰 부분을 차지하고 있으며, 이런 일들을 할 때 걷기 이외의 다른 교통수단을 이용한다는 것은 상상도 못해 봤다. 지금은 마을 사람들도 나의 이런 별난 행동에 익숙해져 있지만, 우리가 이사 온 초기에는 아는 사람이 차를 세우고 집에까지 태워다주겠다고 할 때가 더러 있었다.

내가 정중하게 거절하면 그들은 이렇게 말하곤 했다.

"하지만 지나가는 길인걸요. 정말이에요. 조금도 부담 가지실 것 없어요."

"솔직히 말해서 저는 걷는 게 좋습니다."

"정 그러시다면……."

그들은 이렇게 말하고 주저하면서, 심지어 마치 명함도 건네지 않고 교통사고 현장을 떠나기라도 하는 것처럼 미안해하면서 차를 출발시키곤 했다.

사람들은 매사에 차를 이용하는 게 습관이 돼서 자신의 두 다리로 무엇을 할 수 있는지 알아볼 생각 따위는 아예 하지도 못한다. 미국에서는 집 밖에 나갔다 와야 하는 일의 93퍼센트에 자가용이 이용된다는 사실에 주목하자.

이전 시대의 교통상황에 알맞게 설계된 뉴잉글랜드의 옛 마을이 대개 그렇듯 하노버도 자동차가 다니기에 편한 곳은 아니다. 차를 가지고 중심가에 한번 다녀오려면 늘 주차장을 찾아 한참을 헤매야 한다. 그래서 당국에서는 늘 도로를 넓히고 주차장을 새로 짓는 공사를 벌이고 있다. 이런 것들이 도시 미관을 해친다는 생각은 하지도 못한 채.(다트머스 대학교에서는 최근에 오래된 병원 건물을 허물고 캠퍼스 한가운데에다 삭막하기 이를 데 없는 주차장을 2에이커(약 8100㎡)쯤 더 넓혔다.)

그러나 이것은 사실 당국의 잘못이라기보다는 어디를 가든 차를 몰고 가려 하는 마을 사람들의 잘못이다. 우리는 대학생들이 강의실에서 강의실로 이동할 때 차를 타고 가고, 부모가 세 블록 떨어진 곳의 친구 집에 맡겨 놓은 자녀를 찾으러 가면서 차를 몰고 가고, 우편배달부가 우체국 밴으로 이 골목 저 골목을 누비는 시대에 살고 있다. 6미터를 걷지 않으려고 참으로 특이한 근육운동을 하고 있는 것이다.

때로는 그 정도가 너무 심해서 우스꽝스러울 정도다. 며칠 전에는 내가 인근 마을인 에트나에서 아이의 피아노 레슨이 끝나기를 기다리고 있는데, 마을 우체국 앞에 차가 한 대 와서 멎더니 내 나이 또래의 남자가 튀어나와 차 시동도 끄지 않은 채 우체국 안으로 사라졌다. 그는 3~4분쯤 후에 다시 차에 올라 정확히 5미터를 가서는(딱히 할 일도 없고 해서 내가 실제로 재보았다) 우체국 옆의 가게 앞에 차를 세우고 여전히 시동은 켜놓은 채 다시 가게 안으로 뛰어 들어갔다.

그런데 그는 체격이 아주 훌륭했다. 나는 그가 조깅과 스쿼시 및 기타 온갖 종류의 운동을 하리라 확신하지만, 또한 그가 이 모든 것을 할 때 차로 움직이리라는 것도 확신한다. 어처구니없는 일이다. 요전 날 나는 아는 사람이 동네 체육관 바깥에 주차할 데가 없다고 불평하는 것을 들었다. 그녀는 일주일에 서너 번 체육관의 러닝머신을 이용하는데, 체육관까지는 그녀의 집에서 도보로 고작 6분밖에 안 걸린다. 나는 체육관까지 걸어가고 운동을 6분 덜하지 그러냐고 말해보았다.

그러자 그녀는 딱하다는 듯이 나를 보며 이렇게 말했다.

"하지만 러닝머신에는 나한테 알맞은 프로그램이 입력되어 있는걸요. 거리와 속도, 칼로리 소모량 등이 입력되어 있고, 경사도 조절도 가능하고요."

나는 이 점에 있어서 인간의 천성이 얼마나 부족한가를 생각하지 못했던 것이다.

〈보스턴 글로브〉지의 근심 어린 최근 사설에 의하면 미국은 보행자들을 위한 시설물에 연간 고속도로 예산인 250억 달러의 1퍼센트도 안 되는 돈을 쓴다고 한다. 사실 나는 그 액수가 생각보다 많은 데 오히려 놀랐다. 지난 30년 사이에 건설된 교외지역 아무데나 한번 가보라. 그 어디에서도 인도를 찾아볼 수 없을 것이다. 때로는 보행자를 위한 횡단보도조차 보이지 않는다.

나는 이것을 지난 여름, 가족과 함께 메인 주를 지나다가 커피를 마시러 쇼핑몰과 모텔, 주유소, 그리고 요즘 들어 우후죽순처럼 생겨나는 패스트푸드점들이 즐비하게 늘어서 있는 지역에 들어섰을 때 깨달았다. 마침 길 건너편에 서점이 보이기에 나는 커피를 마시는 대신 서점에 들르기로 했다. 필요한 책도 있었고, 어쨌든 네 명의 들떠 있는 아이들을 데리고 있는 아내에게도 좋은 시간이 되리라고 여겼기 때문이다.

서점은 25미터도 채 안 되는 거리에 있었지만 거기까지 걸어서 갈 수 있는 길이 없었다. 자동차로는 갈 수 있게 되어 있었지만 보행자를 위한 통로가 없어서, 걸어서 가려면 차가 쌩쌩 달리는 6개의 차선을 가로질러야 했다. 결국 나는 차를 타고 갈 수밖에 없었다. 그 외에는 달리 방법이 없었던 것이다. 그 당시에는 너무 어이가 없고 화가 났지만 나중에 생각해보니 그 교차로를 걸어서 건널 생각을 한 사람은 나밖에 없었으리라는 생각이 들었다.

우리는 더 이상 이 나라 안 어디에서도 걷지 않을 뿐만 아니라 그 어디에서도 걷지 않을 것이다. 그리고 누구든 우리를 걷게 만들려는 자는 이곳 뉴햄프셔 주의 라코니아 마을처럼 화를 당할 것이다. 몇 년 전, 라코니아에서는 500만 달러를 들여 중심상가 지역을 쾌적하고 걷기 편한 곳으로 만들었는데, 이것은 심미적인 면에서는 대성공(사방에서 도시설계사들이 모여들어 환담을 나누고 사진을 찍었다)이었지만, 상업적인 면에서는 재앙에 가까웠다. 상점에 들어가려면 주차장에서 한 블록을 걸어가야 했기에 쇼핑객들이 중심상가를 떠나 교외지역의 상가로 옮겨갔던 것이다.

1994년, 라코니아는 벽돌이 깔린 예쁜 길을 뒤집어엎고, 벤치와 제라늄 화분 및 장식적인 나무들을 치우고, 중심상가 거리를 원래대로 돌려놓았다. 이제 사람들은 다시 가게 앞에 차를 댈 수 있게 되었고, 중심상가는 다시 번창하고 있다.

이것이 슬픈 일이 아니라면 무엇이 슬픈 일이겠는가.

24. 광활한 영토

여기 인생을 살아가면서 명심해야할 두 가지가 있다. 대니얼 분(미국 초기의 신화적인 서부 개척자)은 얼간이라는 것과, 뉴햄프셔 주 하노버에서 당일치기로 메인 주를 다녀오기는 힘들다는 것이 바로 그것이다. 이제 이 말이 무슨 뜻인지 설명하도록 하겠다.

나는 요전 날 저녁에 지구본을 만지작거리다가 이곳 하노버에서 우리가 예전에 살던 영국 요크셔까지의 거리가 미국 안의 다른 많은 지역들까지의 거리보다 훨씬 더 가까운 것을 알고 조금 놀랐다. 사실 지금 내가 살고 있는 곳에서 알래스카 주 알류샨 열도의 서쪽 끝에 있는 아투 섬까지는 4000마일(약 6430km)가량 떨어져 있다. 달리 말하면 내가 사는 곳에서 이 나라의 서쪽 끝까지보다 런던에서 요하네스버그까지가 더 가깝다는 이야기다.

물론 알래스카는 미국 본토에서 멀리 떨어져 있기에 적당한 비교대상이 못된다고 말할 수도 있겠다. 그러나 미국 본토로 국한시킨다고 해도 사정은 크게 다르지 않다. 우리 집에서 로스앤젤레스까지는 런던에서 라고스까지의 거리다. 한마디로 이곳에서는 스케일이 다르다.

여기 스케일과 관련한 또 다른 흥미로운 사실이 있다. 지난 20년 사이에 미국의 인구는 거의 영국 인구만큼 늘어났다. 그 많은 사람들이 다 어디서 나타났는지 전혀 짐작하지 못하는 바는 아니지만, 어쨌든 놀라운 일이다.

오랜 세월 영국처럼 좁은 나라에서 복닥거리며 살아온 사람에게는 미국이 얼마나 넓고 텅 빈 것처럼 느껴지는지 모른다. 이 점을 한번 생각해보자. 몬태나 주와 와이오밍 주, 노스다코타 주, 사우스다코타 주는 면적이 프랑스의 두 배에 달하면서도 인구는 런던 남부 인구에도 못 미친다. 알래스카 주는 방금 언급한 주들보다 훨씬 더 넓은 면적에 훨씬 더 적은 인구가 살고 있다. 비교적 인구가 많은 북동부에 위치해 있는 뉴햄프셔 주조차도 영토의 85퍼센트가 숲이고, 그 나머지 대부분은 호수다. 뉴햄프셔 주에서는 자동차를 타고 아무리 오래 달려도 보이는 건 나무와 산뿐이요, 집이나 오두막, 심지어 다른 차들조차도 보기 힘들 때가 많다.

나는 늘 이 점에 속곤 한다. 얼마 전에는 영국에서 친구들이 찾아와서 함께 메인 주 서부의 호수까지 드라이브를 가기로 한 적이 있었다. 즐거운 소풍이 될 것 같았고, 우리가 할 일이라곤 미국에서 네 번째로 작은 주인 뉴햄프셔 주를 가로지르는 것뿐이었다. 주 경계를 조금만 넘어가면 사슴이 뛰노는 아름다운 메인 주에 도착할 것이고, 가는 데 걸리는 시간도 두 시간 반 정도면 충분할 것 같았다.

물론 여러분은 재미있는 이야기를 고대하고 있을 것이다. 하지만 우리는 6시간 후에 기진맥진한 상태로 레인제리 호숫가에 차를 세운 뒤 사진을 두어 장 찍고 서로 멀뚱하니 얼굴만 쳐다보다가 말없이 다시 차에 올라 집으로 돌아왔다. 이와 비슷한 일이 늘 일어난다.

이상한 것은 대다수의 미국인들이 나처럼 생각하지 않는다는 것이다. 그들은 이 나라가 사람들로 너무 북적인다고 생각한다. 사람들이 너무 많아지면 자연을 훼손할 우려가 있다는 이유로 국립공원이나 자연보호구역 입장객의 수를 제한하려는 움직임도 끊이지 않는다. 국립공원들 중에는 의심할 나위 없이 북새통을 이루는 곳도 있지만, 그것은 관광객의 98퍼센트가 차를 몰고 오는데다 그 중 98퍼센트는 차가 있는 곳에서 반경 60미터 이내에서만 움직이기 때문이다. 하지만 그 밖의 곳에서는, 심지어 관광객이 가장 많이 붐비는 날의 가장 인기 있는 국립공원에서조차도 혼자서 산 전체를 독차지할 수가 있다. 몇 주 전에 예약하지 않으면 입산이 금지되는 경우가 점점 더 늘어나긴 하겠지만 말이다.

보다 불길한 것은 이러한(실재하지 않는) 위기상황을 다루는 가장 좋은 방법은 이 나라에서 태어나지 않은 사람들 대부분을 추방하는 것이라는 믿음이 점차 확산되어가고 있다는 점이다. 지금은 이름이 기억나지 않는 ('보다 나은 미국을 만들기 위해 애쓰는 위험할 정도로 옹졸한 사람들의 모임'이던가?) 어떤 단체에서는 〈뉴욕 타임스〉나 〈애틀랜틱 먼슬리〉 같은 영향력 있는 대중매체에 이민자들을 받아들이지 말자는 광고를 주기적으로 실으면서 "(이민자들을 받아들이는 것이)우리의 환경과 삶의 질에 악영향을 끼친다"고 설명했다. 그리고 또 다른 광고에서는 "이민자들로 인해 우리는 가파른 속도로 환경 및 경제적 재앙에 다가가고 있다"고 주장했다.

그러나 경제나 문화적인 이유에서라면 몰라도 이 나라가 너무 좁다는 이유로 이민자들의 수를 줄이자고 할 수는 없을 것 같다. 이민자들에 반대하는 사람들은 미국이 이미 한 해에 100만 명의 이민자를 추방하고 있으며, 이 나라에 남아 있는 이민자들 대부분이 몹시 지저분하고 급료도 적고 불만족스러워서 우리가 기피하는 일을 하고 있다는 사실을 편리하게도 간과하고 있다. 이민자들을 추방한다고 해서 미국에서 태어난 사람들에게 갑자기 일자리의 기회가 늘어나는 것은 아니다. 오히려 식당 주방에 설거지감이 쌓일 것이고, 호텔 객실은 침구 정돈이 안 되서 어지러울 것이고, 농장에는 일꾼이 없어서 과일이 그대로 방치될 것이다. 하물며 미국인들이 숨 쉴 공간이 기적적으로 늘어날 리가 있겠는가.

미국은 이미 선진국 중에서 이민자들의 비율이 가장 낮은 나라 중 하나다. 미국에는 외국계가 6퍼센트로, 영국의 8퍼센트와 프랑스의 11퍼센트보다 낮다. 미국은 환경이나 경제적인 면에서 어려움을 겪을 수도 있고 그렇지 않을 수도 있지만, 설령 어려움을 겪는다 해도 인구 100명 당 6명에 불과한 이민자들 때문이라고는 결코 말할 수 없다.

일반적인 문제를 소수 그룹의 탓으로 돌리는 것처럼 단순하고 어리석고 악감정을 낳는 일도 없지만, 요즘 들어 이민자 문제와 관련해서 이런 반응이 나타나고 있는 듯하다. 2년 전, 캘리포니아 주에서는 불법이민자들에게 교육과 의료서비스를 거부하자는 제안 187호가 압도적인 지지로 통과되었다. 이 제안이 통과된 직후 피트 윌슨 주지사는 캘리포니아 주 보건당국에 합법적인 이민자 신분을 증명하지 못하는 임산부들에 대해 의료서비스를 중단하라는 명령을 내렸다. 부모의 행위로 인해 태아의 건강까지 위험에 빠뜨리는 것은 조금 너무 심한, 그리고 야만적이기까지 한 처사 아닌가?

캘리포니아 주 사건만큼이나 놀라운 일이 또 하나 있다. 최근에 연방 정부에서는 합법적인 이민자들에게조차 기본적인 권리를 인정하지 않기로 했다. 사실상 우리는 그들에게 이렇게 말하고 있는 셈이다.

"수년간 우리 경제에 헌신해온 그대들의 노고에 감사한다. 그러나 지금은 경제가 어려우니 그대들을 도울 여력이 없다. 게다가 그대들은 억양까지 이상하다."

내 말은 이민자들을 무제한적으로 받아들이자는 것이 아니라, 단지 이미 이곳에 와 있는 이민자들에게만큼은 공평한 대우를 해주자는 것이다. 사실 미국은 지구상에서 가장 인구밀도가 희박한 나라 중 하나로, 평방마일 당 68명밖에 안 된다. 프랑스의 256명과 영국의 600명에 비하면 엄청나게 적은 수치다. 또한 미국은 '개발지역'이 전체의 2퍼센트밖에 안 된다.

물론 미국인들은 이런 것들을 늘 다른 방식으로 보아왔다. 예를 들어 대니얼 분은 어느날 그의 오두막 창문을 통해 먼 산에서 농장의 연기가 올라오는 것을 보고 주변에 사람들이 너무 많이 모여들고 있다며 거처를 옮기겠노라고 선언했다고 한다.

내가 대니얼 분이 얼간이라고 말한 것은 그래서다. 다른 미국인들은 대니얼 분처럼 생각하지 않았으면 한다.

25. 일터의 감시자들

여기 백화점이나 그 밖의 다른 상점에서 옷을 입어볼 때 유념해야 할 사항이 하나 있다. 옷을 갈아입을 때 상점 측에서 여러분을 감시하는 것은 전적으로 합법적인, 그리고 일상적으로 일어나는 일이라는 것이다.

내가 이 사실을 알게 된 것은 방금 엘런 올더먼과 캐럴라인 케네디가 함께 쓴 《사생활 보호권》을 읽었기 때문인데, 이 책에는 보통 사적인 일로 간주되는 영역을 기업이나 고용주들이 침해할 수 있는, 그리고 열심히 침해하고 있는 방법들에 대한 놀라운 이야기들로 가득 차 있다.

탈의실에 대한 엿보기는 1983년 미시간 주의 한 백화점에서 고객이 옷을 입어보는 동안 미리 사다리를 타고 올라가 있던 백화점 직원이 환기구를 통해 엿본 사건 때문에 세상에 알려졌다. 고객은 몹시 화가 나서 사생활침해로 백화점을 고소했지만, 패소했다. 주(州) 법원에서는 도둑질을 예방하기 위해 그런 감시 활동을 하는 것은 정당하다고 판결했다.

이것은 그리 놀랄 일도 못된다. 요즘 미국에서는 거의 모든 사람이 어떤 방식으로든 감시를 당하고 있다. 기술의 발전과 고용주들의 편집증, 그리고 상인들의 탐욕으로 인해 미국인 수백만 명의 삶이 10년 전 같았으면 생각지도 못했을 뿐만 아니라 아예 불가능했을 법한 방법들을 통해 속속들이 파헤쳐지고 있다.

설상가상으로 요즘은 인터넷에서 알아낸 개인정보를 돈을 받고 파는 브로커들까지 수십 명씩 활동하고 있다. 만약 여러분이 선거인 등록을 한 번이라도 했다면 브로커들이 여러분의 주소와 생년월일을 아는 것은 식은 죽 먹기다. 대부분의 주에서 선거인 등록 서류는 열람이 가능한 문서기 때문이다. 브로커들은 주소와 생년월일이라는 두 가지 정보를 가지고 의뢰인이 알고 싶어하는 어떤 사람의 어떠한 개인정보도 알아낼 수 있다. 법원기록이나 의료기록, 운전기록, 대출기록, 취미, 소비 패턴, 연소득, 전화번호 등의 온갖 정보를.

이 중 대부분의 정보는 과거에도 알아낼 수 있었지만, 과거에는 질의서를 보내고 관공서를 방문하느라 시간이 많이 걸렸다. 그러나 지금은 인터넷을 통해 완전 익명으로 불과 몇 분 사이에 알아낼 수 있다.

많은 회사들이 이러한 발달된 기술을 이용하여 무자비한 방법으로 회사의 이익을 추구하고 있다. 〈타임〉지에 의하면 메릴랜드 주의 어떤 은행에서는 은행에서 돈을 빌린 사람들의 의료기록을 조사하여 중병에 걸린 사람들을 알아낸 뒤 그들의 대출을 취소했다고 한다. 고객이 아니라 직원들의 기록을 조사하는 회사도 있다. 이를테면 직원들이 어떤 처방약을 먹고 있는지 확인한다거나 하는 식으로 말이다. 어떤 잘 알려진 대기업에서는 항우울제를 복용하면 좋을 직원들이 누가 있나 알아보기 위해 제약회사와 협력하여 직원들의 건강기록을 샅샅이 살폈다고 한다. 회사 측에서는 직원들의 능률을 높일 수 있고, 제약회사 측에서는 보다 많은 고객을 확보할 수 있다는 점에 착안한 것이다.

미국경영자협회에 따르면 미국 회사의 3분의 1이 직원들을 감시하고 있다고 한다. 35퍼센트는 직원들의 통화기록을 조회하고 있으며, 10퍼센트는 통화내용을 실제로 녹음하고 있다. 설문에 응한 회사의 4분의 1은 직원들의 컴퓨터 파일을 살펴보고 이메일을 읽었다고 시인했다.

그 밖에 직원들을 몰래 감시하는 회사도 있다. 매사추세츠 주에 있는 한 대학교의 비서는 감춰진 비디오카메라가 그녀의 사무실을 하루 24시간 촬영하고 있음을 발견했다. 대학당국에서는 대체 무엇을 알아내려 했던 것일까? 카메라에 잡힌 것이라곤 매일 밤 학교에서 집까지 조깅을 하느라 근무복을 벗고 운동복으로 갈아입는 여인의 모습이 전부였다. 그 비서는 대학당국을 고소할 것이고, 아마도 많은 돈을 받아낼 것이다. 그러나 다른 많은 경우에 있어서 법원은 회사의 손을 들어주었다.

1989년, 일본인 소유의 컴퓨터회사 직원 하나가 회사 측에서 직원들의 이메일을 읽지 않는다고 장담했음에도 불구하고 실제로는 직원들의 이메일을 읽어왔음을 발견하고 이를 폭로한 뒤 곧바로 해고되었다. 그녀는 부당해고를 사유로 회사를 고소했지만, 재판에서 졌다. 법정에서는 회사 측에, 직원들의 사적인 서신을 검토할 권리뿐만 아니라 이 사실에 대해 직원들에게 거짓말을 할 권리까지 인정한 셈이다. 대단하지 않은가.

기업들은 특히 마약에 대해 노이로제 증세를 보인다. 내 친구 하나는 한두 해 전에 아이오와 주에 있는 대규모 제조회사에 일자리를 구했다. 그 회사 맞은편에는 그 회사 직원들이 일을 마치고 모여드는 주점이 있었다. 어느날 밤 내 친구가 그곳에서 회사 동료들과 함께 맥주를 마시고 있는데 회사 여직원 하나가 다가와 마리화나를 구할 수 있겠느냐고 물었다. 내 친구는 마약을 하지 않는다고 말했지만, 그 여직원이 하도 끈질기게 묻는 바람에 이따금 마리화나를 파는 사람의 전화번호를 알려주었다.

다음날 내 친구는 해고되었다. 그 여직원은 회사 내의 마약 퇴치를 위해 고용된 스파이였다. 내 친구는 그녀에게 마리화나를 건넨 적도, 적극 권한 적도 없고, 자신은 마리화나를 하지 않는다고 강조했다. 그럼에도 불구하고 마약 사용을 권장한 죄로 해고당했다.

믿기지 않는 일이지만 이미 대기업의 91퍼센트가 직원들의 마약 사용 여부를 조사하고 있으며, 수십 군데의 회사에서는 '담배(tobacco), 술(alcohol), 마약(drugs)'의 머릿글자를 딴 'TAD' 규정을 도입하여 직원들에게 집을 포함한 어느 장소에서든 담배, 술, 마약을 하지 못하도록 하고 있다. 직원들에게 술, 담배를 엄금하고(맥주 한 잔도 안 되고, 토요일 저녁에도 술을 마시면 안 된다) 소변 샘플을 제시하도록 사규로 못 박은 회사까지 있다.

그러나 상황은 점점 더 불길해지고 있다. 서로 협력관계에 있는 일류 전자회사 두 곳에서는 '활동 배지'라 불리는 것을 만들어서 그 배지를 단 직원의 움직임을 감시하고 있다. 그 배지는 15초 간격으로 적외선 신호를 내보내는데, 이 신호가 중앙 컴퓨터에 전달됨으로써 전 직원의 움직임을 기록할 수 있다. 직원들이 어디를 다녀왔고 어디에 있으며 누구를 만났는지, 화장실에는 몇 번 가고 물 마시러는 몇 번 가는지, 한마디로 직원들의 일거수일투족을 기록하는 것이다. 이것을 불길하다 하지 않으면 무엇을 불길하다 하겠는가.

그러나 이 와중에도 기쁜 소식이 하나 있다. 뉴저지 주의 한 회사에서 식당 종업원들이 화장실을 사용한 후 손을 씻었는지 여부를 알려주는 장치를 개발해서 특허를 냈다고 한다. 이거라면 나도 찬성이다.

26. 영화에 빠지다

매년 이맘때가 되면 나는 살짝 어리석은 짓을 한다. 작은 아이들 둘을 데리고 여름 영화를 보러 가는 것이다.

미국에서 여름 영화는 거대 산업이다. 미국인들은 올해 현충일과 노동절 사이에 영화 티켓을 구입하는 데 20억 달러를 쓰고, 거액을 들여 만든 폭력 장면을 눈이 휘둥그레져서 보며 먹을 간식거리를 사는 데 10억 달러를 더 쓸 것이다.

물론 여름 영화는 거의 언제나 형편없지만 금년 여름은 최악이었다. 나는 〈뉴욕 타임스〉에 난 〈스피드 2〉의 감독 얀 드봉의 인터뷰 기사만 보고도 자신 있게 그렇게 말할 수 있다. 드봉 감독은 〈스피드 2〉의 가장 극적인 장면인 산드라 블록을 태운 고장난 유람선이 카리브 해의 한 마을을 덮치는 것을 꿈속에서 보았다고 한다. 그는 "그 이미지에서부터 시작하여 전체 시나리오를 다시 썼다"고 자랑스럽게 밝혔다. 이것 하나만으로도 평균적인 여름 영화의 수준을 짐작하기에 충분하다.

나는 늘 스스로에게 기대치를 낮추라고, 여름 영화는 놀이기구의 영화적 등가물에 지나지 않으며, 롤러코스터에 만족스러운 플롯을 기대하는 사람은 아무도 없다고 말해왔다. 하지만 여름 영화는 너무나 수준 이하여서 참기 힘들다는 게 문제다. 제작비가 얼마 들었든(올 여름에 개봉된 영화 중 1억 달러 이상이 들어간 영화가 최소 8편이다) 여름 영화에는 있을 법하지 않은 장면들이 너무 많아서 촬영 들어가기 전날 밤에 술을 마시며 대본을 쓴 게 아닐까 하는 의구심이 들 정도다.

올 여름에 우리는 새 〈쥬라기 공원〉 시리즈인 〈잃어버린 세계〉를 보러 갔다. 내용은 전편과 거의 흡사해서, 티렉스가 나타날 때마다 바닥이 울리고 물웅덩이가 진동하며, 혼비백산한 사람들이 문에서 뒷걸음질 치다가 벨로시랩터에 의해 내동댕이쳐지고(그 다음엔 또 다른 공룡이 기다리고 있다), 주인공을 태운 차는 절벽에 아슬아슬하게 걸쳐진다. 하지만 내용이 같은 것쯤은 참아줄 수 있다. 공룡들이 아주 그럴싸한데다 한 시간 안에 십여 명의 사람들을 짓이기거나 집어삼켰으니까. 우리는 바로 그런 장면을 보러 왔으므로!

하지만 그 다음은 지리멸렬하다. 영화가 절정에 달했을 때 티라노사우루스가 배에서 전혀 그럴 법하지 않은 방식으로 탈출하여 샌디에이고 시내를 돌아다니며 버스를 우그러뜨리고 주유소를 파괴하더니 갑자기 모두가 잠들어 있는 교외 지역에 모습을 나타낸다. 6500만 년 동안이나 지상에서 종적을 감춘, 선사시대의 키가 6미터나 되는 괴수가 상업 지구에서 소란을 피우다가 누구의 눈에도 띄지 않고 주택가로 스며든다는 게 있을 법이나 한 일인가? 샌디에이고 시내는 영화관 앞에서 길게 줄을 서 있거나 서로 팔짱을 낀 채 거리를 돌아다니는 사람들로 북적이는데 주택가 골목은 모두들 깊은 잠에 빠져서 고요하기 이를 데 없다는 게 조금 이상하지 않은가?

그런 일은 그 후에도 계속된다. 경찰차들이 서로 충돌하며 아무런 힘을 쓰지 못하고 있을 때 주인공과 여주인공은 자력으로 티렉스를 찾아내서(사람들이 이상하리만큼 주변에서 일어나는 일에 관심이 없는 이 도시에서 누구의 눈에도 띄지 않고) 몇 마일 바깥에 있는 보트에 태워 고향으로 돌려보냄으로써 유쾌하고 상업적으로도 만족스러운 쥬라기 공원 3편이 등장할 여지를 남긴다.

〈잃어버린 세계〉는 내용이 뻔한 데다 1억 달러 이상의 제작비가 들어갔음에도 실제 생각이라곤 2달러 35센트어치밖에 안 들어간 영화인지라 당연히 박스오피스에서 온갖 종류의 기록을 세우는 중이다. 개봉 첫 주에만도 9270만 달러를 벌어들였다.

그러나 정작 문제는 〈잃어버린 세계〉나 그 밖의 여름 영화들이 아니다. 할리우드에서 여름에 지적인 경험을 제공하리라는 기대는 접은 지 오래다. 문제는 뉴햄프셔 주 웨스트레바논에 있는 소니6 극장과 교외지역에 있는 멀티플렉스 영화관들이다. 스티븐 스필버그의 티렉스가 샌디에이고를 파괴한 것처럼 멀티플렉스 영화관은 영화 감상의 묘미를 해치고 말았다.

1960년대나 그 이전에 미국에서 자라난 사람들은 누구나 극장이라고 하면 대개 시내에 있는 대형 스크린의 상영관 하나짜리 극장을 떠올리던 때를 기억할 것이다. 내 고향 디모인의 중심가에 있는 극장(편의상 '디모인 극장'이라고 부르기로 하자)은 괴기스러운 분위기의 조명과 실내장식이 마치 이집트의 납골당을 연상케 하는 웅장하고 화려한 건물이었지만, 내가 극장 출입을 할 무렵에는 낡고 지저분한(극장 안 어딘가에 말의 시체가 있었던 게 틀림없고, 확실히 테다 바라(무성영화 시대의 인기 여배우)가

왕성하게 활동하던 시대 이후로 청소를 한 적이 없는) 건물로 바뀌어 있었다. 하지만 엄청나게 널따랗고 천장이 높은 사각의 어둠 속에서 대형 스크린을 마주한다는 것은 그 자체만으로도 황홀한 경험이었다.

몇몇 대도시를 제외한 거의 모든 도시에서 이런 시내 중심가의 극장들이 사라져가는 추세다.(디모인 극장은 1965년경 문을 닫았다.) 대신 요즘에는 교외지역에 작은 상영관 여러 개를 갖춘 멀티플렉스 영화관들이 들어서고 있다. 〈잃어버린 세계〉는 요즘 들어 가장 인기 있는 영화지만, 우리는 이 영화를 우스꽝스러울 만큼 작은 상영관에서 관람했다. 아홉 줄밖에 안 되는 좌석은 너무 비좁아서 무릎이 귀에 닿을 정도였고, 스크린은 커다란 비치타월만 한 데다 위치도 안 좋아서 앞의 세 줄에 앉은 사람들은 천문관에서 별자리를 올려다볼 때처럼 목을 젖혀야 했다. 음향도 안 좋았고 영상도 흔들릴 때가 많았으며, 영화가 시작되기 전 30분간은 광고가 흘러나왔다. 팝콘이나 사탕, 음료수 등은 지나치게 비쌌고, 점원들은 내가 원하지도 않고 주문하지도 않은 것을 팔려고 기를 썼다. 한마디로 이 영화관의 모든 것은 여기에 온 것을 몹시 후회하게 만들도록 주의 깊게 고안된 것 같았다.

내가 이런 이야기를 늘어놓는 것은 동정심을 얻기 위해서가 아니라 이것이 미국의 영화관에서 접하게 되는 표준적인 경험으로 자리 잡아가고 있음을 지적하기 위해서다. 수준이 조금 떨어지는 영화는 참을 수 있어도 마법이 사라지는 것은 참기 힘들다.

일전에 아이들에게 그 이야기를 하자 큰딸이 주의 깊게, 심지어 공감하듯 듣고 있다가 이렇게 말했다.

"아빠, 사람들이 영화를 보면서 죽은 말의 냄새를 맡고 싶어하지 않는다는 것을 이해하셔야 해요."
 물론 딸아이의 말이 옳다. 하지만 그들은 자신들이 무엇을 놓치고 있는지를 모른다.

27. 아내와 정원 가꾸기

오늘은 바쁜 하루가 될 것 같다. 일요일인데다 날씨도 화창하고 아내가 정원 가꾸기에 관한 야심찬 계획을 세웠기 때문이다. 게다가 아내는 내가 '나이키 표정("일단 한번 해봐!")'이라 부르는 얼굴을 하고 있다.

내 말을 오해하지 마시길. 아내는 쾌활한 사람이고 또 내 삶에는 질서를 잡아줄 감독이 필요하지만, 아내가 메모지와 펜을 꺼내들고 '해야 할 일'을 강조의 의미로 밑줄을 몇 번씩 그어가며 써넣을 때면 월요일이 오기까지 긴 주말을 보내야 한다.

나는 정원 가꾸기를 좋아하지만(아무 생각 없이 일에만 집중하고 끊임없이 벌레들을 파내는 것에는 내 성미에 맞는 무언가가 있다) 솔직히 아내와 함께 정원을 가꾸는 것은 별로 좋아하지 않는다. 문제는 아내가 영국인이고, 따라서 내게 두려운 존재가 될 수도 있다는 데에 있다. 아내는 "디안투스 키넨시스(패랭이꽃의 라틴어 학명)의 마디를 밟았어요?"라든가 "플록스 수불라타(꽃잔디의 라틴어 학명)의 에틸렌다이아민테트라아세트 산 농도를 확인해보셨나요?" 같은 질문을 할 수 있는 사람이다.

영국인이라면 누구나 이런 말을 할 수 있다. 대단하다. 심지어 두렵기까지 하다. 나는 지금도 여러 해 전, BBC 라디오 방송국의 인기 프로그램 '정원사들의 질문 시간'을 처음 들었을 때 영국인들이 흰가루병이라든가 오갈병, 적정 pH 농도, 코레옵시스 베르티실라타와 코레옵시스 그란디플로라(둘 다 금계국속(屬)의 식물)의 차이 등을 알 뿐만 아니라 이런 것들을 중시하며, 따라서 장시간 이런 것들에 대해 활발한 토론을 벌이는 것을 좋아한다는 사실을 알고 충격을 받았다.

나는 창턱에 선인장을 올려놓고 키우기만 해도 원예에 소질이 있다는 소리를 듣는 나라에서 자랐다. 그렇기 때문에 내가 정원을 가꾸는 방식은 늘 덜 과학적이다. 실제에 있어서 꽤나 효과적인 나의 방식은 8월까지 꽃을 피우지 않는 식물은 무엇이든 잡초로 간주하고, 나머지 모든 식물에 골분과 민달팽이 분말과 화단 주변에서 눈에 띄는 것들을 죄다 뿌려주는 것이다. 그리고 여름에 한두 번은 라벨에 두개골과 그 밑에 교차된 대퇴골 그림이 그려져 있는 것을 전부 스프레이용기에 담아서 화단에 잔뜩 뿌려준다. 내가 돌봐오던 나무가 갑자기 쓰러지는 바람에 펄쩍 뛰어서 뒤로 물러나야 했던 적도 있지만, 내 방식은 대체로 성공적이었다. 때로는 흥미롭게도 돌연변이 효과를 얻기도 했다. 이를테면 울타리의 나무판자에 열매가 맺힌다거나 하는 식으로 말이다.

아내는 여러 해 동안, 특히 아이들이 어려서 무슨 장난을 칠지 몰라 불안했던 시기에 정원 일을 내게 맡겨두었다. 이따금 아내가 나와서 무엇을 하느냐고 묻는 바람에 잡초처럼 보이는 것들에다 차고에서 발견한, 질소 비료 아니면 시멘트 믹스로 추정되는 알 수 없는 분말을 뿌리는 중이라고 고백해야 할 때도 있었다. 그러나 그런 순간에는 대개 아이들 중 하나가 나와서 어린 지미의 머리에 불이 붙었다거나 그 비슷한 이야기를 해서 아내는 나를 다시 조용히 실험에 몰두하게 내버려둔 채 집안으로 뛰어 들어가곤 했다. 우리는 이렇게 역할 분담을 하면서 썩 잘 지내왔다.

그러다가 아이들이 어느 정도 자라서 미국으로 돌아온 지금 나는 정원에 아내가 따라 나와 있는 것을 발견하곤 한다. 아니면 내가 아내를 따라 나와 있든가. 이렇게 말하는 것은 내가 주로 수레를 끌고 바삐 오가는 부차적인 역할로 밀려났기 때문이다. 예전에는 주의 깊은 정원사였던 내가 지금은 인력거꾼 신세다.

어찌 되었든 여기서는 정원 가꾸기가 예전 같지 않다. 미국의 집에는 정원이 있는 게 아니라 마당이 있으며, 사람들은 마당을 가꾼다기보다는 '마당 일'을 한다. 정원 일을 할 때의 그 모든 즐거움은 사라지고 없다.

영국의 자연은 비옥하고 쾌적하다. 사실 나라 전체가 정원이나 마찬가지다. 미국의 자연은 황야에 가깝다. 물론 나름대로는 멋있지만 다루기는 훨씬 어렵다. 곳곳에 트리피드(공상과학 소설에 나오는 거대한 식물 괴수) 같은 잡초가 자라나서 꾸준히 사브르나 마체테(벌채용 칼)로 베어내야 한다. 한 달만 집을 비우면 잡초가 집을 포획하여 숲으로 끌고 가서, 숲이 서서히 집을 집어삼키는 것을 보게 될 것이다.

미국의 정원은 대부분 잔디밭이고, 미국의 잔디밭은 대부분 매우 넓다. 이는 평생을 잔디 위의 낙엽을 치우며 보내야 한다는 것을 의미한다. 가을이 되면 쿵 소리와 함께 낙엽이 한꺼번에 떨어져 내리는 게 마치 식물의 집단 자살을 보는 듯하다. 우리는 두 달에 걸쳐 낙엽을 치우지만, 기껏 낙엽을 한데 모아놓으면 바람이 이것을 다시 사방에 흩어놓는다. 그러면 우리는 다시 낙엽을 갈퀴로 모으고 또 모아서 수레에 담아 숲에 갖다버린다. 그러고는 갈퀴를 헛간에 걸어두고 그 다음 일곱 달 동안을 집

안에서 칩거한다.

그러나 집을 향해 돌아서자마자 다시 낙엽이 슬며시 밀려들어오기 시작한다. 어떻게 그럴 수 있는지 모르겠지만, 여하튼 이듬해 봄에 밖에 나와 보면 다시 낙엽이 잔뜩 쌓여 있다. 잔디밭 위로 발목 높이까지 쌓인 낙엽들. 그 낙엽들 때문에 관목이 숨을 쉬지 못하고 하수구가 막힌다. 그래서 우리는 다시 여러 주에 걸쳐 갈퀴로 낙엽을 긁어모아서 수레에 담아 숲에 갖다버린다. 드디어 잔디밭이 깨끗해졌구나 싶은 순간 다시 쿵 소리와 함께 가을이 왔음을 알게 된다. 정말 기운 빠지는 일이다.

이제 그 모든 것에 더하여 내 사랑스러운 배우자는 갑자기 집안의 원예활동을 지휘하는 데 관심을 갖게 되었다. 다 내 잘못이다. 작년에 비료 살포기에 내가 제조한 혼합액인, 대부분이 비료지만 이끼 제거제와 토끼 사료(실수로 잘못 들어간 것을 뭐 어떠랴 싶어서 그냥 내버려두었다) 및 소량의 곰팡이 제거제를 섞은 것을 채워둔 탓이다. 그 혼합액을 뿌리고 난 이틀 뒤에 우리 집 잔디밭에는 매사추세츠 주 중서부에서까지 보러 오는 사람이 있을 정도로 뭇 사람의 시선을 잡아끄는 선명한 오렌지색 줄무늬가 생겨났다. 그래서 나는 지금 일종의 영구 집행유예 상태로 지내고 있다.

집행유예 이야기가 나왔으니 말인데, 빨리 아내에게 가봐야겠다. 방금 원예용 장갑을 잡아채는 소리와 금속 도구를 꺼내는 불길한 소리가 들려왔기 때문이다. 아내는 이제 금방이라도 "이런! 수레를 가져와요. 앞을 잘 보고요" 하고 소리를 지를 것이다. 하지만 여기서 내가 정말로 싫어하는 부분이 뭔지 아는가? 이 우스꽝스러운 쿨리 모자를 쓰는 것이다.

28. 아, 여름이다!

최근에 나는 동네에 사는 한 친구로부터 뉴잉글랜드에서는 1년이 세 부분으로 나뉜다는 말을 들었다. 겨울이 방금 지나갔거나, 겨울이 오는 중이거나, 아니면 겨울이라고.

나는 그 말의 의미를 이해한다. 이곳에서는 여름이 짧지만(6월 1일에 시작해서 8월 마지막 날 끝나며, 그 나머지 달에는 장갑을 챙겨두는 게 좋다), 그 세 달 동안은 기분 좋을 만큼 따스하고 햇빛 밝은 날이 계속된다. 무엇보다도 내가 어린 시절을 보낸 아이오와 주와는 달리 늘 쾌적해서 좋다. 아이오와 주에서는 날이 갈수록 온도와 습도가 올라가서 8월 중순쯤 되면 파리조차 드러누워 숨을 헐떡일 만큼 덥고 바람이 안 통한다.

무엇보다 짜증스러운 것은 찌는 듯한 더위다. 8월의 아이오와 주에서는 20초만 바깥에 나가 있어도 땀이 비 오듯이 쏟아진다. 어찌나 더운지 백화점 마네킹의 겨드랑이에 땀이 찰 정도다. 나는 아이오와의 여름을 특히 생생하게 기억한다. 미국 중서부에 사는 사람들 중 마지막까지 에어컨을 사지 않을 사람이 바로 우리 아버지였기 때문이다. 아버지는 에어컨이 부자연스럽다고 생각했다.(아버지는 값이 30달러 이상 나가는 것이면 무엇이든 부자연스럽게 여겼다.)

그나마 한숨 돌릴 만한 장소가 하나 있다면 방충망을 달아놓은 포치였다. 날이 갈수록 그 숫자가 줄어들고 있지만 1950년대까지만 해도 미국의 거의 모든 가정에는 이런 포치가 있었다. 이곳은 실외에 있으면서도 실내에 있는 기분을 느낄 수 있어서 좋다. 포치는 아주 근사했고, 늘 여름과 관련하여 내 마음속에 떠오르는 것들(옥수수, 수박, 밤에 귀뚜라미 우는 소리, 이웃집의 파이퍼 씨가 느지막하게 모임에서 돌아와 쓰레기 분리수거함을 들이받으며 주차를 한 뒤 부인을 위해 '세비야의 장미'를 부르고는 잔디밭에 누워 잠드는 소리) 중 하나다.

그런 까닭에 나는 미국으로 이주할 때 집에 방충망이 달린 포치가 하나 있었으면 했고, 실제로 그런 집을 장만했다. 나는 여름이면 이 포치에서 산다. 지금도 이 포치에서 햇빛 쏟아지는 뜰을 내다보며, 새소리와 이웃집의 잔디 깎는 기계 소리를 들으며, 산들바람을 맞으며 매우 상쾌한 기분으로 이 글을 쓰고 있다. 오늘 저녁에 우리는(아내가 쟁반을 들고 오다가 또 다시 카펫의 접힌 부분에 걸려 넘어지지만 않는다면) 여기서 식사를 하고, 그런 다음에 나는 잠자기 전까지 이곳에서 책을 읽고 귀뚜라미 울음소리를 듣고 반딧불이의 깜박거리는 불빛을 보고 할 것이다. 이 모든 게 없다면 여름이라 할 수 없다.

이 집에 이사 온 지 얼마 안 돼서 나는 방충망 아래쪽 한 귀퉁이가 벌어져 있는 것을 보았다. 하지만 그 사이로 우리 집 고양이가 드나들면서 포치에 내다놓은 낡은 소파 위에서 잠을 자기도 하는 것을 보고 그냥 내버려 두었다. 한 달쯤 지난 어느날 밤, 내가 유난히 늦게까지 그곳에서 책을 읽고 있는데 방충망의 그 벌어진 틈으로 고양이가 들어왔다. 그러나 문제는 내 옆에 이미 고양이가 있다는 사실이었다.

나는 다시 그 쪽을 쳐다보았다. 자세히 보니 스컹크였다. 게다가 그 스컹크는 포치의 유일한 출입구를 가로막고 있어서 내가 도망칠 수가 없었다. 곧장 테이블로 다가오는 스컹크를 보며 나는 녀석이 매일 밤 이맘때쯤 테이블 주변의 바닥에 떨어진 음식을 주워 먹으려고 이곳을 어슬렁거렸음을 알았다.(아내가 전화를 받으러 가거나 그레이비소스를 더 가져오려고 자리를 뜬 사이에 아이들과 내가 벌이는 '야채 올림픽' 놀이 때문에 음식이 바닥에 떨어져 있을 때가 많았다.)

스컹크가 분사하는 액에 맞는 것은 피를 흘리거나 병원에 입원하는 것을 제외하고 우리에게 일어날 수 있는 최악의 사태다. 스컹크 냄새는 멀리서 맡으면 그다지 고약하지 않다. 오히려 묘하게 정이 가는, 매력적이라고까지는 할 수는 없지만 역하지도 않은 냄새다. 멀리서 스컹크 냄새를 처음 맡은 사람은 누구나 '그리 나쁘지 않은걸. 별것도 아닌 것 갖고 왜들 그렇게 야단법석이지?' 하고 의아하게 생각한다. 그러나 가까이에서 맡으면, 혹은 스컹크가 내뿜는 액을 맞으면 아주아주 오랜 시간이 지나야 다른 누군가로부터 춤 신청을 받을 수 있다. 스컹크 냄새는 독하고 불쾌할 뿐만 아니라 좀처럼 사라지지 않는다. 냄새를 없애는 가장 효과적인 방법은 토마토 주스로 온몸을 씻어내는 것이지만, 토마토 주스 수십 리터를 들이부어도 냄새가 조금 가실까말까 한 정도다.

아들아이의 같은 반 친구네 집은 어느날 밤 스컹크가 지하실에 들어와 액을 분사하는 바람에 집안에 있는 거의 모든 집기를 내다버려야 했다. 커튼이며 침구류, 옷, 소파 할 것 없이 냄새를 흡수하는 것은 죄다 불태우고, 집안 구석구석을 솔로 닦아내야 했다. 아들아이의 친구는 스컹크

곁에 가지도 않았고, 사건 발생 직후 집에서 나온 데다 주말에 토마토 주스와 뻣뻣한 솔로 온몸을 씻었지만, 그럼에도 불구하고 다른 사람들이 그 아이와 함께 길을 걷게 되기까지는 몇 주가 걸렸다. 그러므로 내가 스컹크가 분사하는 액에 맞지 않는 게 좋다고 말하면 그런 줄 아시라.

2미터 반쯤 떨어진 곳의 스컹크를 바라보며 앉아 있는 동안 이 모든 것이 내 머릿속을 스쳤다. 스컹크는 한 30초쯤 코를 킁킁거리며 테이블 밑을 돌아다니더니 들어온 곳을 통해 조용히 다시 나갔다. 포치를 떠나면서 스컹크는 '나는 줄곧 당신이 거기 있는 것을 알고 있었어요'라고 말하는 표정으로 나를 쳐다보았다. 그러나 내게 액을 분사하지는 않았다. 그 점, 나는 지금도 고맙게 생각한다.

다음날 나는 방충망의 벌어진 곳을 압정으로 붙여놓았지만 고마움의 표시로 계단에 고양이 먹이를 한 줌 놓아두었고, 한밤중에 스컹크가 나타나서 그것을 먹어치웠다. 그 후로 2년 동안 나는 여름이면 스컹크가 와서 먹을 수 있게끔 정기적으로 고양이 먹이를 계단에 놓아주었다. 올해에는 스컹크가 다녀가지 않았다. 작은 포유동물들 사이에 전염병이 돌아서 스컹크와 너구리, 심지어 다람쥐까지도 그 수가 많이 줄어들었는데, 이는 15년마다 한 번씩 찾아오는 자연계의 순환 현상이다.

우리 집에 찾아오던 스컹크도 죽은 것 같다. 1, 2년 뒤에 다시 스컹크의 수가 늘어나면 또 다른 스컹크가 찾아오리라. 그러기를 바란다. 스컹크로 살아간다는 것은 친구들이 그리 많지 않다는 것을 의미하므로.

그 사이에 우리는 부분적으로는 죽은 스컹크에 경의를 표하기 위해, 또 부분적으로는 아내한테 들키는 바람에 야채 올림픽 놀이를 그만두었다. 비록 금메달은 내 차지가 될 게 확실했지만.

29. 해변에서의 하루

매년 이맘때가 되면 아내는 장난스럽게 나를 찰싹찰싹 쳐서 깨우며 이렇게 말한다.

"좋은 생각이 있어요. 세 시간쯤 드라이브를 해서 바닷가로 가는 거예요. 바다에 도착하면 옷을 거의 다 벗고 하루 종일 모래 위에 앉아 있는 거죠."

"뭐하러?"

내가 조심스럽게 묻는다.

"재미있을 거예요."

"그렇지 않아. 사람들 많은 곳에서 내가 셔츠를 벗으면 사람들이 불편해할 거야. 나도 불편하고."

"아니, 아주 재미있을 거예요. 구두에 모래가 들어가고, 샌드위치와 입에도 모래가 들어갈 거예요. 우리는 바람과 햇빛에 그을릴 거고요. 앉아 있기가 지루하면 시리도록 차가운 물에 몸을 담글 수도 있어요. 돌아올 때에는 3만 7000명의 다른 사람들과 동시에 출발하는 거예요. 그래서 도로가 막혀 한밤중에 집에 도착하는 거죠. 나는 당신이 운전하는 것을 보면서 잔소리를 해대고 아이들은 뒷좌석에 앉아서 예리한 물건으로 서로를 찔러대겠죠. 정말 신날 거예요."

비극은 아내가 영국인이고, 따라서 바다라면 사족을 못 쓰는 터라 정말로 재미있을 거라고 생각한다는 점이다. 솔직히 나로서는 영국인들의 바다 사랑이 이해가 안 된다.

나는 1600킬로미터는 가야 간신히 바다가 보일까말까 한 아이오와 주에서 자라난 까닭에 내게, 그리고 아직 전부 다 확인해보지는 못했지만 대부분의 아이오와 사람들에게, '바다'라는 단어는 역조(逆潮)나 수면 아래의 역류처럼 무서운 것들을 연상시킨다.(뉴욕 사람들은 '옥수수 밭'이나 '시골 장터' 같은 말에 비슷한 반응을 보일 것이다.) 내가 어릴 때 수영을 하고 일광욕을 즐기던 아콰비 호수는 케이프코드처럼 낭만적이거나 메인 주의 기암괴석이 늘어서 있는 해안가처럼 웅장하지는 않지만 나를 뉴펀들랜드 섬으로 떠내려 보내지도 않았다. 나로서는 바다라면 물 한 방울까지도 다른 사람에게 양보하고 싶은 심정이다.

따라서 지난 주말에 아내가 바다에 가자고 했을 때 나는 벌떡 일어나서 절대로 안 된다고 말했다. 하지만 물론 세 시간 뒤에는 메인 주의 켄너벙크 해변을 거닐고 있었다.

내가 방랑벽이 심하다는 점을 고려하면 믿기 어려우시겠지만 나는 이제까지 미국의 해변에는 딱 두 번 가보았을 뿐이다. 한 번은 열두 살 때 캘리포니아 주의 해변에 가서 파도가 밀려왔다 밀려가는 때를 잘못 맞춰 다이빙을 하는 바람에(오직 아이오와 출신에게만 가능한 일이다) 모래에 곤두박질치면서 코와 가슴의 살갗이 다 벗겨졌고, 한 번은 대학교 봄방학 때 플로리다 주의 해변에 놀러갔는데, 그때는 다른 데 정신이 팔려 있어서 바다와 같이 미묘한 풍경은 눈에 들어오지 않았다.

그러므로 나는 여기서 권위자인 척 할 수가 없다. 내가 말할 수 있는 것이라곤 케넌벙크 해변을 기준으로 생각할 때 미국의 해변은 영국의 해변과 전적으로 다르다는 것이다. 우선 미국의 해변에는 부두와 산책길, 쇼핑 아케이드가 없고, 모든 물건을 1파운드에 파는 신기한 상점도 없고, 멋진 엽서나 근사한 모자를 파는 곳도 없고, 찻집이나 피시앤칩스(생선튀김에 감자튀김을 곁들인 것으로, 영국의 대표적인 음식) 가게도 없고, 점쟁이도 없고, 빙고게임장도 없다.

확실히 미국의 해변에는 상업적인 것이라곤 전혀 없다. 거대한 여름 별장이 늘어서 있는 거리와 햇빛이 비치는 드넓은 해안과 그 너머로 끝없이 펼쳐진 적대적인 바다가 있을 뿐.

그렇다고 해서 해변에 놀러온 수백 명의 사람들이 음식이나 음료수, 비치파라솔, 바람막이, 접이의자, 고무보트 같은 것들을 가지고 있지 않다는 뜻은 아니다. 그들은 필요한 모든 것을 집에서 가져온다. 남극 탐험길에 오른 아문센도 이들보다는 짐이 적었을 것이다.

그에 비하면 우리는 꽤나 초라한 행색이다. 피부가 노인네 옆구리보다 더 하얀 것은 둘째 치고 가진 것이라곤 영국식으로 자외선 차단제 한 병하고 무진장 많은 물수건, (교통사고가 나서 응급실에 실려 갈 경우를 대비한)여분의 속옷과 약간의 샌드위치를 꾸려 넣은 라피아 가방과 비치타월 세 장이 전부였으니 말이다.

막내아이(혹시라도 나중에 명예훼손 전문 변호사가 될지 몰라 지미라고 부르기로 한다)가 해변을 죽 둘러보더니 이렇게 말했다.

"좋아요, 아빠. 아이스크림하고 고무보트, 커다란 양동이와 삽 세트,

핫도그, 스쿠버 장비, 솜사탕, 그리고 치즈를 듬뿍 얹은 치즈피자가 있었으면 좋겠어요. 화장실에도 가고 싶고요."

"여기에는 그런 것들이 없어, 지미."

내가 킬킬 웃으며 대답했다.

"화장실은 정말 급해요."

내가 이 사실을 알리자 아내는 터무니없이 챙이 넓은 모자 밑에서 침착하게 말했다.

"그럼 켄너벙크포트로 데려가요."

켄너벙크포트는 자동차가 발명되기 한참 전에 생겨난 오래된 마을로, 해변에서 몇 마일 떨어진 곳에 있다. 그곳까지 가는 길은 사방이 차들로 막혀 있어서 우리는 중심가에서 멀찍감치 떨어진 곳에 차를 주차해놓고 화장실을 찾아 헤맸다. 마침내 한 군데를 발견했고(사실 그곳은 약국의 뒷벽이었지만, 아내에게는 말하지 말아주시길……), 지미는 더 이상 헤매지 않아도 됐다.

우리는 해변으로 돌아왔다. 우리가 도착했을 때엔 몇 시간이 지난 뒤였고, 모두들 수영하러 가고 반쯤 먹다 만 샌드위치만 남아 있었다. 나는 타월을 깔고 앉아서 그 샌드위치를 먹었다.

"오, 저기 좀 봐요, 엄마."

몇 분 뒤에 바닷물에서 나온 작은딸이 명랑하게 말했다.

"아빠가 개가 먹던 샌드위치를 먹고 있어요."

"아니라고 말해줘."

내가 신음하자 아내가 달래듯이 말했다.

"걱정 말아요, 여보. 그 개는 아이리시 세터였어요. 아이리시 세터가 얼마나 깨끗한데요."

그 다음은 별로 기억나지 않는다. 낮잠을 자고 일어나 보니 지미가 나를 가슴께까지 모래에 파묻고는 머리에까지 손을 대려 하고 있었다. 나는 햇빛에 어찌나 심하게 그을렸던지 피부과의사가 다음 주에 클리블랜드에서 있을 학술대회에 함께 참석하여 피부를 보여줄 수 있겠느냐고 물을 정도였다.

우리는 두 시간 동안 차 열쇠를 찾아 헤매야 했고, 예의 그 아이리시 세터가 다시 와서 비치타월을 한 장 가져가더니만 자기 샌드위치를 먹은 죄로 내 손을 물어뜯었으며, 작은딸은 머리에 타르를 묻혀가지고 왔다. 달리 말하자면 전형적인 해변에서의 하루를 보낸 것이다. 우리는 생각지도 않게 캐나다와의 접경지대로 우회해서 오느라(이것은 펜실베이니아 주를 가로지르는 장시간의 드라이브에 대한 이야깃거리를 제공해주기는 했다) 한밤중에 집에 도착했다.

"정말 좋았어요. 조만간 다시 한 번 가기로 해요."

아내가 말했다.

낙심천만인 것은 아내가 진심이라는 것이다.

30. 집을 떠난다는 것의 의미

 이번 칼럼은 조금 감상적인 내용이 될지도 모르겠으며, 이 점 죄송하게 생각한다. 하지만 어제 저녁에 내가 책상 앞에 앉아서 일을 하고 있는데 야구 모자를 쓰고 야구 방망이를 어깨에 걸친 막내아들이 들어와서 자기와 함께 놀아줄 수 없겠느냐고 물었다. 나는 장기 출장을 앞두고 중요한 일을 처리하던 중이어서 거의 거절할 뻔했는데, 그 순간 이 아이가 태어난 지 7년 1개월 6일째 되는 날은 다시 돌아오지 않는다는, 그러므로 할 수 있을 때 함께 시간을 보내는 게 좋겠다는 생각이 들었다.

 그래서 우리는 앞마당의 잔디밭으로 나갔고, 여기서부터 감상적인 내용이 시작된다. 아들과 함께 야구를 하는 데에는 일종의 아름다움이 깃들어 있다. 잔디밭 위로 비스듬히 떨어지는 저녁 햇살과 아이의 어린아이다운 열정, 우리가 부자간의 끈끈한 정을 느낄 수 있는 무언가를 하고 있다는 사실, 단지 함께 있는 데에서 오는 깊은 만족감 등등 말로 형용하기 힘든 대단히 근본적이고 경이로운 아름다움이 있다. 내가 한때나마 글을 쓰거나 그 밖의 다른 일을 하는 게 이보다 더 중요하고 보람 있는 일이라고 생각한 적이 있다는 게 믿기지가 않는다.

내가 갑자기 이렇게 감상적이 된 것은 일주일쯤 전에 큰아들을 오하이오 주에 있는 한 작은 대학교에 데려다주고 왔기 때문이다. 그 아이는 우리 부부의 네 아이 중 둥지를 떠난 첫 번째 아이로, 이제는 성장해서 멀리 떠나 독립적인 생활을 하게 되었다. 그 아이가 곁에 없는 지금 나는 불현듯 아이들이 얼마나 빨리 우리 곁을 떠나는지를 깨닫게 되었다.

"일단 대학으로 떠나고 나면 다시는 진정한 의미에서 집에 돌아오지 않는답니다."

나와 같은 방식으로 두 자녀를 잃은 이웃이 일전에 그리움에 가득차서 한 말이다.

그것은 내가 듣고 싶은 말이 아니었다. 나는 아이들이 자주 집에 돌아온다는, 그것도 이번에는 자기 옷은 자기가 걸고, 부모의 지성과 위트에 감탄하며, 더 이상은 장난을 치다가 귓구멍이나 콧구멍에 장식단추를 집어넣는 일이 없다는 이야기를 듣고 싶었다. 그러나 그 이웃의 말이 옳았다. 아들아이는 가고 없었고, 텅 빈 듯한 집안이 그것을 증명해주었다.

내가 이런 감정에 사로잡히리라고는 예상치 못했었다. 지난 몇 년간 큰아이는 집에 있을 때에도 집에 있는 게 아니었기에. 대부분의 십대 아이들처럼 큰아이는 집에 산다기보다는 하루에 두어 번 집에 들러서 냉장고를 들여다보거나 이 방 저 방 돌아다니거나 허리에 타월을 두른 채 "엄마, 내 노란 셔츠 어디 있어요?"라든가 "엄마, 내 방취제 어디 있어요?" 하고 소리치곤 했다. 이따금 TV 앞의 소파에 앉아서 아시아인들이 서로의 머리를 발로 차는 프로그램을 보기도 했지만, 대부분은 '바깥'이라고 불리는 곳에서 살았다.

그 아이를 대학에 보내는 데 있어서 나의 역할은 단지 여러 장의 수표를 쓰고, 금액이 늘어날수록 그에 어울리는 하얗게 질린 얼굴을 하는 것 뿐이었다. 요즘 아이를 대학에 보내는 데에는 엄청난 비용이 들어간다. 어쩌면 우리가 교육을 중시하는 사회에 살고 있기 때문인지도 모르지만, 어쨌든 우리 동네의 수험생들은 많은 비용을 들여 대여섯 군데의 대학을 둘러본다. 그러고는 지원한 대학들에 각기 별도의 수험료를 낸다.

그러나 이런 것들은 수업료에 비하면 아무것도 아니다. 우리 아들은 1년에 1만 9000달러의 수업료를 내는데, 내가 듣기로 요즘 그 정도면 양호한 편이라고 한다. 몇몇 학교의 수업료는 2만 8000달러에 달한다. 그 다음에는 기숙사비로 1년에 3000달러, 식비 2400달러, 도서 구입비 700달러, 체력단련비와 건강보험료 650달러, 기타 '활동비'로 710달러가 더 들어간다. 활동비가 뭔지는 묻지 마시라. 나는 그저 수표에 사인만 할 뿐이다. 그 밖에도 추수감사절이나 크리스마스, 부활절 때 오하이오 주에서 뉴햄프셔 주의 우리 집까지 오가는 항공요금에 용돈과 장거리 전화 요금 등 여러 가지 부대비용이 들어간다. 아내는 벌써부터 하루걸러 한 번씩 아들에게 전화를 해서는 돈이 떨어지지 않았는지 물어본다. 사실은 그 반대의 상황이 되어야 함에도. 게다가 내년에는 딸아이까지 대학에 보내야 하는 형편이다.

그러므로 내가 이 일과 관련해서 경제적인 문제 때문에 아들과 헤어지는 슬픔을 잠시 잊었다고 말하더라도 이해해주시기 바란다. 우리 부부는 아들아이를 대학교 기숙사까지 태워다주었는데, 감방과 별반 다를 바 없는 간소한 방안에 이리저리 널려 있는 종이 상자들과 수트케이스들 속에서 측은하리만큼 어리둥절해하고 당황해하는 아들아이를 남겨놓고 나온 뒤에야 그 아이가 우리의 삶에서 빠져나와 자신만의 삶을 찾아갔음을 실감했다.

　집에 돌아와 보니 상실감은 더 컸다. TV 화면에 킥복싱이 켜져 있는 일도 없었고, 현관 바깥에서 운동화 소리가 요란하게 울리는 일도 없었고, 계단 꼭대기에서 엄마한테 뭐가 어디 있느냐고 소리쳐 묻는 소리도 없었다. 덩치가 나만 한 사람이 나를 '기인'이라고 부르거나 "아빠, 셔츠 멋진데요. 혹시 베트남 난민에게서 뺏어온 건 아니죠?" 하고 묻는 일도 없었다. 그제야 나는 그 동안 내가 잘못 생각하고 있었음을 깨달았다. 그 동안은 큰아이가 여기 없는 것 같았어도 사실은 여기에 있었다. 그런데 이제는 완전히 이곳을 떠나고 없는 것이다.

　나는 차 뒷좌석에서 발견한 둘둘 말린 스웨터나 아무데나 붙여놓은 씹다 만 껌 같은 아주 사소한 것들에도 눈물이 났다. 하지만 아내는 그마저도 필요 없이 마냥 눈물을 흘렸다.

　지난 한 주 동안 나는 멍청하게 집안을 돌아다니며 농구공이나 큰아이가 달리기 대회에서 탄 트로피, 오래 전의 명절 때 찍은 사진 등을 쳐다보는, 그리고 그 물건들을 통해 의미 없이 흘려보낸 시간들을 생각하는 나 자신을 발견했다. 가장 나를 힘들게 한 것은 아들이 여기 없다는 사실뿐만 아니라 예전의 그 아이도 영영 가고 없다는 갑작스런 깨달음이었다. 아들을 되찾을 수만 있다면 나는 무슨 일이든 할 것이다. 그러나 물론 그것은 불가능한 일이다. 삶은 계속되며, 아이들은 자라서 집을 떠나기 마련이다. 아직 이것을 모르시는 분이 있다면 내 말을 믿으시기 바란다. 아이들이 집을 떠날 날은 여러분이 상상했던 것보다 빨리 온다.

　그러므로 나도 이쯤에서 펜을 놓고 집 앞 잔디밭에서 막내아이와 야구를 해야겠다. 아직 기회가 있을 때.

31. 고속도로의 눈요깃거리

우리 아버지는 다른 모든 아버지들이 그렇듯 때로 따분하기 이를 데 없지만, 내가 어렸을 때에는 고속도로를 달리다가 다른 차들의 차량등록지를 알아맞히는 취미가 있었다.

아버지는 "저기 봐라, 오리건 주 차가 한 대 더 있네. 오늘 아침에 세 대나 보는걸"이라든가 "미시시피 주 차야. 무슨 일로 여기까지 왔을 것 같으냐?" 하고 말하곤 했다. 그런 뒤에 누군가 자기 생각을 이야기하기를 기대하며 주위를 둘러보았지만, 그렇게 하는 사람은 아무도 없었다. 아버지는 이런 식으로 하루 종일을 보낼 수도 있었고, 실제로 그렇게 한 적도 더러 있었다.

내가 쓴 《잃어버린 대륙》이라는 책에는 아버지가 운전을 할 때 보여주는 흥미롭고 특별한 재능(작은 골프장보다 조금 더 큰 곳이면 어디에서나 길을 잃는다든가 해안가에서 어느 먼 군도로 이어진 다리 위의 요금소를 실수로 여러 차례 지난다든가 일방통행로를 너무나 여러 번 역주행하는 바람에 상인들이 문간에 나와 쳐다본다든가 하는)에 대한 이야기가 나온다. 최근에 내 십대 아이들 중 하나가 그 책을 처음 읽고는 아내가 요리하고 있는 주방으로 와서 뭔가 놀라운 것이라도 발견한 것처럼 "하지만 이건 아빠인걸요" 하고 말했다. 물론 나를 두고 하는 말이다.

내가 아버지를 닮아간다는 것은 나도 인정한다. 나는 심지어 자동차 번호판까지 읽는다. 비록 내 관심사는 번호판에 적힌 슬로건(일리노이 주의 '링컨의 땅,' 메인 주의 '휴가지,' 뉴저지 주의 '해안 지방' 등등)이지만 말이다. 나는 이 슬로건들에 대해 언급하기를 좋아한다. 예를 들어 '펜실베이니아 주에는 당신의 친구가 있습니다'라는 슬로건을 보면 다른 사람들을 둘러보며 상처받은 목소리로 "그런데 왜 그 친구한테서 전화가 없는 거지?" 하고 말하는 것이다. 그러나 이것이 지루한 여행길을 재미있게 해줄 방법이라고 생각하는 사람은 나뿐이다.

많은 주에서 아무 의미 없는 슬로건을 채택한 것은 흥미로운 사실이다. 오하이오 주는 왜 '마로니에 주'이고 인디애나 주는 왜 '시골뜨기 주'인지 알 수 없는 노릇이고, 뉴욕 주의 슬로건인 '제국 주'가 무슨 의미인지도 전혀 감이 오지 않는다. 내가 아는 한 뉴욕의 관광명소 중 해외에 속한 것은 전무한데 말이다.

그렇지만 나는 이런 슬로건들을 트집 잡을 형편이 못 되는 것이, 내가 사는 주의 슬로건은 모든 자동차 번호판 슬로건들 중 가장 희한한, 어찌 보면 낯설고 호전적이기까지 한 '자유로운 삶이 아니면 죽음을'이기 때문이다. 어쩌면 내가 이 슬로건들을 너무 문자 그대로 받아들였는지도 모른다. 하지만 나는 정말이지 일이 뜻대로 되지 않으면 죽겠다는 맹세가 쓰여 있는 자동차들 틈에서 운전하고 싶지가 않다. 솔직히 슬로건의 의미가 조금 더 모호하고 조금 덜 단정적이었으면 좋겠다. 예를 들어 '자유로운 삶이 아니면 삐짐'이라든가 '자유로운 삶이 아니면 누구에게라도 불평을' 같은 슬로건도 괜찮지 않은가.

　이 모든 것은 오늘의 주제인 장거리 자동차 여행이 얼마나 따분한가 하는 문제를 에둘러 소개하기 위한 것이다. 만약 여러분이 이 칼럼을 꾸준히 읽어온 독자라면 지난주 칼럼에서 우리 부부가 달나라 여행이라도 다녀올 수 있을 만한 거액을 내는 대가로 4년간 잠자리와 교육을 책임져줄 대학교에 큰아들을 데려다주고 오느라 뉴햄프셔 주에서 오하이오 주까지 자동차 여행을 한 것을 아실 터이다.

　그때는 휴가에서 돌아온 첫 주부터 여러분을 언짢게 해드리고 싶지 않아서 그 여행이 얼마나 악몽 같았는지에 대해 이야기하지 않았다. 나는 운동화나 닌텐도 게임기를 사는 데 돈이 얼마가 들어가든(솔직히 꽤 많은 돈이 들어간다) 다른 아버지들과 마찬가지로 아내와 아이들을 사랑한다. 그러나 아내와 아이들을 아무리 사랑해도 또다시 밀폐된 철제 공간에 갇힌 채 미국의 고속도로 위에서 한 주를 보내고 싶은 생각은 없다.

　문제는 우리 가족이 아니라 미국의 고속도로다. 고속도로를 달리는 게 얼마나 지루한지 아는가. 그것은 고속도로가 너무 긴 탓도 있지만(뉴햄프셔 주에서 오하이오 주 중심부까지는 약 1370킬로미터다), 그보다는 고속도로에 흥미를 끌 만한 것이 거의 없기 때문이다.

　예전에는 그렇지 않았다. 내가 어렸을 때에는 미국의 고속도로 곳곳에 눈길을 끌 만한 것들이 있었다. 늘 썩 훌륭한 눈요깃거리만 있었던 건 아니지만, 그런 건 중요하지 않다. 중요한 건 눈요깃거리가 있었다는 사실이다. 예전의 고속도로에는 늘 하루의 어느 시점에 "전 세계적으로 유명한 원자 바위를 보러 오세요. 정말로 빛이 납니다!" 같은 문구가 들어간 광고판을 볼 수 있었다. 그리고 몇 킬로미터 더 가면 "과학계를 놀라게 한 바위를 보러 오세요! 100킬로미터만 더 오시면 됩니다!" 같은 문구가 쓰여 있는 또 다른 광고판이 나왔는데, 이 광고판에는 진지한 얼굴의 과학자가 그려져 있고, 그의 머리 옆으로 "자연의 신비야!"라든가 "정말 놀랍군!" 같은 말이 쓰여 있는 말풍선이 그려져 있었다.

거기서 몇 킬로미터를 더 가면 "원자 바위의 위력을 체험해 보세요! 70킬로미터밖에 안 남았습니다!" 같은 문구가 쓰여 있는 광고판이 나왔고, 이 광고판에는 어떤 이상한 힘에 의해 사람이 뒤로 넘어가는 그림과 함께 조그만 글씨로 "주의: 어린이들에게는 부적합합니다"라는 문구가 쓰여 있었다.

우리가 원했던 것은 바로 그런 거였다. 나와 함께 차의 뒷좌석에 구겨 박힌 채 지루해서 온몸을 뒤틀다가 결국 나를 붙잡아서는 내 얼굴과 팔과 배에 펠트펜으로 선명한 기하학적 문양을 그려 넣고 있던 형과 누나는 이 유명한 볼거리를 보겠다고 아우성을 쳤고, 나도 작은 목소리로 이에 합세했다.

이 광고판들을 설치한 사람들은 우리 시대의 위대한 마케팅 천재들 중 하나다. 그들은 자동차에 탄 한 떼의 아이들이 시간과 돈의 낭비라고 반대하는 사려 깊은 아버지를 졸라서 승낙을 얻어내는 데 얼마의 시간이 걸릴지 정확히 알고 있었다. 어쨌든 우리는 늘 그런 볼거리들을 보러 갔다.

'전 세계적으로 유명한' 원자 바위는 물론 광고에 나오는 그림과는 판이했다. 광고 속의 그림에 비하면 우스꽝스러울 정도로 작았고 빛도 나지 않았다. 관람객의 안전을 위해 바위 주변에 울타리가 쳐져 있었는데, 그 울타리에는 "주의: 위험 지역이니 더 이상 접근하지 마십시오!" 같은 경고문이 쓰여 있었다. 하지만 울타리 밑으로 기어들어가는 아이들은 늘 있기 마련이어서, 몇몇 아이들이 바위를 만져보거나 심지어 그 위로 기어 올라가기까지 했다. 그러나 뒤로 넘어가거나 다치지는 않았다. 일반적으로 원자 바위보다는 내 몸에 그려져 있는 화려한 펠트펜 문신이 더 사람들의 흥미를 끌었다.

그러면 아버지는 화가 나서 우리 모두를 차에 태우고 다시는 이딴 것에 속지 않겠다고 다짐하지만, 몇 시간 뒤에 또다시 "전 세계적으로 유명한 노래하는 모래밭을 보러 오세요! 150킬로미터밖에 안 남았습니다!"라고 쓰여 있는 광고판을 만나면 다시 전과 같은 일이 반복되었다.

서쪽의 네브래스카 주나 캔자스 주 같이 정말로 따분한 주에서는 광고판에 어떤 문구가 쓰여 있든 상관없었다. "죽은 소를 보러 오세요! 온 가족이 즐거운 몇 시간을 보낼 수 있습니다!"라든가 "나무판자를 보러 오세요! 200킬로미터밖에 안 남았습니다!" 같은 문구라도 좋았다. 우리는 공룡 발자국과 그림이 그려져 있는 사막, 돌이 된 개구리, '세상에서 가장 깊은 우물'이라는 구덩이, 맥주병으로 만든 집 등을 구경했는데, 사실 몇 차례의 휴가에서 기억에 남는 것이라곤 이게 전부다.

이런 것들은 직접 보면 늘 실망스럽다. 하지만 중요한 건 그게 아니다. 우리는 관람료로 75센트를 내는 것이 아니라 200킬로미터나 되는 고속도로를 흥미롭게 달릴 수 있도록 도와준 풍부한 상상력의 소유자에 대한 감사의 뜻으로 75센트를 내는 것이다. 아버지는 이 점을 이해하지 못했다. 그리고 이제 유감스럽게도 내 아이들 역시 이 점을 이해하지 못한다. 우리 가족은 이번에 터무니없이 넓어서 횡단하는 데 꼬박 하루가 걸리는 펜실베이니아 주를 가로지르는 여행을 했는데, 여행 도중에 고속도로에서 "세계적으로 유명한 '도로변의 미국(Roadside America)'을 보러 오세요!

120킬로미터밖에 안 남았습니다!"라고 쓰여 있는 광고판을 보았다.

나는 '도로변의 미국'이 뭔지도 모르고 또 그곳은 우리가 가는 길도 아니었지만, 그곳에 들렀다 가기로 했다. 이제는 그런 것들을 보기 힘든 세상이 되어버렸기에. 요즘은 고속도로에서 만날 수 있는 가장 흥미로운 것이 맥도널드의 해피밀 세트다. 그러므로 '도로변의 미국' 같은 것은 그게 뭐든 소중하게 다루어져야 한다. 참으로 아이러니한 것은 차 안에 있는 사람들 중 그곳에 가보고 싶어한 사람이 나뿐이었다는 사실이다.

'도로변의 미국'은 마을과 터널 및 미니어처 소와 양이 놓여 있는 농장 주변을 여러 대의 기차가 끊임없이 순환하게 만들어놓은 커다란 철도 모형이었다. 먼지가 약간 끼어 있었고 조명이 흐릿했지만, 1957년 이래로 사람들의 손때가 묻지 않은 듯해서 매력적이었다. 우리는 그날의 유일한 손님이었고, 아마도 여러 날 만에 찾아온 유일한 손님이었을 것이다. 나는 그 점이 마음에 들었다.

"근사하지 않아?"

내가 작은딸에게 물었다.

"아빠, 아빠는 너무 감상적이에요."

딸아이는 침울하게 대답한 뒤 밖으로 나갔다.

나는 희망을 가지고 막내아들을 돌아보았지만 그 아이는 고개를 젓고는 누나의 뒤를 따라 나갔다.

물론 나는 아이들이 감탄하지 않는 게 실망스러웠다. 하지만 다음번에는 어떻게 해야 할지 알 것 같았다. 미리 아이들을 붙잡아서 두 시간쯤 펠트펜으로 온몸에 그림을 그려 넣는 것이다. 그러면 아이들은 고속도로의 그 어떤 눈요깃거리에도 감사할 것이다.

32. 뉴잉글랜드의 가을

아, 가을이다!

매년 이맘때가 되면 고작해야 한두 주, 그야말로 감질나게 짧은 기간 동안, 이곳에 놀라운 일이 일어난다. 뉴잉글랜드 전체가 갖가지 색깔로 폭발하는 것이다. 수개월간 칙칙한 녹색의 배경을 이루던 나무들이 일제히 수백만의 타오르는 듯한 색깔로 터져 나오고, 이 일대는 프랜시스 트롤럽의 말처럼 "장관을 이룬다."

어제 나는 무슨 중요한 연구라도 하러 가는 양 차를 운전하여 버몬트 주로 가서, 그린 산맥의 해발 1270미터에 달하는 킬링턴 봉우리까지 아름다운 경치가 끝없이 펼쳐지는 산길을 걸었다. 가을의 톡 쏘는 듯한 사향 냄새와 상쾌한 공기가 가득하고, 새파란 하늘과 진녹색 들판이 수천 가지 빛깔로 반짝이는, 더없이 멋진 하루였다. 풍경 속의 나무들이 각각의 개체로 살아나고, 차창을 스쳐 지나는 고속도로와 둥근 언덕에 자연이 선사하는 온갖 선명한 색조(타는 듯한 진홍빛과 반짝이는 금빛, 약동하는 주홍빛, 이글거리는 오렌지 빛)가 흩뿌려진 광경은 정말 놀라웠다.

내가 약간 감정 과잉으로 보이더라도 이해해주시기 바란다. 이토록 장려한 풍경을 흥분하지 않고 묘사하기란 불가능한 일이므로. 위대한 자연사학자 도널드 컬로스 피티는 보통 문체가 엎질러진 물을 닦아도 될 정도로 건조하지만 뉴잉글랜드의 경이로운 가을을 묘사할 때에는 완전히 이성을 잃는다.

지금은 고전이 된 《북미대륙 중동부 나무들의 자연사》에서 피티는 좋게 말해야 학자답게 썼다고밖에 할 수 없는 문체로 434쪽을 단조롭게 기술하고 있지만("오크 나무는 우람하고 묵직한 나무로 나무껍질에는 기다란 홈이 파여 있으며, 잔가지는 단면이 대개 오각형으로 되어 있고 그 주변을 다섯 개의 잎사귀가 둘러싸고 있다" 같은 표현이 대부분이다), 뉴잉글랜드의 사탕단풍과 그 선명한 빛깔에 대한 설명에 이르면 마치 누군가가 그의 코코아 잔을 뒤엎기라도 한 것처럼 어찌할 바를 몰라 한다. 그는 숨 가쁘게 사탕단풍의 빛깔에 대한 비유를 늘어놓는다.

"대군(大軍)의 함성 같고……, 불의 혀 같고……, 교향곡의 바다의 물마루를 타넘는, 그리고 그 울부짖는 듯한 노랫소리로 오케스트라의 모든 계산된 불협화음에 의미를 부여하는 힘찬 선율 같다."

그의 아내가 옆에서 "알았어요, 도널드. 이제 약 드실 시간이에요" 하고 말하는 소리가 들리는 듯하지 않은가.

피티는 열띤 어조로 그렇게 두 단락에 걸쳐 사탕단풍의 색깔을 묘사하다가 돌연 축 처진 엽액(葉腋)과 비늘에 싸인 잎눈, 하늘거리는 잔가지들에 대한 이야기로 돌아간다. 나는 그의 심정을 충분히 이해한다. 킬링턴 봉 정상의 초자연적으로 맑은 공기 속에서 시야가 온통 가을빛으로 물든 것을 보았을 때 내가 할 수 있는 일이라곤 두 팔을 벌린 채 목청껏 존 덴버의 노래들을 부르고 싶은 마음을 억누르는 것뿐이었다.(그렇기 때문에 등반을 할 때에는 경험이 있는 동료와 함께 가고, 구급약을 소지하는 게 좋다.)

여러분은 색상표의 과학적 등가물을 가지고 야외에 나와서 뭔가 중요한 발견이라도 한 것처럼 사뭇 진지한 어조로 미시간 주의 단풍나무나 오자크 산지의 오크 나무가 색깔이 더 짙어졌다고 선언하는 학자들에 관한 기사를 더러 읽었을 것이다. 하지만 학자들의 이와 같은 말은 뉴잉글랜드의 가을을 유일무이한 것으로 만들어주는 특질을 완전히 놓치고 있다.

우선 뉴잉글랜드의 풍경은 북미대륙의 그 어느 곳과도 비교할 수 없을 만큼 아름답다. 뉴잉글랜드의 햇빛이 내리비치는 하얀 교회들과 지붕이 있는 다리들, 정돈된 농장들, 옹기종기 모여 있는 마을들은 자연의 풍요롭고 소박한 색깔들과 이상적인 조화를 이룬다. 게다가 뉴잉글랜드 지역은 다른 어느 지역보다 수종(樹種)이 다양해서, 오크 나무와 너도밤나무, 미루나무, 옻나무, 네 종류의 단풍나무 및 그 밖에도 이루 헤아릴 수 없을 만큼 다양한 나무들이 오감을 현혹시킨다. 무엇보다도 가을에는 비록 잠시 동안이나마 뉴잉글랜드의 기후가 완벽한 균형을 이루어, 상쾌하고 서늘한 밤과 햇살이 비치는 따스한 낮이 낙엽성 교목들의 색깔을 절정으로 이끈다. 그러므로 착오 없으시기 바란다. 매년 시월, 단풍이 장관을 이루는 며칠 동안 뉴잉글랜드는 의심할 나위 없이 지상에서 가장 아름다운 장소다.

참으로 놀라운 것은 왜 이 모든 일이 일어나는지 아무도 모른다는 사실이다. 학교 때 생물 시간에 배운 바에 의하면 가을에 나무들은 잎사귀를 녹색으로 보이게 하는 화학물질인 엽록소를 만들어내는 것을 중단함으로써 긴 겨울잠에 들 준비를 한다. 엽록소의 생성이 억제되면 잎사귀

안에 들어 있던, 카로티노이드라고 하는 또 다른 색소가 나타난다. 카로티노이드는 박달나무와 히코리 나무, 너도밤나무, 오크 나무의 잎사귀를 노랗고 황금빛으로 보이게 하는 물질이다. 여기 이와 관련한 흥미로운 사실이 있는데, 바로 이 황금빛을 더욱 돋보이게 하려면 나무가 지속적으로 잎사귀에 양분을 공급해주어야 한다는 것이다. 비록 잎사귀들은 아무 일도 안 하고 그저 예쁜 자태로 가지에 매달려 있기만 할지라도 말이다. 이듬해 봄에 사용할 에너지를 축적해야 할 바로 그 때에도 나무는 스스로를 위해서는 아무것도 하지 않고, 나 같은 단순한 사람들의 마음을 기쁘게 해줄 색소에 양분을 공급하느라 무진 애를 쓴다.

더욱 신비로운 것은 어떤 종류의 나무들은 거기서 한 걸음 더 나아가 스스로를 희생해가면서까지 안토시아닌이라 불리는 또 다른 색소를 만들어낸다는 사실이다. 안토시아닌은 뉴잉글랜드의 단풍을 특유의 화려한 오렌지 빛과 주홍빛으로 보이게 한다. 뉴잉글랜드의 나무들이 안토시아닌을 만들어낸다기보다는 뉴잉글랜드의 기후와 토양이 이런 색깔들을 만들어내는 데 적합한 조건을 제공한다고 해야 할 것이다. 조금 더 습하거나 온화한 기후에서는 나무들이 아무리 애를 써도 이런 색이 나오지 않는다. 눈에 띄는 결과물도 없는데 나무들은 왜 그토록 애를 쓰는 걸까.

하지만 가장 이해하기 힘든 신비는 매년 문자 그대로 수백만 명의 사람들, 즉 이 지역 주민들 사이에 '나뭇잎 구경꾼'이라는 친근한 이름으로 알려진 무수히 많은 관광객들이 차를 운전하여 멀리 뉴잉글랜드까지 와서 공예품점이나 '놈(Norm)의 고미술품 및 수집품' 같은 간판이 걸린 상점들을 구경하며 주말을 보낸다는 사실이다. 추측건대 그들 중 자기 차에서 반경 50미터 이상 벗어나본 사람은 0.05퍼센트도 안 될 것이다. 완벽한 아름다움의 언저리까지 와서 그 경치에 등을 돌린다는 것은 얼마나 기이하고 설명하기 힘든 불행인가.

　그들은 야외에서 맛볼 수 있는 커다란 기쁨(맑은 공기와 풍부한 유기질 토양의 흙냄새, 바짝 마른 낙엽 위를 걸을 때의 말로 표현할 길이 없는 즐거움 등)뿐만 아니라 산들이 듣기 좋은 앵글로 아이오와 억양으로 "테이크 미 홈, 컨트리 로드" 하고 소리 높여 노래 부르는 것을 듣는 독특한 즐거움까지 놓치는 셈이다. 하지만 내 장담하건대 이런 것들은 확실히 차에서 내려 접해볼 만한 가치가 있다.

33. 최고의 명절

 오늘 내가 조금 들떠 있고 몸이 둔해 보인다면 추수감사절 뒤끝이라 아직 명절 분위기에서 헤어 나오지 못했기 때문이다.
 나는 추수감사절을 특히 좋아한다. 다른 모든 것을 떠나서 내가 어렸을 때에는 추수감사절이 1년에 한 번 집에서 제대로 된 음식을 먹는 날이었기 때문이다. 추수감사절을 제외한 나머지 날들은 음식을 먹는다기보다 그냥 입안에 밀어 넣는 식이었다. 우리 어머니는 뛰어난 요리사가 아니었던 것이다.
 내 말을 오해하지 말아주시기 바란다. 어머니는 훌륭한 분으로, 친절하고 상냥하며 늘 쾌활하셔서 아마 돌아가시면 천국으로 직행하실 것이다. 그러나 "오, 여기 계셨군요, 브라이슨 부인. 뭐 먹을 것 좀 없을까요?" 하고 말할 사람은 아무도 없다.
 공정하게 말하자면 어머니 잘못만은 아니다. 우선 어머니는 아무리 음식을 잘하고 싶어도 그럴 수가 없었다. 지역 신문사에서 일하느라 늘 저녁 식사시간 2분 전에 헐레벌떡 뛰어 들어오셨기 때문이다.
 게다가 어머니는 다른 데 정신이 팔려 있어서 음식을 포장째 조리하는 경우가 많았다. 나는 다 자란 후에야 비닐 랩이 글레이즈(시럽이나 젤라틴 같이 음식 겉에 입히는 재료)가 아니었음을 알게 되었다. 늘 서둘러서 식사 준비를 해야 하는데다 다른 데 정신이 팔려 있기 일쑤고 또 주방 일에 서툰 탓에 어머니의 요리는 연기나 작은 폭발에 의해 중단되곤 했다. 우리 집에서는 대체로 소방관이 떠나고 난 후가 저녁식사 시간이었다.

이상하게도 이 모든 게 아버지에게는 잘 맞았다. 아버지는 음식 맛을 잘 몰랐기 때문이다. 아버지의 미각은 소금과 케첩과 탄 음식 세 가지에만 반응했다. 아버지가 생각하는 훌륭한 음식은 접시 위에 갈색의 정체 모를 무언가와 녹색의 정체 모를 무언가, 그리고 까맣게 탄 무언가가 올려져 있는 음식이었다. 만약 오븐용 장갑을 천천히 구워서 그 위에 케첩을 듬뿍 끼얹어 낸다고 하더라도 아버지는 잠시 맛을 본 뒤에 "와, 이거 정말 맛있는데" 하고 말할 것이다. 한마디로 아버지에게는 드시는 모든 음식이 훌륭한 음식이었고, 다년간에 걸친 어머니의 수고는 결코 아버지를 실망시킨 적이 없었다.

그러나 추수감사절이 되면 어머니는 최선의 노력을 기울여 능력 이상의 음식 솜씨를 발휘하는 기적을 연출하곤 했다. 어머니가 우리를 식탁으로 불러 모을 때쯤에는 황금빛의 거대한 칠면조와, 바스켓에 담긴 옥수수빵과 파커하우스롤(빵의 가루반죽을 둥글넓적하게 민 다음, 반으로 접어서 구운 롤빵), 형체를 알아볼 수 있는 윤기 나는 야채, 움푹한 그릇에 담긴 그레이비소스와 크랜베리소스, 양손으로 들어야 할 만큼 거대한 볼에 담긴 매시트포테이토 및 기타 여러 가지 음식들로 화려하고 풍성한 잔칫상이 차려져 있었다.

우리는 일 년 내내 굶주린 아이들처럼 먹어댔고, 그러면 어머니는 '피

에스 드 레지스탕스'라 불리는 통통하고 겉이 바삭바삭하며, 위에 끼얹은 크림이 알프스의 마터호른을 연상케 하는 호박 파이를 내왔다. 그 호박 파이의 맛은 완벽해서 마치 천국과도 같았다.

이렇게 맛있는 음식들은 내게 명절 중에서도 최고의 명절(추수감사절이야말로 모든 명절 중에 으뜸이다)에 대한 말로 표현할 수 없는 기쁨과 감사의 마음을 안겨주었다.

대부분의 미국인들은 추수감사절이 늘 11월 넷째 목요일이었고 앞으로도 영원히 그러하리라고 생각할 것이다. 그러나 비록 메이플라워호를 타고 온 청교도들이 힘들었던 첫해를 무사히 넘길 수 있도록 도와주고 또 팝콘 만드는 법 등을 가르쳐준(이 점, 나는 지금도 감사히 여긴다) 인디언들에게 감사를 표하기 위해 1621년의 그 유명한 연회를 베풀긴 했지만, 그 연회를 일 년 중 언제쯤 열었는지에 대한 기록은 남아 있지 않다. 뉴잉글랜드의 기후를 고려해볼 때 11월 말은 아니었을 듯하다. 어쨌든 그 후로 242년 동안 추수감사절 행사를 연 흔적은 보이지 않는다. 최초의 공식 추수감사절 행사는 1863년에, 그것도 8월 달에 열렸다. 그러나 그 이듬해에 에이브러햄 링컨이 임의로 11월 넷째 주 목요일로 옮겼으며(왜 목요일인지, 왜 일 년 중 그렇게 늦은 때인지 아는 사람은 이제 아무도 없다) 그때 이후로 줄곧 그렇게 이어져왔다.

추수감사절이 좋은 이유는 여러 가지다. 먼저 추수감사절은 크리스마스 분위기를 지연시키는 상찬할 만한 효과가 있다. 영국에서는 크리스마스 쇼핑이 8월의 법정 공휴일 무렵부터 시작되는 데 반해 미국에서는 아무리 크리스마스를 좋아하는 사람일지라도 11월 마지막 주가 되어서야 쇼핑을 시작한다.

게다가 추수감사절은 대체로 상혼에 물들지 않은 순수한 휴일로 남아 있다. 덕분에 카드를 보내거나 트리를 다듬거나 트리 장식을 찾아서 서랍과 창고를 뒤지고 다니거나 하지 않아도 된다. 추수감사절에는 식탁에 앉아서 배가 비치볼만 해질 때까지 먹고 TV로 축구경기를 시청하기만 하면 된다. 나 같은 사람에게 딱 맞는 명절이다.

그러나 추수감사절의 가장 근사하고 숭고한 측면은 우리가 감사해야 할 모든 것들에 대해 감사할 공식적인 기회가 되어준다는 점이다. 나는 이것이야말로 참으로 놀라운 아이디어라고 생각한다. 보다 많은 나라에서 추수감사절을 명절로 지키지 않는다는 게 믿어지지 않을 정도이다. 개인적으로 나는 감사할 일이 너무나 많다. 사랑하는 아내와 아이들이 있다는 점에 감사하고, 내가 건강하고 대부분의 신체 기능이 완벽하게 작동하고 있다는(늘 동시에 완벽한 기능을 발휘하는 것은 아니지만) 점에 감사한다. 평화와 번영의 시대에 살고 있다는 점에 감사하고, 로널드 레이건이 다시 대통령직에 오르지 않으리라는 점에 감사한다. 이 모든 것이 내겐 감사할 일들이고, 이를 기록을 통해 보여드릴 수 있음을 기쁘게 생각한다.

유일하게 안 좋은 측면은 추수감사절이 지나면 불가피하게 크리스마스가 다가온다는 점이다. 지금이라도 아내가 들어와서 내게 볼록 튀어나온 배를 끌어안고 가서 크리스마스 장식을 찾아올 때가 되었노라고 선언할지 모른다. 이는 내가 두려워하던 순간으로, 여기에는 그럴 만한 이유가 있다. 크리스마스 장식을 찾아오려면 흔들거리는 사다리를 올라가거나 감전의 위험을 무릅쓰고 전구를 연결시키거나 망치로 못을 박는 등 몸을 움직여야 하고 사랑스런 배우자의 지시를 받아야 하는데, 이 모든 것은 내게 심각하고 영구적인 상처를 입힐 수 있는 일들이기 때문이다. 혹 오늘이 그 날이 되지나 않을까 싶어 두렵기 짝이 없다.

하지만 아직까지 그런 일들은 일어나지 않았으며, 물론 이 점에 대해서도 진심으로 감사하게 생각한다.

34. 크리스마스 장식하기

지난 주 칼럼의 말미에서 나는 언제 갑자기 아내가 방에 들어와 크리스마스 장식을 꺼내야 할 때가 되었다고 선언할지도 모른다는 불길한 예감에 대해 이야기했었다.

그런데 이제 한 주가 더 지나고 크리스마스까지 18일밖에 안 남았는데도 아내에게서는 아무 말이 없다. 내가 이 상태를 얼마나 더 견딜 수 있을지 모르겠다.

나는 크리스마스에 집안 꾸미는 일을 싫어한다. 그러기 위해서는 우선 다락에 올라가야 하는데, 다락이란 당연히 지저분하고 어둡고 불쾌한 장소이기 때문이다. 거기서는 늘 원치 않는 것들에 맞닥뜨린다. 군데군데 피복이 벗겨져 나간 전선이라든가 머리가 어떻게 되지 않고서야 여기까지 끌고 올라왔을 턱이 없는 온갖 잡동사니로 가득 찬 상자가 있는가 하면 지붕에는 햇빛이 들어오고 때로는 머리까지 들어갈 만한 틈새가 벌어져 있다. 다락에 올라오면 다음의 세 가지는 반드시 경험하게 되는데, 바로 최소한 두 번은 머리를 들보에 부딪히고, 얼굴 가득 거미줄을 뒤집어쓰고, 찾고자 했던 물건을 찾지 못한다는 것이다.

어렸을 때 나는 친구 바비 핸슨의 집에서 벽장 속에 다락으로 통하는 비밀 계단이 있는 것을 보았는데, 그게 그렇게 멋져 보일 수가 없었다. 지금도 그 계단을 떠올리면 부러운 생각이 든다. 내가 이제까지 살아왔던 다른 모든 집들처럼 뉴햄프셔 주의 우리 집도 다락으로 통하는 출입구가 천장에 난 해치(마루·천장 등의 위로 젖히는 출입문)밖에 없어서 다락을 드나들 때마다 사다리를 가져와야 하기 때문이다. 이상한 것은 다락에 올라갈 때에는 해치 바로 밑에 사다리를 놓고 올라가는데 내려올 때는 사다리가 거실 계단 쪽으로 몇 발짝 옮겨져 있다는 사실이다. 어떻게 그런 일이 생기는지는 모르겠지만 늘 그래왔다.

그 결과 다락에서 내려오려면 출입구 사이로 다리를 내려뜨리고 발로 사다리를 더듬어 찾아야 한다. 오른쪽 다리를 끝까지 뻗으면 간신히 발가락 하나를 사다리에 걸칠 수 있지만, 그 이상은 어떻게 해볼 도리가 없다. 결국 이런 저런 시도 끝에 평행봉을 하는 체조선수처럼 다리를 앞뒤로 흔들면 발 하나를 사다리 위에 올려놓을 수 있고 이어서 다른 발도 올려놓을 수 있음을 깨닫게 된다. 하지만 그건 그리 대단한 발견이 못되는 것이, 몸을 60도로 기울인 상태에서 더 이상 아무것도 할 수 없기 때문이다. 공연히 발로 사다리를 끌어당기려 했다가는 사다리가 요란한 소리를 내며 쓰러지기 십상이다.

그러면 정말 옴짝달싹 못하는 상태가 된다. 다시 다락으로 올라가려 해보아도 힘이 부쳐서 올라가지 못하고 그냥 양팔을 천장에 걸친 채 매달려 있어야 한다. 애처로이 아내를 불러보아도 아내는 그 소리를 듣지 못한다. 낙심천만일 뿐만 아니라 불가사의한 일이다. 보통 때 아내는 지구상의 다른 누구도 듣지 못하는 소리를 들을 수 있기 때문이다. 아내는 딸기잼 병이 하얀 카펫 위에 떨어지는 소리를 두 방 건너에서도 들을 수 있고, 바닥에 흘린 커피를 몰래 목욕 타월로 닦아내는 소리를 들을 수 있고, 깨끗하게 청소가 된 바닥에 먼지 굴러다니는 소리를 들을 수 있고, 내가 해서는 안 될 무언가를 생각하는 소리까지 들을 수 있다. 하지만 내가 다락의 해치에서 옴짝달싹 못하게 되면 아내는 갑자기 방음 장치가 돼 있는 방에 들어가 있기라도 한 것처럼 감감무소식이다.

결국 아내는 한 시간쯤 후에 이층 복도를 지나가다가 천장에서 대롱거리는 내 다리를 보고 깜짝 놀라서 묻는다.

"뭐 하는 거예요?"

그러면 나는 그녀를 슬쩍 내려다보며 냉소적으로 대답한다.

"해치 에어로빅을 하는 중이야."

"사다리를 가져다줄까요?"

"아, 그거 좋은 생각인걸. 오랫동안 여기 매달려서 뭐가 필요한지 생각하던 중이었는데 당신이 바로 맞혔네."

"가져다줘요, 말아요?"

"물론 가져다줘야지."

"그럼 부탁한다고 말해요."

"장난치지 말고."

"부탁한다고 말하라니까요."

나는 잠깐 내 처지를 생각해보곤, 아무리 생각해도 위세를 부릴 입장은 아니라, 부탁한다고 말한다.

"이 세상에서 가장 사랑스런 사람이 누구죠?"

"아, 제발 그러지 좀 마. 어찌나 오래 매달려 있었던지 양쪽 팔 밑에 바닥의 나무 자국이 다 박였다구."

"이 세상에서 가장 사랑스런 사람이 누구죠?"

"당신."

"당신보다 무한히 더 사랑스러운가요?"

"무한히."

그런 뒤에 사다리가 제대로 놓이는 소리가 들리고 이윽고 발이 사다리 제일 윗단에 닿는 게 느껴진다. 천장에 매달려 있어서 좋은 점도 있는 것이, 그 덕분에 불현듯 크리스마스 장식이 다락에 있지 않고(다락에 있은 적이 없다) 지하실에 있음을 깨닫는다. 물론 크리스마스 장식은 지하실에 있다! 그걸 기억 못하다니 얼마나 어리석은가! 나는 곧장 지하실로 뛰어 내려간다.

두 시간 뒤 나는 오래된 타이어와 부서진 유모차 뒤에서 크리스마스 장식이 든 상자를 발견하고는 그것을 이층으로 가져온다. 그리고 또 다시 두 시간에 걸쳐 크리스마스 장식용 전구의 뒤엉킨 전선을 정리한다. 플러그를 꽂으면 물론 전기는 들어오지 않는다. 어쩌다 불이 들어오는 전구가 있어도 스파크가 일면서 요란한 소리와 함께 터져버린다.

그러면 나는 장식용 전구는 내버려두고 차에서 트리를 가져오기로 한다. 트리는 너무 커서 시야를 가리고, 몹시 따끔거려서 운반하기가 쉽지 않다. 가지가 눈을 찌르고, 바늘잎이 뺨과 잇몸을 찌르고, 수액이 코로 떨어진다. 나는 트리를 간신히 뒷문으로 끌고 와서 집 안에 던져 넣는다. 그러고는 다시 일으켜 세워서 끌고 가다가 넘어뜨리고, 다시 일으켜 세워서 끌고 간다. 그렇게 트리를 끌고 오는 동안 집안은 엉망이 된다. 벽에 걸린 그림이 떨어져 내리고, 테이블 위의 자질구레한 장식품들이 사방으로 흩어지고, 의자가 뒤로 넘어간다. 그러면 조금 전까지만 해도 보이지 않던 아내가 불쑥 나타나 사방에서 흥분된 어조로 혼란스런 지시를 내린다. "조심해서 다뤄요! 아니, 그것 말고……, 그거요! 아, 조심해요! 왼쪽으로! 왼쪽! 당신 왼쪽 말고……, 내 왼쪽이요!" 그러고는 마침내 조금 더 부드러워진 목소리로 "괜찮아요, 여보? 계단을 못 봤어요?" 하고 말한다.

거실에 도달할 때쯤 트리는 마치 산성비에 잎이 떨어져나간 듯한 형국이고, 내 모습도 별반 다르지 않다.

크리스마스트리 지지대가 어디 있는지 모른다는 생각이 드는 것은 그때쯤이다. 나는 한숨을 내쉬며 시내의 철물점에 가서 지지대를 새로 사오지만, 그동안 구입했던 모든 크리스마스트리 지지대(내가 어른이 되고 나서 매년 크리스마스 때마다 샀으니 모두 25개)가 3주 이내에 한꺼번에 나타나리라는 것을 알고 있다. 그것도 대개 내가 창고 바닥을 뒤지고 있거나 아니면 어두운 방안이나 거실 계단 위를 살피고 있을 때 높은 선반에서 내 머리 위로 떨어져 내리리라는 것을. 아직 모르고 계시는 분이 있다면 이제라도 알아두시기 바란다. 크리스마스트리 지지대는 악마가 고안해낸 것으로, 악마는 여러분이 죽기를 바란다는 것을.

철물점에 갔을 때 나는 장식용 전구를 조금 더 사오지만, 이것 역시 불이 들어오지 않는다.

마침내 심신이 지친 나는 간신히 트리를 세운 뒤 전구에 불이 들어오게 하고 트리 장식을 단다. 그러고는 콰지모도처럼 구부정하니 서서 약간의 혐오감을 가지고 트리를 바라본다.

"오, 정말 아름답지 않아요?"

아내는 두 손에 턱을 괸 채 탄성을 지른다.

"이제 바깥을 장식하기로 해요. 금년에는 당신을 놀래주려고 특별한 것을 준비했어요. 지붕 위를 장식할 실물 크기의 산타클로스를 샀지 뭐예요. 당신이 12미터 사다리를 가져오면 내가 상자를 개봉할게요. 아, 정말 재미있을 것 같지 않아요?"

아내는 이렇게 말하고 상자를 가지러 뛰어간다.

이제 여러분은 내게 물을 것이다.

"왜 매년 이런 고생을 사서 하는가? 크리스마스 장식이 다락에 있지 않은 것을 알면서도 왜 다락에 올라가는가? 지난 수십 년간의 경험을 통해 장식용 전구에 불이 들어오지 않으리라는 것을 알면서도 왜 뒤엉킨 전선을 가지런히 하는가?"

여기에 대한 나의 대답은 그냥 해야 한다는 것이다. 이것은 크리스마스 의식의 일부고, 이런 것들이 없으면 크리스마스가 아니기에.

그렇기 때문에 나는 비록 아내의 지시가 떨어지지는 않았지만 지금부터 크리스마스 장식을 시작하기로 했다. 인생을 살다보면 좋든 싫든 정면으로 부딪쳐야 하는 것들이 있다.

만약 여러분이 내게 무언가를 찾아달라고 한다면 나는 기꺼이 해치에 매달릴 준비가 되어 있다.

35. 겨울 스포츠

무슨 이유에서인지는 몰라도 부모님은 내가 여덟 살 때 크리스마스 선물로 스키를 사주셨다. 나는 밖에 나가서 스키를 착용하고 쪼그려 앉아서 자세를 취했지만 아무 일도 일어나지 않았다. 아이오와에는 언덕이 없었기 때문이다.

나는 경사진 곳을 찾아 돌아다니다가 우리 집 뒤쪽 현관의 계단에서 스키를 타기로 했다. 계단은 다섯 개밖에 안 됐지만 막상 스키를 타고 내려오니 놀랍게 가팔랐다. 나는 시속 170킬로미터의 속도로 미끄러져 내려와 바닥에 부딪혔다. 스키는 어딘가에 쑤셔 박히고 나는 우아한 곡선을 그리며 안뜰을 가로질렀다. 4미터 전방에 있는 우리 집 차고의 뒷벽이 보였다. 본능적으로 날개를 편 독수리의 자세를 취한 나는 마치 벽에 집어던진 음식물처럼 차고 벽 위쪽 어딘가에 쾅 하고 부딪혔다가 수직으로 미끄러져 내렸다.

겨울 스포츠는 내게 적합하지 않다는 결론을 내린 것은 그때였다. 나는 스키를 치웠고, 그 후로 35년간 여기에 대해 더 이상 생각하지 않았다. 그 후 뉴잉글랜드로 이사를 왔는데, 이곳 사람들은 겨울이 오기를 고

대하는 사람들이었다. 그들은 첫눈이 오면 기쁨의 함성을 지르며 썰매와 스키 폴대를 찾아 벽장을 뒤진다. 그들에겐 묘한 생동감(눈 속을 돌아다니고 스키를 타고 싶어하는 열정)이 넘친다.

우리 집 식구들을 비롯하여 활동적인 사람들이 주변에 너무 많다보니 나만 외톨이가 된 듯했다. 그래서 몇 주 전에는 겨울철 여가활동을 찾아보려고 스케이트를 빌려서 작은 아이들 둘을 데리고 겨울이면 멋진 스케이트장으로 탈바꿈하는 오컴 연못으로 향했다.

"스케이트 탈 줄 아세요?"

딸아이가 불안한 듯 물었다.

"물론이지. 페기 플레밍(1968년 올림픽에서 금메달을 딴 미국의 피겨 스케이팅 선수)으로 오인 받은 적도 많은걸."

나는 딸아이를 안심시켰다.

나는 스케이트를 탈 줄 안다. 단지 몇 년 동안 타지 않았더니 다리가 말을 잘 듣지 않을 뿐이었다. 빙판 위에 올라선 즉시 내 다리는 오컴 연못을 구석구석, 다양한 각도에서 살펴보기로 결심이라도 한 것 같았다. 이리 비틀 저리 비틀 하면서 가위표로 꼬아졌다 벌어졌다 하고 때로 두 다리 사이가 3미터나 벌어지기도 했다. 하지만 그 와중에도 점점 속도가 붙었고, 나는 급기야 엉덩방아를 찧고 말았다. 어찌나 세게 넘어졌던지 꼬리뼈가 입천장까지 튀어 올랐고, 식도를 손가락으로 밀어 넣어야 했다.

내가 다리에 힘을 주고 일어나려고 하는데 놀란 내 엉덩이가 말했다.

"와! 얼음판 한번 되게 단단하네!"

다시 일어나려고 하는 순간 머리가 소리 질렀다.

"어이, 내가 한번 봐야지."

그 다음 30분간은 내 몸의 다양한 신체기관(어깨, 턱, 코, 모험심이 넘치는 장기 한두 군데)이 탐구정신을 발휘하다가 얼음판 위에 내동댕이쳐졌다. 멀리서 보면 보이지 않는 검투사에게 공격이라도 당하는 것처럼 보였을 것이다. 마침내 더 이상 다칠 데도 없을 때 나는 스케이트장 가장자리까지 기어가서 담요로 몸을 감쌌다. 스케이트를 타보려는 나의 시도는 그렇게 끝이 났다.

그 다음에는 썰매타기에 도전했는데, 여기에 대해서는 어떤 남자가 자기 개에 대해 매우 이해심이 깊더라는 말과, 길 건너에 사는 여자가 차고 문을 열어두었더라면 좋았을 거라는 말 이외의 그 어떤 말도 하고 싶지 않다.

내 친구인 대니 블랜치플라워가 등장하는 것은 이 시점에서다. 대니는 다트머스 대학교의 경제학과 교수로 매우 영특한 친구다. 그는 "세로항목 5.7을 입력했을 때 종업원 당 영업이익은 t값 2.3에 0.00022의 상관계수를 보인다" 같은 문장이 나오는 책을 쓰는 친구로, 평소에 농담조차 하지 않는다. 그는 딱 한 가지만 빼놓고는 정말 멋진 친군데, 그 한 가지란 바로 그가 설상차(雪上車)에 미쳐 있다는 것이다.

내게 있어서 설상차란 악마가 설계한 눈 위의 로켓선(船)과 한가지다. 설상차는 시속 112킬로미터로 달리는데, 내겐 마치(나를 겁쟁이라고 해도 어쩔 수 없다) 커다란 돌덩어리가 깔린 좁고 구불구불한 숲길을 달리는 작은 군함처럼 보였다.

대니는 설상차 경주를 하자고 몇 주 동안이나 나를 졸라댔다. 나는 겨울 야외활동에는 취미가 없으며, 설상차처럼 강력하고 위험한 기계가 나를 구원해줄 것 같지는 않다고 말했다.

"말도 안 돼!"

대니가 소리쳤다.

그 다음에 기억나는 것은 내가 뉴햄프셔 주 숲속에서 머리에 꼭 맞는 무거운 헬멧을 쓰고 설상차에 타고 있었다는 것이다. 헬멧은 내게서 공포감 이외의 모든 감정을 앗아가 버렸고, 매끄럽고 야수 같은 설상차는 눈길을 내달릴 기대감에 부릉부릉 엔진 소리를 내고 있었다. 대니가 설상차를 조작하는 법을 대충 가르쳐주었지만, 그의 설명은 마치 그가 쓴 책에 나오는 문장들처럼 이해하기 어려웠다. 그는 자기 차에 올라타서 엔진의 소음 너머로 고함을 질렀다.

"준비 됐어?"

"아니."

"좋아!"

그는 소리치고는 엔진 소리도 요란하게 출발하여 순식간에 하나의 점이 되어 사라지고 말았다.

나는 한숨을 내쉬며 조절판에 살짝 손을 가져다댔다가 놀라서 비명을 지르고 말았다. 차의 앞바퀴가 들리더니 〈톰과 제리〉 만화영화에서나 볼 수 있을 법한 스피드로 내달리기 시작했기 때문이다. 나는 히스테리컬한 비명을 내지르고 차가 돌덩어리에 부딪힐 때마다 방광의 무게를 덜어내 가면서 마치 엑소제 미사일(프랑스제 대잠수함 미사일)처럼 숲속을 날았다. 나뭇가지가 헬멧을 때리고, 무스(북미 지역 사슴의 일종)가 소리를 지르며 달아났다. 풍경이 눈 깜박할 사이에 스쳐 지나가는 게, 마치 내가 환각에 사로잡힌 듯했다.

마침내 대니가 교차로에서 멈춰 섰다. 그는 얼굴을 빛내며 엔진 소리

너머로 말했다.

"어때, 멋지지?"

나는 입술을 달싹거렸지만 말이 나오지 않았다. 대니는 이것을 동의의 뜻으로 해석했다.

"자, 타는 요령을 알았으니 이제 속도를 조금 더 올려볼까?"

나는 "안 돼, 대니. 나는 집에 가야겠어. 엄마한테 갈 거야"라고 말하려 했으나 여전히 소리가 나오지 않았다.

대니는 다시 출발했다. 우리는 끝이 보이지 않는 숲길을 미친 듯이 내달렸다. 시내를 건너고 돌덩어리를 피하고 쓰러진 나무를 넘어서. 마침내 이 악몽 같은 상황이 끝났을 때 내 다리는 온통 축축하게 젖어 있었다.

나중에 우리는 기적 같은 생환을 축하하기 위해서 유쾌한 분위기의 동네 주점 머피에 가서 맥주를 마셨다. 우리 앞에 맥주잔이 놓이는 순간 내 머릿속에 영감처럼 떠오른 생각은 드디어 내가 겨울에 할 수 있는 무언가를 발견했다는 것이었다. 그 무언가란 바로 겨울 음주다.

나는 내 천부적인 소질을 살릴 수 있는 취미활동을 발견했다. 아직 생각만큼 능숙하지는 못하지만(지금도 세 시간쯤 지나면 다리가 비틀거린다), 체력 훈련을 열심히 하고 있으니만큼 내년쯤엔 성과가 있을 것이다.

36. 크리스마스 미스터리

내가 처음 영국으로 이주했을 때 풀고자 했던 여러 자잘한 미스터리 중 하나는 영국 사람들이 '워세일링(wassailing)을 갈 테야'라는 캐럴을 부를 때 그들은 대체 어디에 간다는 것인지, 그리고 거기 가서 무얼 한다는 것인지에 대한 궁금증이었다.

미국에서 자랄 때 나는 해마다 크리스마스 때 이 노래를 들었지만 그 모호하고 정체를 알 수 없는 '워세일링'이 무엇인지 아는 사람은 아무도 없었다. 이 캐럴의 경쾌한 리듬과 이 노래가 불릴 때의 파티 분위기는, 어린 내게 호랑가시나무로 장식한 흥겨운 홀 안의 빨갛게 타오르는 장작불을 배경으로 커다란 맥주병을 들고 서 있는, 뺨이 발그레한 소녀들을 떠올리게 했다. 나는 그 생각을 하며 영국에서 맞는 첫 크리스마스를 손꼽아 기다렸다. 우리 집에서는 연말의 들뜬 분위기 속에서 기대할 수 있는 가장 흥미로운 일이 크리스마스트리 모양의 쿠키를 받는 것이다.

그러므로 영국에서 맞는 첫 크리스마스가 아무 일 없이 그냥 지나갔을 때 내가 얼마나 실망했을지 짐작이 가리라. 워세일링도 없었고, 워세일링의 비밀스런 뜻을 알고 있는 사람도 없었다. 사실 영국에서 20년을 사는 동안 나는 워세일링을 가는 사람을 본 적이 없었다. 말이 나왔으니 하는 말이지만 호드닝(근처 술집에서 술을 마시려고 동전을 구걸하는 한 떼의 사람들을 일컫는 말로, 나는 그들의 아이디어가 아주 멋지다고 생각한다)은커녕 동네를 돌며 캐럴을 부르는 사람들조차도 본 적이 없으며, 크리스마스 캐럴이라든가 제인 오스틴이나 찰스 디킨스의 소설에 나오는 영국 크리스마스의 또 다른 전통을 접한 적도 없다.

1923년 런던에서 출간된 T. G. 크리픈의 시대를 뛰어넘는 역작 《크리스마스와 크리스마스 설화》를 읽고 난 뒤에야 비로소 나는 워세일이 원래 인사말이었음을 알게 되었다. 워세일은 고대 스칸디나비아 어 '베스헤일(ves heil)'에서 나온 말로, '건강하게'라는 뜻이다. 크리픈에 의하면 앵글로색슨 시대에는 건배를 제의하는 사람이 '워세일!' 하고 말하면 상대방이 '드링크헤일(Drinkhail!)' 하고 화답하는 관습이 있었으며, 모두들 곯아떨어져서 편안하게 누울 때까지 이 말을 되풀이했다고 한다.

크리픈의 책으로 미루어 짐작건대 1923년의 영국에는 이러한 관습과 고대로부터 전해 내려온 다른 많은 유쾌한 크리스마스 풍습이 존재했음이 분명하지만, 안타깝게도 그 후로는 영원히 사라진 듯하다.

그렇다고 해도 영국인들은 여전히 크리스마스를 성대하게 지내며, 여기에는 여러 가지 이유가 있다. 우선 영국인들은 먹고 마시고 선물을 주고 또다시 먹고 마시는 일을 이날 하루에 몰아서 다 해버린다. 반면에 우리 미국인들은 세 개의 명절에 나눠서 흥청거린다.

미국에서 음식을 가장 잘 차려 먹는 명절은 물론 추수감사절이다. 추수감사절은 중요한 명절로, 아마도 미국 최고의 명절일 것이다.(추수감사절의 유래를 모르는 사람들을 위해 말해두자면, 추수감사절은 초기의 정착민들이 첫 수확을 거둬들인 후 그동안 자신들을 도와준 인디언들에게 감사를 표하고 "오, 그런데 우리는 이 나라 전체를 원한답니다"라고 말하기 위해 베푼 연회에서 비롯되었다.) 추수감사절이 최고의 명절인 이유는 선물을 주거나 카드를 보내거나 그 밖의 다른 어떤 일도 하지 않고 오직 배가 헬륨 기계에 너무 오래 놓아둔 풍선처럼 될 때까지 먹기만 하면 되기 때문이다.

문제는 추수감사절이 지나고 한 달도 채 되지 않아서 크리스마스가 온다는 것이다. 따라서 12월 25일에 어머니가 또다시 칠면조 고기를 내오면 "와, 신난다! 칠면조 고기다!" 하고 외치기보다는 "아, 또 칠면조 고기예요, 엄마?" 하고 말하게 된다. 그런 상황에서 크리스마스 정찬은 다소 실망스러울 수밖에 없다.

또한 미국인들은 보통 크리스마스에 술을 많이 마시지 않는다. 사실 대다수의 미국인들은 크리스마스 날 점심 전까지는 셰리주나 조금 마실까, 그 이상으로 마시는 것은 적당치 않다고 생각하는 듯하다. 우리 미국인들은 작심하고 술 마시는 일을 새해 전날까지 미뤄두는 데 반해 영국인들은 크리스마스 점심때까지만 참으면 잘 참는 것으로 생각한다.

그러나 영국의 크리스마스를 비할 데 없이 특별한 것으로 만드는 가장 큰 차이점은 크리스마스 다음날인 '박싱 데이'다.

특이한 것은 박싱 데이의 그 모든 이점들에도 불구하고 그 유래가 무엇이며 왜 그런 이름으로 불리게 되었는지를 아는 사람이 아무도 없다는 것이다. 박싱 데이는 비록 다른 많은 크리스마스 전통들과 마찬가지로 그 뿌리는 오래되었지만 비교적 최근의 현상(전통과 권위를 자랑하는 옥스퍼드 영어사전에 의하면 1849년 이전에는 '박싱 데이'라는 용어가 쓰인

흔적이 없다)인 듯하다. 박싱 데이의 기원은 교회의 자선함과 관련이 있어 보인다. 크리스마스에 교회 자선함을 열어서 그 안에 든 것을 가난한 이들에게 나눠주는 전통이 있었기 때문이다. 확실한 것은 적어도 1500년 대나 그 이전부터 하인이나 도제, 가게주인 및 그 밖에 지위가 낮은 사람들이 한 해 동안 섬긴 사람들로부터 연말에 돈을 선물로 받아왔다는 것이다. 이 선물은 대개 '박스'라고 불리는 질그릇에 들어 있었는데, 사람들은 이것을 크리스마스 때 깨뜨려서 그 안에 든 돈으로 약간의 사치품을 사곤 했다.

하인들은 대개 크리스마스 날 주인의 시중을 들어야 했기에 정작 본인은 그 다음날에 크리스마스를 지내야 했다. 그런 까닭에 12월 26일이 그들이 박스를 열어보는 날이 되었고, 따라서 박싱 데이라 불리게 되었다.

기원이야 어찌 되었든 박싱 데이는 영국인들의 마음속에 크리스마스만큼이나 소중하게 자리 잡고 있다. 사실 우리처럼 박싱 데이를 크리스마스보다 훨씬 더 좋아하는 사람들도 있다. 박싱 데이에는 오랜 시간 바닥에 주저앉아 한문으로 된 설명서를 보면서 대만제 인형의 집이나 세발자전거를 조립하느라 낑낑댈 일도 없고, 눈을 세게 문지르면 나타나는 것과 비슷한 문양의 스웨터를 떠서 선물한 친척 아주머니에게 억지로 감사와 기쁨을 표현하지 않아도 되기 때문이다. 간단히 말해서 박싱 데이는 크리스마스의 장점(풍성한 먹거리와 모두를 향한 선의, 낮에도 팔걸이의자에서 졸 수 있는 특권 등) 대부분을 갖추었으되 단점은 부수되지 않는 날이다.

우리 가족은 더 이상 영국에 살고 있지는 않지만 지금도 영국식으로 크리스마스를 지낸다. 장작불이 타오르는 가운데 크래커와 플럼 푸딩,

민스 파이를 먹고 술을 양껏 들이키며, 무엇보다도 박싱 데이를 지킨다.

정말 즐겁고 유쾌한 한때다. 하지만 지금도 나는 같이 워세일을 할 누군가가 있었으면 한다.

37. 추운 기후에서 살기

1년 중 이맘때에 내가 곧잘 하는 용감한 행위는 코트나 장갑 및 기타 방한용품을 착용하지 않고 30미터쯤 걸어 내려가 진입로 끝에 있는 작은 우편함에서 조간신문을 꺼내오는 것이다.

그게 뭐 그리 용감한 일이냐고 말하는 사람이 있을지도 모르겠고, 사실 거기까지 갔다 오는 데에는 20초밖에 안 걸리므로 어떤 면에서는 그 말이 옳기도 하다. 하지만 여기 그 행위를 특별하게 만드는 것이 있으니, 때때로 내가 추위를 얼마나 견딜 수 있나 보려고 바깥에 머물러 있다는 사실이다.

잘난 체하거나 자랑하려는 게 아니라 나는 내게 닥칠 위험은 무시한 채 인간의 몸이 견딜 수 있는 한계를 시험해보는 데 내 삶의 많은 부분을 바쳤다. 예를 들어 극장에서 다리를 저리게 한 뒤 갑자기 일어나서 팝콘이라도 사오려고 하면 어떻게 되는지, 또 검지손가락을 고무줄로 칭칭 동여매면 손가락 끝이 어떻게 되는지 등을 실험해보는 것이다. 이런 실험을 통해 나는 몇 가지 중요한 발견에 도달했는데, 이를테면 아주 뜨거운 표면이라고 해서 꼭 뜨거워 보이는 것만은 아니며, 열려 있는 서랍이나 찬장 문 밑에 머리를 두게 되면 일시적인 기억상실을 불러올 수도 있음을 알게 된 것이다.

이런 행동에 대해 여러분은 본능적으로 무모하다 여길 수도 있겠다. 하지만 여러분도 손가락을 작은 불꽃에 통과시켜본다거나(그래서 정확히 어떤 일이 일어났는가?) 데일 듯이 뜨거운 물이 들어 있는 욕조에 찬물을 틀어 수온이 내려가기를 기다리면서 이쪽저쪽 발을 바꿔가며 서 있어본다거나 부엌 식탁에 앉아서 뜨거운 촛농을 손가락에 떨어뜨려 본 기억이 있을 것이다.

나는 이런 일을 할 때 적어도 과학적인 탐구 정신을 가지고 임한다. 내 체면과 아내가 허락하는 범위 내에서 최소한의 옷만 걸치고 조간신문을 가져오는 것도 이 때문이다.

오늘 아침에 신문을 가지러 나갔을 때 바깥 온도는 섭씨 영하 28도로, 놋쇠로 된 원숭이의 조직이 변형을 일으킬 만큼 춥다는 말을 떠올리게 했다. 여러분이 몹시 추운 지역 출신이거나 냉동실 안에서 이 글을 읽고 있지 않는 한 이토록 혹심한 추위는 생각하기 힘들 것이다. 그러므로 이제 내가 이 동네가 얼마나 추운지 말해주겠다. 아주 춥다.

이런 날씨에 밖에 나가면 처음에는 기운이 번쩍 난다. 차가운 물속에 뛰어들었을 때처럼 온몸의 세포가 살아나는 느낌이라고나 할까. 하지만 이 단계는 금세 지나간다. 몇 미터도 못 가서 얼굴이 마치 뺨이라도 한 대 얻어맞은 것처럼 얼얼해지고, 팔다리가 쑤시고, 숨쉬기가 고통스러워진다. 집에 돌아올 때쯤엔 손가락과 발가락이 계속해서 따끔거리고 뺨에 감각이 사라진다. 집에서 나갈 때의 온기는 사라진 지 오래고, 옷은 단열 효과를 전혀 내지 못해서 몹시 불편한 상태가 된다.

영하 28도면 뉴잉글랜드 북부에 사는 사람들에게조차도 몹시 추운 날씨다. 나는 그런 추위에 내가 얼마나 견딜 수 있나 궁금했고, 39초라는 답을 얻었다. 이건 '이런, 꽤나 추운걸. 이제 그만 들어가야 되겠어' 하고 생각할 때까지의 시간이 아니라 너무 추워서 무조건 집안으로 뛰어 들어갈 때까지의 시간이다.

뉴햄프셔 주는 겨울이 춥기로 유명하지만, 사실 그보다 더 추운 곳도 많다. 기록에 의하면 뉴햄프셔 주의 역대 최저 기온은 1925년도의 영하 43도지만, 다른 20개 주의 기온은 그보다 더 떨어진다. 온도계의 눈금이 가장 낮은 수치를 기록했던 곳은 1971년에 기온이 영하 62도까지 내려간 알래스카 주의 프로스펙트크릭이다.

물론 어느 지역이나 일시적으로 추울 수는 있다. 겨울 추위의 진정한 잣대는 추위의 지속 기간이다. 미네소타 주 인터내셔널펄스는 겨울이 너무 길고 추워서 연평균 기온이 2.5도다. 그리고 그 근방에는 '프리지드'('지독하게 추운'이라는 뜻)라는 마을이 있는데, 내 생각에 그곳은 더 춥지만 추위에 우울해진 마을 사람들이 이 사실을 보고하지 않았을 것 같다.

그러나 사람이 사는 지역 중 가장 추운 곳은 노스다코타 주의 랭던일 것이다. 이곳은 1935년과 1936년 사이의 겨울에 176일간 기온이 어는점 이하로 내려갔는데, 하루 중 잠깐이라도 영하 17도 이하(놋쇠 원숭이로 하여금 비명을 지르게 할 만한 온도다)로 떨어진 날이 67일간 이어졌고, 영하 17도를 웃돌지 않은 날이 41일간 계속되었다.

176일이면 크리스마스에서 한여름까지에 해당하는 기간이다. 개인적으로 나는 노스다코타 주에서 176일을 연속해서 살기가 몹시 힘들 것 같다. 하지만 그건 또 다른 문제다.

어쨌든 내 삶의 터전은 뉴햄프셔 주다. 나는 뉴잉글랜드의 길고 잔인한 겨울이 두려웠지만, 놀랍게도 그것은 내게 기쁨을 주었다. 뉴잉글랜드의 겨울이 너무나 충격적이었기 때문인지도 모른다. 뉴잉글랜드의 매서운 추위와 맑은 공기에는 확실히 사람의 기운을 돋우는 무언가가 있다. 그리고 이곳의 겨울은 감탄스러울 정도로 아름답다. 지붕과 우편함까지도 몇 달간 멋진 눈 모자를 쓰고 있고, 매일같이 햇빛이 들어서 다른 많은 곳의 겨울을 특징짓는 잿빛의 암울한 분위기가 없다. 쌓인 눈이 사람들의 발자국으로 지저분해질 때쯤이면 새로 눈이 내려 그 모든 것을 덮는다.

이곳 사람들은 겨울을 좋아한다. 그들은 지역 골프장에서 스키를 즐기고 스케이트를 타고 썰매를 탄다. 우리 이웃 중 한 사람은 겨울이면 자기 집 뒷마당에 스케이트장을 만들어서 동네 꼬마들이 와서 놀게 한다. 다트머스 대학교에서는 잔디밭에 얼음 조각이 전시되어 있는 가운데 겨울 축제가 벌어진다. 모든 게 그렇게 활기차 보일 수가 없다.

무엇보다도 좋은 것은 이곳에서는 겨울이 끝없이 순환되는 계절의 하나일 뿐이라는 것이다. 추위에 지칠 때쯤이면 더운 여름이 가까웠음을 알기에 안도할 수 있다. 이는 다른 무엇보다도 완전히 새로운 종류의 흥미로운 실험, 즉 화상을 입을 정도로 뜨거운 햇빛이나 독성이 있는 아이비, 인체 감염을 일으키는 사슴 진드기, 전동 전지가위, 그리고 물론 바비큐용 라이터 기름 등을 동원한 다양한 실험을 할 수 있음을 의미한다. 아, 어서 여름이 왔으면 좋겠다.

38. 사이버랜드에서 길을 잃다

　미국으로 이주하자 전기 시스템이 영국과 달라서 컴퓨터, 팩스, 전화 자동응답기 등 서재의 사무용품을 모두 바꿔야 했다. 나는 쇼핑이나 적시에 큰돈을 쓰는 일을 잘 못하는 데다 다양한 사무용품의 장점들을 나열하는 점원의 설명을 들으며 상점 순례를 해야 한다고 생각하니 기분이 우울했다.
　그러니 처음 방문한 컴퓨터 상점에서 팩스와 자동응답기, 전자 주소록 등의 기능이 모두 갖추어지고 인터넷 연결이 가능한 컴퓨터를 발견했을 때 내가 얼마나 기뻤을지 짐작할 수 있으리라. '완벽한 홈 오피스 솔루션'이라는 광고문구가 붙은 이 컴퓨터는 커피를 만드는 것만 빼고 모든 일을 할 수 있다고 했다.
　그래서 나는 그 컴퓨터를 사가지고 와서 집에 설치한 뒤 런던에 있는 친구에게 팩스를 보내려고 편지를 썼다. 설명서에 적힌 대로 친구의 팩스 번호를 타이핑하고 '전송' 버튼을 누르자 곧바로 컴퓨터에 내장되어 있는 스피커에서 국제전화를 걸 때의 신호음이 들렸다. 신호음이 계속 울리더니 마침내 귀에 선 목소리가 들려왔다.

"알로? 알로?"

"여보세요?"

내가 응답했지만 결국 그와의 대화가 불가능하다는 것을 깨달았다.

컴퓨터에서 팩스의 날카로운 소음이 들리기 시작했다.

"알로? 알로?"

다시 그의 목소리가 들려왔는데, 당황한 기색이 역력했다. 잠시 후 그는 전화를 끊었고, 그 즉시 내 컴퓨터는 그의 번호로 재발신을 시도했다.

컴퓨터는 계속해서 어느 알지 못할 곳의 알지 못할 사람에게 전화를 걸어댔고 나는 컴퓨터의 작동을 멎게 할 방법을 찾아서 미친 듯이 매뉴얼을 뒤적이며 아침나절을 보냈다. 결국 어찌할 바를 몰라서 컴퓨터의 플러그를 잡아 빼자 '큰 실수를 하셨습니다!' '하드 드라이브가 위험합니다!' 같은 문구가 뜨면서 컴퓨터가 꺼졌다.

3주 후에 전화요금 청구서가 날아왔는데, 알제로 전화를 건 데 대해 68달러가 부과되어 있었다. 자세히 알아보니 팩스 프로그램의 소프트웨어를 만든 사람들이 해외로 팩스를 보낼 가능성을 염두에 두지 않고 만들어서 그렇게 된 것이었다. 이 팩스 프로그램은 세 자리수의 지역번호에 일곱 자리수의 전화번호가 더해진 숫자만을 읽을 수 있으며, 그 밖의 숫자조합에 대해서는 늘 베두인족에게 연결되도록 만들어져 있었다.

전자 주소록 또한 미국의 우편번호만을 입력할 수 있게 되어 있어서 내겐 무용지물이나 마찬가지였고, 자동응답기 기능은 통화 중간에 작동해서 나를 성가시게 했다.

그토록 값비싼 최첨단 제품이 어떻게 그렇게 무용지물인지, 나는 오랫동안 당혹스러웠다. 컴퓨터가 믿을 수 없을 만큼 똑똑한 일을 할 수 있는 어리석은 기계라면, 컴퓨터 프로그래머는 믿을 수 없을 만큼 어리석은 일을 할 수 있는 똑똑한 사람들이라는 생각이 들었다. 한 마디로 이 둘은 위험한 한 쌍이다.

여러분은 아마도 '밀레니엄 버그(Y2K)'에 대한 신문기사를 읽어보셨을 것이다. '밀레니엄 버그' 설에 의하면 시계가 2000년 1월 1일 자정을 알릴 때 세상의 모든 컴퓨터가 다음과 같은 사고 과정을 거친다고 한다.

'00으로 끝나는 해가 시작되었네. 1900년인가? 하지만 잠깐……, 1900년이라면 컴퓨터가 발명되기 전이잖아. 그럼 나는 존재하지 않는 건데……, 나를 폐쇄하고 모든 기억을 지우는 게 좋겠어.'

이를 바로잡기 위해서는 이루 헤아릴 수 없이 많은 돈이 들 것으로 추정된다. 컴퓨터는 파이를 소수점 이하 2만 자리까지 계산해낼 수 있지만 시간이 늘 앞으로만 흐른다는 것은 알지 못한다. 컴퓨터 프로그래머는 복잡한 컴퓨터 코드를 8만 행까지도 쓸 수 있지만 100년마다 새로운 세기가 도래한다는 사실을 놓치고 말았다. 그리고 이 둘의 조합이 재앙을 낳았다.

컴퓨터 업계에서 그토록 기본적이고, 그토록 심각하고, 그토록 어리석은 실수를 범한 이야기를 신문에서 처음 접했을 때 나는 문득 우리 집의 팩스와 다른 디지털 기기들이 쓸모없는 이유를 알 것 같았다. 그러나 이것도 컴퓨터의 철자법 검사 프로그램의 엄청난 무익함을 설명해주지는 못한다.

컴퓨터와 관련한 거의 모든 것들이 다 그렇듯 철자법 검사 프로그램도 이론상으로는 경탄할 만하다. 컴퓨터로 문서 작업을 하고 나서 이 프로그램을 실행하면 문서 전체에 걸쳐 철자법이 틀린 단어를 찾아낸다는데 어찌 놀랍지 않겠는가. 그러나 실제에 있어서 컴퓨터는 단어를 인지하지 못하므로 익숙지 않은 글자 모음을 걸러내는 데 불과하다. 실망이 싹트는 것은 여기서부터다.

우선 이 프로그램은 사람이나 장소, 회사명 등과 같은 고유명사를 인지하지 못하고, kerb라든가 colour 같은 비표준어를 인지하지 못한다. 복수형이나 과거형, 약어 따위도 인지하지 못한다. 또한 아이젠하워가 대통령으로 있던 시절 이후에 나온 신조어도 인지하지 못하는 게 분명하다. sputnik나 beatnik은 통과시켜도 internet이나 fax, cyberspace, butthead 같은 단어들은 걸러내니 말이다.

그러나 철자법 검사 프로그램의 정말 특별한 점은 철자법이 틀린 단어의 대용어를 제시한다는 점인데, 이 대용어로 제시된 단어들이 대단히 인상적이다. 예를 들어 이 칼럼을 쓰는 동안에도 내 컴퓨터는 internet 대신 internat(미국 영어사전에도 없고 영국 영어사전에도 없는 단어다)이나 internode, interknit, underneath 따위를 대안으로 제시하였다. fax에 대해서도 fab, fays, feats, fuzz, feaze, phaze, falx, phose 등을 포함한 33개 이상의 대안을 제시했는데, 이 중 falx와 phose는 사전에도 없는 단어다. cyberspace에 대해서는 아무런 대안을 제시하지 않지만 키보드로 cyber를 치면 chubbier와 scabbier가 뜬다.

누군가가 f-a-x를 쳤을 때 사실은 p-h-a-s-e를 치려 했을 거라고 간주하는 것은 어떤 논리이며, cyber를 치면 chubbier와 scabbier 같은 단어는 뜨고 watermelon이나 full-service gas station 따위는 뜨지 않는 이유는 무엇인지 생각해보았지만 답을 얻을 수 없었다. 하물며 phose나 internat처럼 존재하지도 않는 단어가 철자법 검사 프로그램 안에 들어가 있는 이유를 어찌 알겠는가? 나를 까다롭다고 해도 좋다. 하지만 나는 실제로 사용하는 단어는 제외시키고 존재하지도 않는 단어를 받아들이는 컴퓨터 프로그램을 섣불리 보급해서는 안 된다고 생각한다.

철자법 검사 프로그램은 터무니없는 단어를 대안으로 제시할 뿐만 아니라 그것을 문서에 삽입하려 애쓴다. 철자법 검사 프로그램에 잘못된 단어를 삽입하지 말라고 명령이라도 해야 할 판이다. 자칫 잘못된 단어를 선택하고 나면 본문 전체의 해당 부분이 자동적으로 그 단어로 바뀌는 사태가 발생한다. 최근 몇 달간 나도 내가 쓴 글에서 woolen이 전부 wesleyans로 바뀌고, Minneapolis가 monopolists로, Renoir가 rainware로 바뀌어 낙심한 적이 있다. 만약 이 바뀐 단어를 원래의 단어로 되돌릴 간단한 방법이 있다면, 내가 아직 그 방법을 모르고 있는 게 분명하다.

⟨US뉴스 & 월드리포트⟩에 의하면 컴퓨터 업계는 새 천년이 도래하리라는 사실을 고려하지 못했을 뿐만 아니라 자기테이프 등과 같은 정보 저장 물질이 무용지물이 될 날이 머지않았다는 사실 또한 깨닫지 못했다. 최근에 항공우주국(NASA)의 과학자들은 1976년에 있었던 바이킹 호의 화성 탐사에 대한 자료를 보다가 자료의 20퍼센트가 훼손되었으며 나머지도 빠르게 훼손되어가고 있음을 발견했다고 한다.

따라서 앞으로 1, 2년간 컴퓨터 프로그래머들은 밤늦게까지 일을 해야 할 것 같다. 여기에 대해 나는 솔직히 만세를 부르고 싶은 심정이다.

39. 세금신고서 작성 안내

　동봉한 서류는 1998년도 미합중국 소득세 신고 양식 제1040-ES OCR호 '자영업자용 세금신고서'입니다. 귀하가 다음의 조건에 해당하는 경우 1998 회계연도의 소득세를 본 양식에 준하여 산정할 수 있습니다.

1. 귀하가 세대주이고, 배우자와 직계비속의 나이를 더한 수치에서 자격 요건을 충족시키는 애완동물(세부양식 12G 참조)의 나이를 뺀 값이 정수인 경우.(애완동물이 죽었지만 귀하의 부동산 안에 매장한 경우에는 보조양식 142C를 사용하십시오.)
2. 귀하의 총 세후소득이 세후 총소득보다 많지 않고, 1903년 이전의 투자소득에 대한 이자소득세를 내지 않은 경우.
3. 귀하가 외국인 세액공제를 요구하지 않은 경우. 단, 외국에 세액공제를 요청한 경우는 해당되지 않습니다.(주의! 외국에 세액공제를 요청해야 하는 사람이 외국인 세액공제를 요청한 경우에는 12만 5000달러의 벌금이 부과되고 25년간의 징역형에 처해집니다.)
4. 귀하가 기혼이면서 부부가 공동으로 세금을 납부하거나, 기혼이면서

공동으로 납부하지 않거나, 미혼이면서 공동으로 납부하지 않거나, 공동이지만 납부하지 않거나, 기타의 경우.

작성 안내

모든 문항을 검은색 볼펜과 2B 연필로 작성하십시오. 어떤 문항도 임의로 지우지 마십시오. 약어를 사용하거나 '이하 동문' 등의 표현은 사용하지 마십시오. 매 페이지마다 귀하와 배우자 및 직계비속의 이름과 주소, 사회보장 번호를 두 번씩 기입하십시오. 처음부터 다시 할 생각이 아니라면 가위표(X)를 해야 할 곳에 체크표시(V)를 하거나 체크표시를 해야 할 곳에 가위표를 하지 마십시오. 여백에 낙서를 하지 마십시오. 자의로 새로운 문항을 만들지 마십시오.

47번 문항부터 52번 문항까지 먼저 기입한 후 짝수번호 문항을 끝에서부터 역순으로 기입하십시오. 귀하의 연금 총액과 연금 지급금이 근로소득 세액공제액보다 크거나 작으면 이 양식을 사용하지 마십시오.

'소득' 난에는 귀하의 임금과 월급, 외국에서 벌어들인 과세 대상 소득, 로열티, 팁, 선물, 과세 대상 이자수익, 투자수익, 항공 마일리지 및 거실 소파 뒤에서 찾아낸 돈에 이르기까지 전부 기입하십시오. 귀하의 소득이 전적으로 미국 이외의 나라에서 발생했거나, 부분적으로 미국 이외의 나라에서 발생했거나, 전적인 동시에 부분적으로 미국 이외의 나라에서 발생한 경우(미국 이외의 나라가 어디인지 모를 때에는 USIA 212W '미국 이외의 국가'를 참조하십시오), 또는 양식 H에서 산출된 주기적 수익이 과세 대상이 아닌 지출에 대한 소득공제액보다 큰 경우에는 양도인 양해 증서를 첨부해야 합니다. 양해 증서를 첨부하지 않으면 150만 달러의 벌금이 부과되는 동시에 자녀양육권을 박탈당하게 됩니다.

890f번 문항에는 전체 농업소득을 기입하십시오.(농업소득이 없으면 왜 없는지 그 사유를 자세히 기입하십시오.) 만약 귀하가 1897년 1월 1일 이후 출생자이면서 배우자와 사별하지 않았을 경우에는 27iii 행에 사고에 의한 손실액과 영농시설물 감가상각비를 기입하십시오. 수출용으로 도축한 칠면조의 수를 반드시 기입하십시오. 고정금리수익에서 배당금을 공제한 값에 귀하의 집에 있는 계단 수를 곱해서 356d행에 기입하십시오.

F1001 양식의 c행에 귀하의 차고 안에 있는 물건들을 전부 기입하십시오. 모든 전자제품과 비전자제품을 295D 양식에 기입하되, 보조양식 243d에 열거되어 있지 않은 전자제품이나 비전자제품은 기입하지 마십시오.

'개인적 지출' 난에는 1달러 이상의 현금을 지출한 모든 경우에 대해 항목별로 기입하고 증빙서류를 첨부하십시오. 만약 치과 진료를 받고 유류세환급을 신청하지 않았다면 귀하가 태어났을 때부터 지금까지 신어온 신발 사이즈를 기입하고 신발 샘플(오른쪽만)을 첨부하십시오. 지출총액에 1.5와 1319 중 더 큰 수를 곱한 뒤 3f행의 숫자를 3d행의 숫자로 나누십시오. 912g난에는 자주개자리와 오크라, 보리 등에 대한 생산보조금을, 귀하가 받았든 받지 않았든 무조건 기입하십시오. 생산보조금을 기입하지 않을 경우 375만 달러의 벌금이 부과되고 사형에 처해질 것입니다.

만약 귀하의 자녀가 미성년자이지만 귀하와 같은 집에 살고 있지 않거나, 같은 집에 살지만 미성년자가 아니거나, 미성년자이고 같은 집에 살고 있지만 집에 들어오는 날이 거의 없다면, 그리고 귀하가 1만 2000톤급(미국령 괌 거주자의 경우 1만 5000톤급) 이상의 선박을 임대하였으나 임대료에 대한 세금공제를 신청하지 않았다면 반드시 선박 임대 세금공제 양식을 작성하여 첨부해야 하며, 그렇지 않을 경우 1억 1100만 달러의 벌금이 부과되고 중소중립국에 대한 핵공격이 가해질 것입니다.

양식 D의 924페이지부터 926페이지까지에는 귀하가 개인적으로 알고 있는 공산주의자와 마약중독자들의 이름을 전부 기입하십시오.(필요하면 용지를 추가하십시오.)

만약 귀하가 저축예금과 증권, 양도성 예금, 기타 신탁금융상품에서 이자수익을 얻고 있지만 본인의 모자 사이즈를 모르고 있다면 보조양식 112d와 112f를 작성하고 이와 관련된 모든 도표를 첨부하십시오. 광산 투자와 상품 거래, 장기 이식 등으로 인한 손실액을 기입하고, 이것을 다시 1996년에 귀하가 모텔에 드나든 횟수로 나눈 값을 남아 있는 칸 아무 데나 기입하십시오. 만약 아직 환급받지 못한 고용공제가 남아 있다면, 받기 힘들 테니 그냥 포기하십시오.

귀하가 내야할 세금을 계산하려면 27행에서 964행까지를 모두 더한 값에 2F 양식의 45a행과 699f행을 빼십시오. 그리고 여기에다 귀하의 차가 눈 속에 갇힌 상황에서 가속기를 힘껏 밟았을 때 나오는 엔진 RPM 값을 곱한 후 2를 더하십시오. 만약 997행이 998행보다 작게 나오면 처음부터 다시 계산하십시오. '납부해야 할 세금' 난에 엄청나게 큰 숫자를 기입하십시오.

수표를 보낼 때에는 수취인 난에 '미합중국 국세청 및 국세청이 상징하는 공화국'이라 쓰고, 수표 뒷면에 귀하의 사회보장번호와 납세자 등록번호, 국세청 세금분류 코드번호, 국세청 지역사무국 세부조직번호, 귀하의 성적인 취향 및 흡연 여부를 기록한 후 다음 주소로 보내십시오.

메릴랜드 주 10001 연방 도시
미합중국 국세청 세금 안내 및 수납 부
D동 G78번 별관 900호
12구역 132677-02번 캐비닛
두 번째 서랍 가운데쯤

세금 신고 및 납부와 관련한 의문사항이 있으시면 전화번호 1-800-BUSY-SIGNAL번으로 연락하십시오. 귀하의 노고에 감사드리며, 1999년에도 사업이 번창하시기 바랍니다. 그렇지 않으면 12만 5000달러의 벌금이 부과되는 동시에 정수기까지 먼 거리를 걸어갔다 와야 하는 벌칙이 주어질 것입니다.

40. 북 투어

　10년 전 이맘때의 일이다. 미국의 한 출판업자가 내게 전화를 걸어와서는 방금 내 책을 한 권 샀다며 내게 3주 동안 12개 도시를 도는 도서 홍보 여행을 보내주겠다고 했다.
　"당신을 미디어의 총아로 만들어드리겠습니다."
　그가 밝은 목소리로 말했다.
　"그렇지만 저는 TV에 출연한 적이 없는걸요."
　나는 살짝 겁이 났다.
　"오, 별것 아닙니다. 아마 좋아하실 거예요."
　그는 자기가 직접 하지 않아도 되는 일에 대해 말하는 사람의 유쾌하고 확신에 찬 목소리로 말했다.
　"아뇨, 전 잘 해내지 못할 겁니다. 저는 개성이 없거든요."
　"걱정하지 마세요. 우리가 다 알아서 할 테니까요. 당신이 뉴욕에서 미디어 트레이닝을 받을 수 있게 해드리겠습니다."
　나는 심장이 내려앉았다. 모든 게 불길하게 느껴졌다. 1961년에 실수로 이웃집 차고에 불을 낸 이후 처음으로 성형수술과 중앙아메리카에서의 새로운 삶에 대해 진지하게 생각할 정도로.

어찌됐든 그렇게 해서 나는 뉴욕으로 날아갔다. 미디어 트레이닝은 두려워했던 것만큼 힘들지는 않았다. 나는 빌 파크허스트라는 친절하고 인내심 많은 사람의 손에 맡겨졌는데, 그는 맨해튼 어딘가의 창문 없는 스튜디오에서 이틀간 내게 모의 인터뷰를 끝도 없이 실시했다. 그는 이런 식으로 말하곤 했다.

"좋아요. 이제 10초 전까지만 해도 당신의 책을 본 적이 없어서 그 책이 요리책인지 아니면 교도소 개혁에 관한 책인지조차 모르는 사람과 3분 동안 인터뷰를 할 겁니다. 게다가 그는 조금 멍청해서 당신이 말하는 중간에 끼어들 때가 많아요. 자, 시작합니다."

파크허스트가 스톱워치를 누르면 우리는 3분간의 인터뷰를 한다. 인터뷰가 끝나면 또 인터뷰를 한다. 그리고 또 인터뷰를 한다. 이틀 동안 그런 식으로 인터뷰가 계속되었다. 이틀째 되는 날 오후쯤에는 혀를 손가락으로 밀어 넣어야 할 지경이었다. 그런 나를 보며 파크허스트가 명랑하게 말했다.

"북 투어의 이틀째 되는 날의 기분이 바로 그럴 겁니다."

"21일 후에는 어떤 기분인가요?"

내가 묻자 파크허스트는 미소를 지었다.

"좋아하게 될 거예요."

놀랍게도 그의 말이 옳았다. 북 투어는 나름대로 재미있었다. 근사한 호텔에 묵고, 어딜 가든 은색의 대형 자동차를 타고 다니고, 실제 이상으로 중요한 사람 대접을 받고, 내 돈 들이지 않고 하루 세 끼 스테이크를 먹고, 몇 주 동안 끊임없이 자기 이야기를 떠들어댈 수 있으니 어찌 신나지 않겠는가?

내겐 완전히 새로운 세계였다. 여러분도 기억하시겠지만 내가 어렸을 때 우리 아버지는 우리를 늘 싸구려 모텔(그에 비하면 영화 〈사이코〉의 베이츠 모텔이 세련되고 우아해 보일 정도다)로만 데리고 다녔기 때문에 북 투어는 내게 새롭고 만족스러운 경험이었다. 나는 최고급 호텔에는 묵어본 적이 없고 룸서비스를 시켜본 적도 없으며, 호텔 직원의 도움을 요청하거나 호텔 수위에게 팁을 줘본 적도 없었다.

내게 있어서 새로운 발견은 룸서비스에 대한 것이었다. 나는 룸서비스를 시키는 것이 호화스러운 생활의 정점(캐리 그랜트가 출연하는 영화에나 나올 뿐, 내가 아는 세계에서는 접할 수 없는)인줄 알고 자란 터라 홍보회사 직원이 룸서비스를 자유롭게 이용해도 좋다고 말했을 때 즉각 실천에 옮겼다. 그리고 그 과정에서 여러분도 이미 알고 있을 무언가를 발견했다. 바로 룸서비스가 형편없다는 사실이다.

나는 미국 전역의 호텔에서 12번도 넘게 룸서비스로 식사를 했지만 늘 지독하게 맛이 없었다. 음식은 주문한 지 몇 시간이 지난 뒤에 나오곤 했는데, 늘 식어 있었고 가죽 같이 질겼다. 시각적인 효과에는 그토록 공을 들이면서(새하얀 식탁보에 장미꽃이 꽂힌 화병, 접시를 덮고 있는 돔형의 은빛 뚜껑 등등) 음식을 따뜻하게 유지하고 맛있게 만드는 데에는 어떻게 그렇게 노력을 기울이지 않는 것일까.

특히 샌프란시스코의 헌팅턴 호텔에서의 일이 기억난다. 웨이터가 은빛 뚜껑을 열자 흰색의 끈적끈적한 무언가가 담긴 볼이 나타났다. 내가 물었다.

"이게 뭐죠?"

"바닐라 아이스크림입니다, 손님."

그가 대답했다.

"하지만 녹았는데요."

"그러네요. 맛있게 드세요."

그는 고개를 숙여 인사한 뒤 팁을 두둑히 챙겨 나가버렸다.

물론 우아한 호텔방 안을 돌아다니고 TV를 시청하고 녹은 아이스크림을 먹는 것만이 북 투어의 전부는 아니다. 인터뷰도 해야 한다. 상상을 초월할 만큼 많은 인터뷰를, 종종 새벽이 되기 전부터 시작해서 자정 넘게까지 해야 한다. 그리고 인터뷰와 인터뷰 사이에 엄청난 양의 여행을 소화해내야 한다. 자기 책을 홍보하고자 하는 저자들은 많은데(200명까지 있을 때도 있다고 한다) 라디오나 TV 프로그램은 한정돼 있어서 빈자리가 나기만 하면 어디든 달려가야 하기 때문이다. 한번은 5일 일정의 홍보 여행을 떠났는데, 샌프란시스코에서 애틀랜타로, 애틀랜타에서 시카고로, 시카고에서 보스턴으로 옮겨 다니다가 다시 샌프란시스코로 돌아왔다. 30초짜리 인터뷰를 하러 덴버에서 콜로라도스프링스까지 날아간 적도 있는데, 그때의 인터뷰는 대략 이런 식이었다.

인터뷰어 "오늘의 초대 손님은 빌 브라이슨 씨입니다. 새 책을 내셨다고요, 빌?"

나 "네, 그렇습니다."

인터뷰어 "훌륭해요. 와주셔서 정말 감사합니다. 내일의 초대 손님은 《잠자리에서 흘린 눈물》이라는 제목의 야뇨증에 관한 책을 쓴 밀턴 그린버그 박사입니다."

요는 뻔뻔하게 자신을 파는 것이다. 이것은 빌 파크허스트가 내게 가르쳐준 것이지만 여러분도 금방 배울 수 있을 것이다. 그때의 첫 번째 북 투어 이후로 나는 미국에서 6번, 캐나다에서 4번, 오스트레일리아와 뉴질랜드에서 3번, 남아프리카공화국에서 2번, 유럽 대륙에서 1번, 영국에서 8번의 북 투어를 다녔다. 이는 책을 사주는 사람이 많기를 바라는 전업 작가라면 생활의 일부처럼 되어버린 각종 도서전이나 그 밖의 행사를 제외한 수치다.

내가 이 모든 것을 마음속에 떠올린 것은 조만간에 북 투어를 떠날 예정이기 때문이다. 여러분이 이 글을 읽고 있을 때쯤 나는 영국으로 3주간의 홍보 여행을 떠나 있을 것이다. 입에 발린 소리가 아니라 영국은 정말 홍보 여행을 다니기에 더없이 좋은 나라다. 우선 미국 같은 나라보다 거리가 짧아서 좋고, 이른 아침이나 밤늦게 하는 라디오 및 TV 프로그램도 훨씬 적다. 무엇보다도 영국의 독자들은 대단히 지적이고 안목이 높은데다 엄청나게 잘생기고 책을 구매하는 데에 인색하지가 않다. 심지어 읽고 있던 신문을 내던지고 벌떡 일어나서 "당장 가서 빌의 새 책을 사와야겠어. 크리스마스 선물용으로 몇 권 더 사는 것도 괜찮겠지"라고 말하는 사람들까지 있을 정도다.

북 투어는 바쁜 일정과 장거리 여행으로 사람을 지치게 하지만, 생계를 위해 꼭 해야 하는 일들 중 하나다. 북 투어가 나의 진정성에 영향을 미치지 않은 데 대해 신께 감사할 따름이다.

41. 낭비하는 세대

오랜만에 내 눈을 사로잡은 통계 중 하나는 미국에서 사용하는 전체 에너지의 5퍼센트가 밤새 켜놓은 컴퓨터에 의해 소모되고 있다는 사실이다. 이것을 개인적으로 확인할 도리는 없지만, 많은 도시에서 밤이 이슥하도록 호텔 객실 창문에 불빛이 어른거리고, 또 많은 사무실 건물에 불이 켜져 있고 컴퓨터 화면이 깜박거리는 것을 보고 놀란 게 한두 번이 아님은 확실하게 말할 수 있다.

왜 우리는 전기를 끄지 않는가? 아마도 많은 사람들이 잠깐 친구 집에 들렀을 때 차 시동을 끄지 않거나, 아무도 없는 방을 환히 밝혀놓거나, 핀란드의 목욕업자들이 깜짝 놀랄 만큼 중앙난방의 온도를 올리는 것과 같은 이유에서일 것이다. 한마디로 미국인들은 전기와 석유 및 기타 에너지원을 비교적 저렴하게 이용해왔고, 이 상태가 너무나 오랫동안 유지되어온 탓에 달리 행동할 생각을 못하는 것이다.

밤새 컴퓨터를 켜놓으면 다음날 아침에 바로 사용할 수 있는데 왜 귀찮게 매일 아침 컴퓨터가 켜질 때까지의 20초를 기다려야 하느냐는 식이다. 우리는 이 나라의 자원을 너무나, 아니 터무니없이 낭비하고 있다. 미국인은 평균적으로 유럽인보다 두 배의 에너지를 사용한다. 전 세계 인구의 5퍼센트인 우리가 전 세계 자원의 20퍼센트를 사용하고 있다. 그리 자랑할 만한 통계수치는 아니다.

1992년 리우데자네이루에서 있었던 유엔환경회의에서 미국은 다른 선진국들과 함께 2000년까지 온실가스 배출량을 1990년 수준으로 줄이기로 합의했다. 그것은 지켜야할 약속이었다.

그러나 미국의 온실가스 배출량은 꾸준히 늘어났다. 리우 환경회의 이후 전체적으로 8퍼센트가 늘었고, 1996년 한 해에만도 3.4퍼센트가 늘었다. 한마디로 약속을 지키지 못한 것이다. 우리는 약속을 지키려는 노력조차 하지 않았고, 심지어 노력하는 시늉조차 하지 않았다. 솔직히 우리가 노력하는 시늉이라도 할 수 있나 모르겠다.

이 점을 생각해보자. 1992년 의회에서는 1900년대가 다 가기 전에 관공서 차량의 절반을 대체연료로 달리는 차량으로 교체하기로 결정했다. 이 결정에 따라 미 우정국에서는 1만 대의 새 트럭을 사들인 후 대 당 4000달러의 비용을 들여 휘발유뿐 아니라 에탄올로도 달릴 수 있게끔 트럭을 개조했다. 1998년 5월, 그렇게 개조한 트럭 350대가 처음 뉴욕 시에 공급되었다. 불행히도 이 트럭들은 가장 가까운 에탄올 보급소가 인디애나폴리스에 있다는 아주 간단한 이유만으로 에탄올을 사용하지 않게 되었다. 〈뉴욕 타임스〉 기자 하나가 정부 어느 부처에서든 이 문제와 관련하여 어떤 조치를 취하게 될지 묻자 '노'라는 대답이 돌아왔다. 그 사이에도 우정국에서는 다른 모든 정부 기관들과 마찬가지로 트럭을 에탄올 사용이 가능하도록 개조하느라 대 당 4000달러의 세금을 낭비하고 있을 것이다.

온실가스를 줄이는 문제와 관련하여 정부에서 한 일은 기업들에게 내키지 않으면 무시해도 되는 자발적 참여 기준을 제시하는 것이었고, 물론 기업들은 이 기준을 따르고 싶어하지 않는다. 이제 클린턴 대통령은 온실가스 배출량을 1990년 수준으로 줄이는 일을 15~16년 뒤로 미루려고 한다.

내가 사회 분위기를 잘못 이해했을 수도 있겠지만, 이 문제로 고민하는 사람은 거의 없는 듯하다. 오히려 에너지 절약에 대한 일종의 반감 같은 게 형성되고 있으며, 특히 비용 문제가 뒤따를 경우 이런 반감은 더욱 확산되고 있다. 최근에 '인바이로닉스 인터내셔널'이라는 캐나다의 환경단체에서 세계 여러 나라 사람들 2만 7000명을 대상으로 실시한 설문조사 결과 대부분의 선진국 국민들은 보다 깨끗한 공기와 쾌적한 환경을 위해 약간의 경제 성장은 기꺼이 희생할 준비가 되어 있는 것으로 나타났다. 단 한 군데의 예외가 미국이다. 약간의 경제 성장을 지구 환경보다 우위에 두는 것은 터무니없는 일처럼 보이지만, 실제로 우리가 그렇게 하고 있는 것이다. 나는 늘 경제 성장은 세상을 보다 좋은 곳으로 만들기 위한 일이라 생각해왔다. 그러나 사실상 경제 성장은 경제 성장을 위한 것일 뿐이다.

심지어 이 문제를 4대 뒤의 대통령에게 미루고자 한 클린턴 대통령의 조심스러운 제안조차도 극렬한 반대에 부딪쳤다. 기업가들과 이익집단들이 연합하여 만든 '지구 기후정보 프로젝트'라는 단체에서는 자신들의 이익에 반하는 여하한 시도에도 맞서 싸울 수 있도록 1300만 달러를 모금하였으며, 라디오 광고를 통해 대통령의 새 에너지 정책이 시행되면 휘발유 가격이 갤런 당 50센트까지 치솟을 수 있다고 경고하고 있다.

사람들은 이 숫자가 부풀려진 것일 수도 있다는 점에는 신경도 안 쓴다. 설사 저들의 주장이 사실이라고 해도 우리는 다른 부유한 나라 사람들에 비하면 극히 저렴한 가격에 휘발유를 구입하는 셈이라고 말해봐야 소용없다. 모든 사람들을 위해 이로운 일이라고 말해도 소용없다. 휘발유 가격이 오른다는 말만 나오면, 가격이 아주 조금만 올라도, 또 그 이유가 아무리 타당해도, 대부분의 사람들은 본능적으로 저항할 것이다.

이 모든 것과 관련하여 가장 안타까운 점은 온실가스를 줄인다고 하는 목표의 대부분은 별도의 비용을 들이지 않더라도 우리가 조금만 낭비를 줄이면 이룰 수 있다는 사실이다. 미국은 1년에 3000억 달러 어치의 에너지를 낭비하는 것으로 추정되고 있다. 우리는 여기서 새로운 기술에 투자함으로써 절약할 수 있는 에너지를 이야기하고 있는 게 아니라 단지 전원을 끄거나 스위치를 내리는 것만으로도 절약 가능한 에너지에 대해 말하고 있는 것이다.

온수를 예로 들어보자. 유럽에는 거의 모든 가정이 온수 시스템에 타이머를 부착해놓고 있다. 직장에 있을 때나 잠잘 때에는 온수를 쓰지 않을 게 확실하므로 온수 시스템을 작동시키지 않는 것이다. 그러나 이곳 미국의 경우 나는 우리 집 온수 탱크의 스위치를 어떻게 끄는지도 모른다. 스위치를 끄는 게 가능한지조차 모르겠다. 우리 집에는 하루 24시간 온수가 나오며, 심지어 우리가 휴가를 떠나고 없을 때에조차도 온수가 나온다. 그다지 합리적인 일은 못되는 것 같다.

〈US뉴스 & 월드리포트〉지에 의하면 미국은 켜져 있지만 사용하지는 않는 전자제품이나 설비, 빈방에 켜놓은 전깃불, 사람들이 점심을 먹으러 가거나 퇴근할 때 켜놓고 간 컴퓨터, 술집 한 구석에서 조용히 깜박거리고 있을 뿐 아무도 보지 않는 TV 등에 전력을 공급하는 데만도 원자력 발전소 5개소에서 만들어내는 양만큼의 전력이 필요하다고 한다. 우리 가족이 영국에서 살 때에는 '심야전력 요금제도'라고 하는 게 있었다. 소비자로 하여금 야간에 전기를 사용하게 함으로써 특정 시간대에 집중되는 전력 수요를 분산시키려는 제도였다. 우리는 타이머를 구입하고 세탁기나 드라이기, 식기세척기 등을 야간에 사용함으로써 전기세를 줄일 수 있었다. 작은 불편을 감수함으로써 많은 에너지를 절약할 수 있었던 것이다. 여기서도 그런 일이 가능하다면 나는 기꺼이 그렇게 할 것이다.

영국인들이 특별히 에너지 절약을 잘하는 사람들이라는 이야기가 아니다.(재활용이나 단열재 사용과 관련한 영국인의 행동은 언급할 게 못 된다.) 이런 간단한 아이디어들은 여기서도 쉽게 실천할 수 있을 것 같아서 하는 이야기다.

물론 상황이 완전히 바뀌어 모든 면에서 에너지 절약을 적극 실천하게 된다면 더할 나위 없이 좋을 것이다. 예를 들어서 보스턴까지 기차를 타고 갈 수 있으면 정말 좋을 것 같다. 요즘 나는 보스턴에 갈 때마다 직접 차를 운전해서 가든지 아니면 2시간 반 동안 9명의 불운한 사람들 틈에 끼어 앉아 미니버스를 타고 가든지 한다. 히치콕 영화에 나오는 캐리 그랜트와 에바 마리 세인트처럼 기차의 특별 객차를 타고 뉴잉글랜드의 풍경을 가로지르면 얼마나 멋질 것인가. 한때는 뉴잉글랜드 전역을 기차를 타고 여행할 수 있었던 적이 있었다. '절약법 재단'이라는 단체에 의하면 5억 달러만 있으면 뉴잉글랜드 북부의 전체 철도망을 복구할 수 있다고 한다. 물론 거액이긴 하지만, 이 점을 생각해보자. 내가 이 글을 쓰고 있는 동안 버몬트 주 벌링턴에서는 순환도로 하나를 건설하는 데 1억 달러를 쏟아 붓고 있다는 사실을.

나는 지구 온난화 현상이 얼마나 심각한지 잘 모르고, 그것은 다른 사람들도 마찬가지다. 우리가 아무렇지도 않게 자원을 낭비함으로써 우리의 미래를 얼마나 위태롭게 되는지에 대해서도 잘 모른다. 그러나 이것만큼은 말할 수 있다. 작년에 나는 애팔래치아 트레일을 종주하는 데 많은 시간을 보냈다. 내가 십대였을 때에는 애팔래치아 트레일이 셰넌도어 국립공원과 만나는 버지니아 주에서 120킬로미터 바깥의 워싱턴 D.C.가 내다보였다. 지금은 날씨가 아무리 좋아도 시계가 그 절반으로 줄어들었다. 무덥고 스모그가 낀 날이면 3킬로미터까지 줄어들기도 한다.

애팔래치아 산맥을 뒤덮고 있는 숲은 지구상에서 가장 아름답고 풍요로운 숲 중 하나다. 그레이트스모키 산맥 국립공원에 있는 계곡 하나가 서유럽 전체보다 더 많은 수종(樹種)을 보유하고 있을 정도다. 그런데 이 나무들 중 상당수가 위험에 처해 있다. 산성비와 대기오염에 시달리면서 병충해에 취약해진 것이다. 떡갈나무와 히코리 나무, 단풍나무 등이 무수히 죽어가고 있다. 꽃을 피우는 층층나무(미국 남부에서 가장 아름다운 나무들 중 하나면서 한때 가장 번성했던)는 멸종 위기에 처해 있으며, 미국 햄록 역시 같은 운명에 처해 있다.

이는 온건한 서곡에 불과하다. 만약 몇몇 과학자들이 자신 있게 말한 것처럼 다음 반세기 동안 지구의 기온이 섭씨 4도 올라간다면 셰넌도어 국립공원과 그레이트스모키 산맥 및 그 주변 수백 마일에 이르는 지역의 나무들이 모두 죽고 말 것이다. 겨우 두 세대 만에 온대 지역의 마지막 남은 거대한 숲들 중 하나가 아무런 특색 없는 초지로 바뀔 것이다.

이를 막기 위해서라도 컴퓨터의 전원은 꺼두는 편이 좋지 않을까?

42. 약간의 불편

    오늘의 주제는 현대 생활의 불편함 내지 편리하다고 여겨지는 것들이 어떻게 우리를 보다 불편하게 만드는지에 대한 것이다.
    일전에 나는 이 문제를 생각하다가(놀랍게도 나는 늘 무언가를 생각한다) 작은 아이들 둘을 데리고 버거킹에 점심을 먹으러 갔는데, 버거킹의 자동차 전용 판매창구에는 10여대의 차가 죽 늘어서 있었다.
    우리는 차를 주차시킨 뒤 가게에 들어가서 음식을 주문해 먹고 다시 나왔다. 이 모든 일을 하는 데 걸린 시간은 10분 남짓이었다. 나오면서 보니까 우리가 도착했을 때 줄의 제일 끝에 서 있던 흰색 픽업트럭이 아직도 네다섯 대의 차량 뒤에 있었다. 트럭 운전자가 우리처럼 차를 주차시켜놓고 가게로 들어가서 음식을 주문했더라면 훨씬 빨랐을 테지만, 그는 그런 생각을 못했을 것이다. 자동차 전용 판매창구가 더 빠르고 편리하다는 게 일반적인 생각이므로.
    물론 여러분은 내가 무슨 말을 하려고 하는지 아시리라. 우리는 편리성에 너무 집착한 나머지 그에 따르는 모든 불편함을 감수한다. 어처구니없는 일이지만, 현실이 그러하다. 시간을 절약해주고 우리 삶을 보다 단순하게 해준다고 하는 것들이 사실은 그와 반대되는 효과를 낼 때가 많다. 왜일까?

　미국인들은 생활을 편리하게 해주는 도구에 대한 애착이 강하다. 사람의 수고를 덜어주는 거의 모든 일상용품(에스컬레이터, 자동문, 엘리베이터, 냉장고, 세탁기, 냉동식품, 패스트푸드, 전자레인지, 팩스 등)이 미국에서 발명되었거나 최소한 미국에서 처음 보급되었다는 것은 재미있는 일이다. 미국인들은 노동력을 절감해주는 기구들의 연이은 등장에 익숙해져서 1960년대쯤엔 사람을 대신하여 거의 모든 일을 해주는 기계의 출현을 기대할 정도가 되었다.

　이것이 그리 좋은 생각만은 아니라는 것을 내가 처음 깨달은 것은 아버지가 전동조각칼을 선물로 받아오신 1961년 혹은 1962년의 크리스마스 때였다. 그 조각칼은 초기 모델이었는데, 처음 나온 제품들이 대부분 그렇듯 부피가 크고 투박했다. 내 기억이 정확한지는 모르겠지만, 아버지는 플러그를 꽂기에 앞서 고글과 무거운 고무장갑을 착용하셨던 것 같다. 분명한 것은 아버지가 전동조각칼을 칠면조에 가져다댔을 때 칠면조는 조각이 된다기보다는 흰색 살점이 사방으로 튀었고, 전동조각칼은 푸른 섬광을 뿜으며 접시를 내려쳤으며, 그 모든 게 아버지의 손을 떠나서 마치 영화 〈그렘린〉에 나오는 생물체처럼 식탁 위를 미끄러지듯 스치며 방 밖으로 날아가 버렸다는 것이다. 그 후로 우리는 전동조각칼을 다시 보지 못했다. 비록 한밤중에 전동조각칼이 식탁 다리에 부딪히는 소리가 들릴 때도 있기는 했지만 말이다.

　애국적인 미국인들 대부분이 그렇듯 우리 아버지도 재앙을 불러들이는 발명품들을 끊임없이 들여놓았는데, 그 중에는 양복의 주름을 펴지는 못하고 벽에 붙어 있는 벽지를 통째로 벗겨낸 스팀다리미도 있었고, 눈 깜짝할 사이에 연필 하나를(행동이 아주 빠르지 않는 한 연필 끝의 쇠테와 손가락까지) 다 잡아먹는 전기 연필깎이며, 수압이 너무 세서 두 사람이 잡고 있어야 하는 데다 쓰고 나면 화장실이 마치 세차장처럼 변해버리는 구강세정기(강한 압력으로 물을 뿜어내어 잇몸 사이에 낀 음식물도 없애고 잇몸 마사지도 해주는 기구)도 있었다.

그러나 이런 것들은 오늘날의 발명품들에 비하면 아무것도 아니다. 요즘 우리는 자동으로 고양이 먹이를 덜어주는 기계와 전기 믹서기, 전기 깡통따개, 저절로 얼음이 만들어지는 냉장고, 자동차의 자동 창문, 치약을 묻혀서 나오는 일회용 칫솔 등 어이없을 정도로 시시콜콜한 데까지 신경을 쓴 온갖 제품들에 둘러싸여 있다. 사람들은 편리성에 중독된 나머지, 노동력을 절감해주는 기구를 더 많이 가지면 가질수록 더 열심히 일해야 하고, 더 열심히 일할수록 노동력을 절감해주는 기구를 더 많이 갖춰야하겠다고 느끼는 악순환에 빠져 있다. 사람의 수고를 덜어준다고만 하면 그 어떤 어이없는 발명품일지라도 반드시 사용자가 나타날 것이다. 최근에 나는 '불이 들어오는 회전식 넥타이걸이'를 39달러 95센트에 판다는 광고를 보았다. 그것은 버튼 하나만 눌러주면 여러 개의 넥타이를 차례로 보여주어서 손으로 넥타이를 고르는 수고를 덜어준다는 기구다.

뉴햄프셔 주에 있는 우리 집에는 전 주인이 설치해놓은 기묘한 장치들이 많은데, 모두가 생활의 편의를 위해 고안된 것들이다. 개중에는 어느 정도 도움이 되는 것도 있지만 대부분은 놀라우리만큼 쓸모없는 것들이다. 예를 들어 어떤 방 하나에는 자동 커튼이 장착되어 있는데, 이것은 이론상으로는 벽에 있는 스위치를 올리면 네 쌍의 커튼이 저절로 열리고 닫히고 해야 한다. 그러나 실제에 있어서는 커튼 하나는 열리고 하나는 닫히고 하나는 열리고 하나는 닫히고 하기를 반복하며, 어떤 커튼은 5분 동안 움직이지 않고 있다가 연기를 피워 올린다. 우리는 이사 온 첫 주 이후로 그 근처에는 얼씬도 하지 않는다.

전 주인한테 물려받은 또 한 가지는 자동 차고문이다. 이것은 이론상으로는 대단히 그럴싸해서, 차가 진입로에 들어섰을 때 리모컨의 버튼을 누르면 차고문이 스르르 열리고, 차고 안에 들어가서 다시 버튼을 누르면 차고문이 스르르 닫히도록 고안된 것이다. 지나가는 사람이 보면 누구나 '와! 멋진걸!' 하고 생각하리라. 하지만 실제로는 그렇지가 못한 게, 우리 집 차고문은 세발자전거에 부딪치거나 갈퀴를 망가뜨리지 않고는 열린 적이 없으며, 한번 닫힌 후엔 내가 차에서 내려 스크루드라이버와 망치로 컨트롤박스에 응급조치를 해놓고 수리공을 부르기 전에는 결코 열리지 않는다. 제이크라는 이름의 그 수리공은 우리가 그의 고객이 된 이후로 몰디브로 피서를 다녀오기도 했는데, 나는 그에게 내가 대학을 졸업하고 나서 4년간 번 것보다 더 많은 돈을 건네주었다. 그럼에도 차고문은 여전히 안심할 수 없는 상태다.

다시 한 번 여러분은 내가 무슨 말을 하려고 하는지 아실 것이다. 자동 커튼과 자동 차고문, 자동으로 고양이 먹이를 덜어주는 기계, 회전식 넥타이걸이 등은 생활을 편리하게 만들어주는 것처럼 보일 뿐, 실제로는 우리의 삶에 비용과 복잡성을 더해준다.

그리하여 오늘의 주제로부터 우리는 두 가지 교훈을 배울 수 있다. 첫째는 '편리성(convenience)'의 첫 번째 음절이 'con('반대'의 의미)'이라는 것이고, 두 번째는 자녀를 차고문 수리공 양성 학교에 보내라는 것이다.

43. 자동차 극장에서

    1930년대 초, 뉴저지 주에 사는 리처드 홀링셰드라는 사람이 자기 차 지붕 위에 영사기를 올려놓고 차 앞좌석에 올라앉아서는 지붕 위의 영사기가 차고문에 비추는 영상을 구경하였다.
    그가 대체 무슨 생각에서 그랬으며, 어떻게 해서 그런 아이디어를 떠올리게 되었는지는 알 길이 없지만 차고문에 어른거리는 영상은 동네 사람들을 불러 모았으며, 머지않아 온 마을 사람들이 홀링셰드의 차고문 앞에서 상영되는 영화를 보러 오게 되었다.
    1933년 홀링셰드는 이 아이디어로 특허를 냈고, 그 해가 끝나갈 무렵 인근 마을인 캠던에 미국 최초의 자동차 전용 극장이 문을 열었다. 자동차 극장은 즉각적인 성공을 거두지는 못하고 여러 해 동안 지지부진하다가 1950년대에 미국인들의 기동력이 점차 늘어나면서 갑자기 각광을 받기 시작했다. 1950년초에는 거의 눈에 띄지 않던 자동차 극장이 1950년대 말에는 6000개소로 늘어났다.
    전성기에는 기존의 영화관과 거의 비슷하게 인기가 있었고 그 수도 많았다. 십대들은 보통의 극장에서라면 하기 힘든 행동을 차 안에서 할 수 있었고, 어린 자녀를 둔 부모는 자녀를 잠옷을 입힌 채로 차 뒷좌석에 뉘어 놓을 수가 있어서 따로 베이비시터를 구하지 않아도 되었으며, 엄마들은 아기에게 젖을 먹일 수가 있었다. 몇몇 자동차 극장은 특별히 세탁 서비스를 제공하기도 했다. 극장에 들어올 때 세탁할 옷을 맡기면 나갈 때 세탁하여 말려서 개켜놓은 옷을 찾아갈 수 있었다.

그러다가 미국의 자동차 극장은 인기가 치솟을 때만큼이나 빠르게 쇠퇴하였다. 오늘날 자동차 극장은 미국 땅에서 거의 찾아볼 수 없게 되었다. 시골의 2차선 고속도로를 달리다보면 용도 폐기된 자동차 극장을 흔히 볼 수 있다.

우리 동네에서 코네티컷 강 하나만 건너면 되는 버몬트 주의 한 마을에는 오래된 자동차 극장이 하나 남아 있다. 여름철의 금요일과 토요일 밤에만 문을 여는데, 현 소유주가 은퇴하면 이 극장도 문을 닫을 것 같다. 며칠 전에 나는 충동적으로 아이들에게 그 자동차 극장에 가자고 제안했다.

"왜요?"

막내딸이 의아하다는 듯이 물었다.

"재미있을 거야."

내가 설명했다. 나는 가족 중에 자동차 극장에 가본 사람이 아무도 없으며, 따라서 자동차 극장의 원리에 대해서도 잘 모른다는 것을 알고 충격을 받았다.

"간단해. 자동차를 타고 대형 스크린이 설치되어 있는 들판으로 나가서 스피커가 걸려 있는 철제 기둥 옆에 차를 주차시킨 뒤 그 스피커를 차 안에 놓아두기만 하면 되는 거야."

"그 다음에는요?"

"그 다음에는 영화를 보는 거지."

"에어컨 시설이 돼 있어요?"

막내아들이 물었다.

"물론 있을 턱이 없지. 거긴 야외거든."

"에어컨과 편안한 의자가 있는 진짜 영화관에 가면 안돼요?"

나는 그럴싸한 대답을 떠올리려했지만 머릿속에 떠오른 이유(담배를 피우거나 맥주를 마실 수 있고, 옆사람을 마음껏 애무할 수 있다는)를 대기가 뭐해서 아까보다는 자신감이 없는 목소리로 그냥 재미있을 거라는 말만 되풀이했다.

십대 아이들 두 명은 부모와 함께 영화를 보러 온 모습을 들키느니 피부병에 걸리는 게 낫겠다며 곧바로 거절했지만, 아내와 작은 아이들 둘과 막내아들의 친구인 브래들리(여덟 살 난 조숙한 꼬마로, 그럴 기회만 주어진다면 기꺼이 네바다 주 사막에 버리고 오고 싶은)는 별로 내켜하지는 않으면서도 가는 데 동의했다.

우리는 강을 건너서 유서 깊은 자동차 극장에 도착했다. 그 즉시 나는 자동차 극장이 급속히 사라져간 이유를 알 수 있었다. 우선 차 안에 앉아서 영화를 보기가 몹시 불편했다. 운전석에 앉으면 핸들이 거치적거리고, 뒷좌석에 앉으면 영화가 거의 보이지 않는다. 집에서 출발하기 전에 앞 유리창을 깨끗이 닦아놓지 않는 한 유리창에 남아 있는 벌레의 시체나 먼지 사이로 영화를 보아야 한다. 스피커 음질은 늘 형편없어서 쇳소리가 나는 데다 배우들의 목소리가 마치 체육관의 라커 안에서 말하는 것처럼 들린다. 뉴잉글랜드 같은 곳에선 저녁때가 되면 춥기 때문에 차 유리창을 닫아야 하고, 그 다음부터는 저녁 내내 팔뚝으로 앞 유리창에 맺힌 수증기를 닦아내야 한다. 게다가 비가 올 때도 많고, 무엇보다도 서머타임이 실시되면 밤 10시 이전에는 영화를 볼 수 있을 만큼 날이 어둡지 않다.

그래서 우리는 기다리고 또 기다렸다. 자동차 250대를 수용할 수 있는 넓은 공간에 주차되어 있는 차는 여섯 대밖에 없었고, 멀리 스크린 위에 희미하게 그 차들의 그림자가 비쳤다.

"잘 안 보여요."

뒷좌석에서 누군가의 목소리가 들려왔다.

"아직 캄캄해지지 않아서 그래."

내가 말했다.

"그럼 왜 영화를 틀어주는 거예요?"

"영화가 잘 보이려면 밤 10시까지 기다려야 하는데, 그렇게 늦게 시작하면 아무도 보러 오지 않을 테니까."

"하지만 어차피 아무도 안 오잖아요?"

"뭐 먹을 사람?"

나는 얼른 화제를 돌렸다. 그러고는 아이들을 데리고 매점에 가서 한 마을 사람들이 여섯 달 동안 먹을 수 있을 만큼의 간식거리를 샀다. 차에 도착하니 스크린의 영상을 식별할 수 있을 만큼 어두워져 있었다. 그러나 스피커에서 소리가 나왔다 안 나왔다 했다. 그래서 다른 장소로 옮겼는데, 그 과정에서 브래들리가 팝콘과 24온스짜리 컵에 담긴 탄산음료와 사탕 봉지를 엎었다.

나는 차에서 내려 트렁크에 들어 있던 낡은 담요로 브래들리를 닦아주었다. 그때 아들아이가 화장실에 가고 싶다고 했다.

"너도 갈래, 브래들리?"

내가 친절하게 물었다.

"아니요."

"정말 안 가?"

"네."

"내가 돌아오자마자 가고 싶다고 하는 건 아니지?"

"안 그래요."

나는 아들아이를 데리고 화장실에 갔다. 우리가 돌아오자 브래들리가 화장실에 가고 싶다고, 정말 급하다고 했다.

그래서 브래들리를 데리고 다시 화장실에 갔다. 화장실 순례를 마쳤을 때쯤엔 영화가 반이나 지난 뒤라 아무도 내용을 알 수 없게 돼 버렸다. 게다가 새 스피커는 먼젓번 것보다 더 형편없었다.

그래서 나는 다시 시동을 걸고 아이들에게 음료수와 팝콘을 꽉 쥐고 있으라고 이른 뒤 차를 후진시켰다. 그때 금속성의 날카로운 소리가 고막을 때렸다.

"자리를 옮기기 전에 먼저 스피커를 제자리에 갖다놔야 할 거예요."

브래들리가 입바른 소리를 했다.

"네 말이 맞다, 브래들리. 하지만 만약 누군가의 목을 조르고 싶어질 때에는 스피커의 이 코드가 유용한데 말이야."

브래들리가 또다시 음료수를 엎질러서 화장실에 가야 한다고 말했고, 그래서 나는 또다시 브래들리를 닦아주고는 아이들을 데리고 매점에 가서 간식거리를 조금 더 사주었다. 우리가 차로 돌아왔을 때엔 영화가 끝나가고 있었다. 우리가 영화를 본 시간은 17분에 불과했고, 그 중에 스피커 소리가 제대로 들린 시간은 8분밖에 안 되었다.

"다음번에 또 무모한 생각에 22달러를 쓰고 싶어지거든 그렇다고 말만 하세요. 우편으로 수표를 보내고 집에서 TV나 보게요."

아내가 제안했다.

"좋은 생각이야."

내가 말했다.

44. 관료주의

 외국인 배우자의 미국 체류를 허가받는 과정이 얼마나 힘들고 진 빠지는지에 대해서는 아예 말을 하지 않겠다. 지면도 모자랄뿐더러 어쨌든 몹시 지루할 터이므로. 게다가 나는 눈물 없이는 그 이야기를 할 수 없는 데다 여러분은 그 대부분이 내가 지어낸 이야기라 여길 터이므로.
 이런 말을 하면 여러분은 웃을 게 틀림없지만, 내가 아는 한 저명한 영국인 학자는 딸내미에게 미국 이민국 직원이 "불법 도박을 포함해서 법에 저촉되는 행위를 한 적이 있습니까?"라든가 "공산당이나 기타 전체주의적 당파에 어떤 식으로든 연루된 적이 있습니까?" "미국에서 중혼(重婚)을 할 계획이 있습니까?" 같은 황당한 질문을 하는 것을 보고 벌린 입을 다물 수가 없었다고 한다. 참고로 말씀드리자면 그의 딸내미는 겨우 다섯 살이다.
 아, 벌써부터 눈물이 앞을 가린다.
 상대가 누가 되었든 이런 질문을 하는 정부라면 무언가 단단히 잘못된 것이다. 단지 질문이 지나치게 사적이라거나 개인의 정치적 성향을 묻는 것이 헌법에 정면으로 위배되어서일 뿐만이 아니다. 그런 질문을 함으로

써 모든 사람의 시간을 터무니없이 낭비하고 있기 때문이다. 어쨌든 대량학살이나 스파이 활동, 중혼 및 기타 바람직하지 않은 여러 가지 활동에 연루되어 있느냐는 질문에 "네! 그런데 그게 제가 입국하는 데 문제가 될까요?" 하고 말할 사람이 누가 있겠는가 말이다.

단지 무의미한 일련의 질문들에 대답하는 것으로 끝난다면 나도 그냥 한숨을 내쉬고 말겠다. 하지만 체류 허가를 받기 위해서는 그보다 무한히 더 많은 것들이 기다리고 있다. 미국에서 법적 지위를 획득하려면 지문 채취와 신체검사, 혈액검사 등을 해야 하고 출생증명서와 혼인증명서, 재직증명서, 재정증명서 등 각종 증명서를 발급받아야 하며, 이 모든 서류를 취합해서 확인을 받고 별도의 수수료와 함께 제출해야 한다. 내 아내는 최근에 미국 이민국에서 지정한 병원에서 혈액 샘플을 채취하기 위해 왕복 400킬로미터를 여행해야 했다. 우리가 사는 동네에 미국 최고의 대학병원 중 하나가 있는데도.

그 밖에도 무수히 많은 서류를 작성해야 하는데, 그 서류들 각각에는 몇 페이지에 걸친 지시문이 딸려 있을뿐더러 지시문들끼리 상충할 때도 많고, 지시문에 따르다보면 늘 또 다른 서류를 작성해야 한다. 지문 채취와 관련한 아래의 지시문이 그 대표적인 예다.

FD258 양식에 열 손가락의 지문을 찍고 …… 차트 상단의 신상정보를 기입한 후 'OCA 번호' 혹은 'MNU 번호'라고 표시되어 있는 난에 당신의 외국인 번호를 쓰시오.

만약 당신이 FD 258 양식을 갖고 있지 않거나(물론 갖고 있지 않다)

MNU 번호가 뭔지 모른다면(물론 모른다) 몇날며칠을 전화통을 붙들고 살아야 한다. 계속 통화중이다가 간신히 피곤에 절은 사람의 목소리가 나와서 이제 되었는가 싶으면 또 다른 번호로 전화를 걸어야 하는데, 그 번호는 조금 전에 통화한 사람이 딱 한 번 중얼거리듯 말한 거라서 당신은 그만 잘못 알아듣고 말았다. 그리하여 전 과정을 다시 되풀이해야 한다. 잠시 후 당신은 몬태나 주의 카우보이들이 목장을 요새로 만들고는 어리석은 정부 관리들이 사정거리 안에 들어오기만 하면 쏴버리겠다고 위협하는 이유를 이해하게 된다.

또한 최선을 다해 서류 작성을 한다고 다 통과되는 것은 아니다. 아주 사소한 실수만 있어도 처음부터 다시 해야 한다. 내 아내도 여권 사진만 한 크기의 사진에 턱과 머리카락선 사이의 거리가 3밀리미터 모자란다는 이유로 서류를 돌려받은 적이 있다.

아내의 체류 허가를 받는 일은 2년째 지지부진이다. 아내는 뇌수술을 하거나 스파이 활동을 하거나 마약 밀매를 돕거나 미국 정부를 전복시키는 일에 참여하거나(솔직히 그런다고 해도 말릴 생각은 없다) 그 밖의 불법적인 일을 할 생각이 없음을 알아주시라. 아내는 그저 쇼핑이나 조금 하고, 합법적으로 가족과 함께 살고 싶어하는 것뿐이다. 그게 그리 대단한 요구는 아니지 않은가.

그런데도 이렇게 시간이 지체되는 이유를 모르겠다. 때때로 어떤 서류들을 더 보내라는 요청을 받을 때도 있다. 나는 몇 달에 한 번씩 편지를 써서 일이 어떻게 진행되어가고 있는지 묻고, 때로는 직원과 상담할 수 있게 해 달라고, 그러면 일상적으로 처리되어야 할 일들을 무한히 지연시키는 게 얼마만한 돈과 시간의 낭비인지 알게 될 거라고 탄원도 해보지만, 아직까지 답장을 받은 적이 없다.

3주 전에는 런던에 있는 미국 이민국으로부터 편지를 받았는데, 그때 우리는 드디어 공식 허가가 났나보다고 생각했다. 하지만 전혀 아니었다. 그건 아내가 서류를 접수시킨 후 12개월이 지난 탓에 신청이 취소되었다는 내용의, 컴퓨터에서 자동 출력된 편지였다. 취소라니! 지금 내 옆에 총이 있다면 당장 쏴버리고 싶은 심정이다.

이제 이곳 하노버에 사는 영국인 친구의 이야기를 들려드리겠다. 다트머스 대학교 교수인 그 친구는 18개월 전에 안식년을 맞아 가족과 함께 영국으로 돌아갔다. 런던 히드로 공항에 도착하자 그들은 고향에 돌아온 기쁨에 들떴고, 그런 그들에게 이민국 직원이 얼마나 체류할 예정인지 물었다.

"1년이요."

내 친구가 밝은 목소리로 대답했다.

"저 미국인 아이는요?"

이민국 직원이 눈썹을 치켜 올리며 물었다.

친구의 막내아이는 미국에서 태어났고, 친구 부부는 그 아이를 영국인으로 등록할 생각을 못했던 것이다. 그 아이는 겨우 네 살이었고, 따라서 영국에서 취업을 하거나 할 일은 전혀 없었다.

친구 부부는 사정 설명을 했지만, 이민국 직원은 심각한 표정으로 듣고 있더니 상관에게 의논하러 갔다.

친구 부부는 8년 전에 영국을 떠나왔는데, 그 사이에 영국이 얼마나 미국처럼 변했는지 알 길이 없었고, 그래서 불안한 마음으로 기다렸다. 잠시 후에 상관을 대동하고 온 이민국 직원이 슬쩍 귀엣말을 했다.

"제 상관이 영국에 얼마나 있을 예정이냐고 묻거든 '2주'라고 대답하세요."

상관은 얼마나 있을 예정인지 물었고, 내 친구는 2주라고 대답했다.

"좋아요."

상관이 말했다. 그러고는 마침 생각났다는 듯이 이렇게 덧붙였다.

"체류 기간을 연장하려면 하루 이틀 사이에 아이를 영국인으로 등록하는 것도 방법이지요."

"물론입니다."

내 친구가 대답했다.

그렇게 해서 그들은 영국에 입국할 수 있게 되었다. 이곳 미국에서도 영국의 10분의 1, 아니 1000분의 1만이라도 절차가 간소해졌으면 얼마나 좋겠는가. 친절과 봉사의 정신이 투철한 나라 미국에서 친절과 봉사의 정신이 국가기관에까지는 이어지지 못하고 있다는 사실이 끊임없이 나를 놀라게 하고 실망하게 한다.

그럼 여러분만 괜찮으시다면 나는 이제 총에 총알을 재러 가겠다.

45. 삶의 미스터리

나는 대부분의 것들을 이해하지 못한다. 정말이다. 나는 집안의 전기 배선과 자동차의 토크비(torque比)에 대해 자신 있게 이야기할 수 있는 사람들에 대해 감탄을 금할 수 없지만, 아쉽게도 나는 그런 사람이 못된다. 수년 전, 내가 처음으로 차를 샀던 때의 일이 기억난다. 엔진 크기가 어느 정도냐는 물음에 나는 팔을 적당히 벌리고 매우 진지하게 이렇게 대답했다.

"오, 잘은 모르겠지만, 아마 이쯤 될 거예요."

내가 기술 분야와 관련해서는 대화를 해서는 안 되는 사람이라는 것을 깨달은 것은 그때였다.

그러므로 내가 대부분의 것들을 이해하지 못한다고 말했을 때, 그 말은 진심에서 나온 소리다. 나는 화학에 대해서도 잘 모르고 수학은 잔돈을 거슬러 받는 데 필요한 것 이상은 모른다. 해부학이나 생리학, 지구물리학, 천체물리학, 소립자물리학, 분자물리학 등에 대해서도 별로 아는 바가 없으며, 신문에 난 일기도도 읽지 못한다. 효소가 뭔지도 모르고, 전자나 양자, 쿼크가 뭔지도 모른다. 내 몸이 어떻게 구성되어 있는지조차 모른다. 비장의 역할과 위치에 대해서도 설명할 수 없고, 내분비선에 이상이 생겨도 내분비선이 뭔지조차 모를 것이다.

우리 시대의 거의 모든 발명품들이 내겐 신비하고 경이로울 뿐이다. 휴대전화를 예로 들어보자. 나는 이 기기가 어떻게 작동하는지 도저히 모르겠다. 논의를 위해 뉴욕에 있는 누군가가 네브래스카 주의 밀밭에 있는 내게 휴대전화로 전화를 걸었다고 하자. 뉴욕에서 보낸 신호가 어떻게 해서 네브래스카 주의 밀밭에 있는 내게까지 전달되어 오는 것일까? 우리 두 사람의 목소리는 두 휴대전화 사이를 오가며 정확히 어디에 있는 걸까? 우리가 소리가 잘 들리도록 고함을 지르지 않아도 되는 이유는 뭘까? 그리고 만약 현대 과학이 희박한 공기를 뚫고 여행하는 목소리를 수천 킬로미터 바깥에서도 잘 들리게끔 할 수 있다면, 왜 피자는 같은 방식으로 배달하지 못하는 걸까? 여하튼 나는 네브래스카 주의 밀밭에서 도대체 무얼 하고 있는 걸까?

내 말이 무슨 뜻인지 알겠는가? 나는 그냥 대부분의 것들을 이해하지 못한다고 말하고 싶을 뿐이다. 여기 내가 도저히 이해할 수 없는 또 다른 것들이 있다.

전깃불이 생기기 전에는 밤에 벌레들이 무얼 했을까?

나는 왜 머리숱이 점점 줄어들수록 코털이 점점 늘어나는 걸까?

전화벨이 울리면 왜 항상 누군가가 "전화야?" 하고 물어보는 걸까?

수족관의 물고기들은 어떻게 해서 그토록 적은 먹이를 먹고도 그토록 원기 왕성한 것일까? 그리고 그 먹이는 정확히 무엇으로 만들어졌을까? 그 먹이가 물고기들이 먹고 싶어하는 것인지 아닌지 어떻게 아는가?

엘리베이터에는 왜 '정격하중 550킬로그램' 같은 문구가 씌어 있을까? 그리고 그 문구는 왜 엘리베이터 바깥이 아니라 안쪽에 부착되어 있는가? 이 정보를 가지고 무엇을 해야 하는가? 동승자들을 향해 "저는 몸무게가 95킬로그램쯤 됩니다. 다른 분들은 어떠신가요?" 하고 물어야 하는가? 몸무게가 더 많이 나가는 사람들에게 내려달라고 말해야 하는가?

'이게 버터가 아니라니, 믿어지지 않아요' 상표의 마가린을 먹으면서 그것이 정말 버터라고 믿는 사람이 과연 있을까?

여자들 구두는 남자들 구두에 비해 가죽도 덜 들어가는데 왜 더 비싼 걸까?

솔리테어(혼자서 하는 카드 게임의 일종)는 대체 어떻게 해서 생겨났을까? 나는 꽤 오랫동안 이게 궁금했다. 나 같으면 카드 한 벌과 세상의 모든 시간이 다 주어진다고 해도 카드를 일곱 더미로 나눠서 펼쳐놓고, 남은 카드를 한 번에 세 장씩 뒤집어서 엇갈린 색깔의 번호순에 따라 내림차순으로 정리한다거나 오른쪽 상단에 오름차순으로 정렬할 생각 따위는 하지 못했을 것이다. 나 같으면 절대로 그런 생각을 떠올리지 못했을 것이다. 절대로.

왜 우리는 가슴 속 깊은 곳에서부터 감사하는가? 가슴 중간에서부터 감사하면 안 되는가? 가슴 전체로 감사하면 안 되는가? 가슴이 아니라 폐나 머리나 비장으로 감사하면 어떤가?

딕 비탈(미국의 유명한 스포츠 해설가)은 왜 좀더 조용한 삶을 살 수 없었을까?

무언가 어리석은 일을 저질렀을 때 우리는 왜 "덕분에 이러저러해서는 안 된다는 것을 배웠어"라고 말해야 할 것을 "덕분에 이러저러해야 함을 배웠어"라고 말할까?

한밤중에 걸려온 전화는 왜 늘 잘못 걸려온 전화일까?

내가 늦으면 비행기나 기차, 버스 등이 정시에 도착하고 내가 정시에 도착하면 비행기, 기차, 버스가 늦어지는 것은 왜일까?

화분을 살 때는 왜 아무리 신중하게 골라도 늘 병든 화분을 사게 되는 걸까?

내 컴퓨터는 시간이 서머타임으로 바뀐 것은 알면서도 왜 내가 어떤 단어에서 글자 하나만 이탤릭체로 바꾸려 하는 것은 못 알아차리는 것일까? 그리고 컴퓨터를 켜려고 할 때마다 전에는 이런 일이 없었다는 듯이 구는 것은 왜일까? 왜 라디오나 오디오처럼 즉시 켜져서 자기 할 일을 하지 않는 걸까? 왜 내부를 점검하고 저작권에 관한 사항을 공지하는 것일까? 무엇보다도 전원을 끌 때 '작업을 종료하시겠습니까?'라는 말이 쓰여 있는 조그만 창을 띄우는 것은 왜일까?

우리가 지구에서부터 가장 멀리 떨어져 있는 항성을 알고, 소리보다 두 배 빠른 속도로 여행을 하고, 바다의 깊이를 측정할 수 있는 세상에 살면서도 여전히 전적으로 쓸모없지는 않은 연필깎이를 만들어내지 못하는 것은 왜일까?

무엇보다도 자유 사회에서 치과의사가 되겠다는 사람이 있는 것은 왜일까?

46. 놀라운 실내

　며칠 전에 나는 산책을 나갔다가 특이한 현상을 접하고 깜짝 놀랐다. 날이 좋았는데도(더할 나위 없이 좋은 날씨로, 이제 겨울이 다가오면 몇 달간은 경험하기 힘든 날씨였다) 거의 모든 자동차가 창문을 올린 채 달리고 있었던 것이다.
　모든 운전자들이 차 안 온도를 바깥세상과 같은 기후조건으로 맞춰놓은 것을 보며 나는 신선한 공기에 관한 한 우리는 약간 제정신이 아니거나 균형감각을 상실한 듯하다고 느꼈다.
　놀랍게도 우리는 인생의 대부분을 인위적인 환경에서 지내는 데 너무 익숙한 나머지 다른 가능성은 생각하지 못한다. 우리는 실내 쇼핑몰에서 물건을 사고, 오늘처럼 완벽한 날씨에도 자동차로, 그것도 창문을 올리고 에어컨을 켠 채 쇼핑몰에 간다. 우리가 일하는 사무실 건물의 창문은 열고 싶어도 열리지 않을뿐더러 열고 싶어하는 사람도 아무도 없다. 우리는 휴가를 떠날 때에도 우리를 외부에 노출시키지는 않으면서도 바깥의 아름다운 경치를 구경할 수 있게 만들어진 대형 캠핑카를 이용하곤 한다. 스포츠 경기도 점차 실내 경기장에서 열리는 추세고, 우리가 어렸을 때 하던 놀이들, 골목에서 자전거를 탄다거나 공원까지 뛰어간다거나 숨바꼭질을 한다거나 공놀이를 하는 것은 거리에서 거의 자취를 감추었다. 요즘 미국의 어느 동네를 가보아도 거리에서 이런 놀이를 하는 아이들을 찾아보기는 쉽지 않다. 아이들이 모두 건물 안에 있기 때문이다. 들리는 것이라곤 사방에서 에어컨 돌아가는 단조로운 소음뿐이다.

전국의 도시들은 시내중심가의 모든 빌딩을 연결하는 스카이워크(외부와 차단된 고가(高架) 통로로, 물론 기후조건이 맞춰져 있다)를 짓게 되었다. 내가 어린 시절을 보낸 아이오와 주 디모인에서는 25년 전, 호텔과 주차장 경사로 사이에 처음 스카이워크가 건설되었는데, 이것이 크게 인기를 끌어서 곧바로 다른 건물들에까지 퍼져나갔다. 요즘은 오마하까지 가는 길의 절반을 바깥바람을 쐬지 않고 갈 수 있을 정도다. 1층의 상가들은 죄다 사람들이 통행하는 2층으로 올라왔으며, 요즘 디모인의 1층 높이에서 볼 수 있는 사람들이라곤 주정뱅이와 담배를 피우러 나온 사무직 근로자들뿐이다. 야외는 쫓겨난 사람들이 가 있는 일종의 연옥이 되었다.

점심시간에 운동복으로 갈아입고 스카이워크를 걷는 사무원들의 모임도 생겨났다. 또한 주로 은퇴자들로 구성된 비슷한 모임들이 전국의 거의 모든 쇼핑몰에서 발견되는데, 이들은 쇼핑이 아니라 운동을 하려고 매일같이 쇼핑몰에서 만나는 사람들이다.

마지막으로 디모인에 갔을 때 나는 우연히 한 친구를 만났다. 운동복 차림의 그 친구는 방금 운동을 마친 듯 얼굴이 상기되어 있었는데, 벨리웨스트 쇼핑몰 하이킹 동호회 사람들과 함께 걷기운동을 하고 나오는 중이라고 했다. 그때가 4월의 아주 화창한 날이었기 때문에 나는 그에게 왜 그 동호회에서는 디모인에 있는 크고 아름다운 공원들을 이용하지 않느냐고 물어보았다.

"비 맞을 일도 없고, 춥지도 않고, 언덕도 없고, 강도도 없으니까."

그는 주저 없이 대답했다.

"하지만 디모인에는 원래 강도가 없잖아."

내가 지적했다.

"맞아, 하지만 왜 그런지 알아? 강도짓을 할 대상이 없기 때문이야."

그는 마치 내가 그런 생각은 못해보았을 거라는 듯이 고개를 끄덕였다. 사실 나는 그런 식으로는 생각해보지 못했다.

이런 이상한 흐름의 한가운데 있는 대표 주자는 테네시 주 내슈빌에 있는 오프리랜드 호텔일 것이다. 얼마 전에 나는 일 때문에 그곳에 다녀왔는데, 참으로 독특한 곳이었다. 우선 그곳은 어마어마하게 크고(본질적으로 하나의 자족적인 도시를 이룬다) 참으로 특이해서, 마치 그레이스랜드(엘비스 프레슬리의 생가)와 《바람과 함께 사라지다》와 몰 오브 아메리카(미네소타 주에 있는 미국 최대의 쇼핑몰)를 한데 섞어놓은 듯한 분위기였다.

하지만 무엇보다도 특이한 것은 오프리랜드 호텔의 완벽한 실내 환경이다. 호텔 한가운데에는 천장이 유리로 덮인 세 개의 아트리움이 있는데, 이곳은 5, 6층 높이에 면적이 9에이커(약 3만 6500m²)에 달해서, 실내이면서도 아무런 불편 없이 야외활동의 온갖 즐거움을 누릴 수 있다. 이곳은 열대식물과 아름드리나무와 폭포수, 시내, '야외' 레스토랑과 카페, 다층식 통로 등으로 가득하다. 그리고 이 모든 것은 마치 1950년대에 〈포퓰러 사이언스〉라는 잡지에 많이 등장하던 삽화, 즉 금성에 있는 우주 식민지에서의 삶이 어떠할지를(혹은 적어도 식민지 주민들 모두가 야구 모자를 쓰고 나이키 운동화를 신은 채 손에 든 음식을 먹으며 거리를 돌아다니는 모습이 어떠할지를) 보여주는 삽화를 떠올리게 한다. 간단히 말해서 그곳은 흠잡을 데 없는, 무균의 자족적인 세계로, 언제나 변함없는 완벽한 기후조건을 갖추었으면서도 지저분한 새와 귀찮은 벌레들이 없고, 지루하거나 변덕스런 날씨도 없고, 여하한 종류의 실재도 없는 그런 곳이다.

그곳에 묵은 첫날 저녁에 나는 발을 질질 끌며 걷는 한 무리의 사람들에게서 벗어나고 싶기도 하고 지상의 날씨가 어떤지 궁금하기도 해서 바깥으로 나와 땅을 밟으며 산책을 하기로 했다. 그런데 막상 나와 보니 어땠는지 아는가? 땅이라고 할 만한 게 없었다. 오직 드넓은 주차장이 거대한 내해(內海)처럼 끝없이 펼쳐져 있었다. 200미터 저쪽에 오프리랜드 놀이공원의 담장이 보였지만 그곳까지 걸어서 갈 수 있는 길은 없었다. 호텔에서 놀이공원으로 가는 유일한 길은 3달러짜리 티켓을 구입하여 에어컨 시설이 갖추어진 버스를 타는 것으로, 버스를 타고 45초 후면 놀이공원 정문에 도착한다.

수천만 대의 주차된 자동차들 사이를 걷지 않는 한 바깥바람을 쐬거나 스트레칭을 할 수가 없었다. 오프리랜드 호텔에서는 야외가 실내이고, 끔찍하게도 이는 수백만 명의 사람들이 세상을 살아가고 싶어하는 방식이기도 하다.

내가 거기 서 있는데 새 한 마리가 내 왼쪽 구두코에 일상적인 새의 배설물 같지는 않은 무언가를 떨어뜨렸다. 나는 하늘을 한 번 쳐다보고 내 구두코를 내려다본 뒤 다시 하늘을 쳐다보았다. 그러고는 이렇게 말했다.

"고마워."

진심에서 하는 말이었다.

47. 죽음의 문턱에서

내가 마지막으로 심각하게 목숨의 위협을 느끼고(정말 금방이라도 죽는 줄 알았다) 저승사자의 명부에 내 이름이 올라 있으리라고 생각한 것은 보스턴에서 뉴햄프셔 주의 레바논으로 가는 비행기 안에서였다.

매사추세츠 주 북부와 뉴햄프셔 주 남부의 옛 공업도시들 위를 지나 그린 산맥과 화이트 산맥이 합쳐지는 코네티컷 강 일대에 도착하는 데에는 50분밖에 안 걸린다. 때는 서머타임이 해제된 직후인 10월의 어느 늦은 오후여서 나는 날이 저물기 전에 붉게 타오르는 가을 산을 감상할 기대에 부풀어 있었는데, 이륙한 지 5분도 안 돼서 우리가 탄 16인승 비행기가 구름 속에서 요동치기 시작했다. 가을 산의 장관을 볼 수 없으리라는 것이 명백해졌다.

나는 책을 읽으면서 기체의 흔들림을 의식하지 않으려고, 비행기의 날개가 날아가고 동체가 굉음을 내며 땅으로 곤두박질치는 등의 불행한 사태를 상상하지 않으려고 애썼다.

나는 소형 비행기를 싫어한다. 대부분의 비행기가 다 싫지만 소형 비행기는 특히 차갑고 진동이 심하고 이상한 소음을 내는 데다 승객이 너무 적어서 사고가 나도 세간의 주목을 끌지 못하기 때문에 더욱 끔찍하다. 신문에는 거의 매일같이 다음과 같은 기사가 난다.

인디애나 주 드리블빌: 오늘 바운스 에어라인에서 운행하는 16인승 통근 비행기가 드리블빌 공항에서 이륙 직후 화염에 휩싸이면서 9명의 탑승객과 승무원 전원이 사망했다. 목격자의 증언에 의하면 사고 비행기는 공중에서 '8'자를 네 번 그린 뒤 지면에 닿을 때까지 시속 3000킬로미터의 속도로 꽤 오랫동안 떨어져 내렸다고 한다. 잘 알려지지 않은 통근 비행기 사고는 지난 일요일 이후로 이번이 11번째다.

소형 비행기는 늘 사고를 일으킨다. 1997년에는 신시내티에서 디트로이트로 가는 통근 비행기가 추락하는 사고가 있었는데, 이 비행기에 타고 있다가 변을 당한 승객 중 한 명은 2주 전에 웨스트버지니아에서 있었던 비행기 추락 사고로 사망한 오빠의 장례식에 참석하러 가는 길이었다.

나는 책에 집중하려 했지만 자꾸 창밖의 어둠속으로 시선이 갔다. 한 시간쯤 지나자 구름 사이를 빠져나와 하강할 수 있었다. 불과 몇 백 피트 아래에 어슴푸레 지상의 풍경이 보였다. 마지막 남은 잔광 속에서 농가가 한두 집 드러났지만 마을은 보이지 않았다. 험준한 산맥이 사방에서 우리를 에워쌌다.

우리는 다시 구름 속으로 날아올라서 몇 분간 비행하다가 다시 아래로 내려왔다. 여전히 레바논이나 다른 동네의 흔적을 찾아볼 수 없었다. 코네티컷 계곡은 작은 마을들로 가득했기에 이것은 참으로 이상한 일이었다. 사방으로 끝없이 뻗어 있는 어두운 숲밖에 보이지 않았다.

우리는 다시 위로 날아올랐고, 그렇게 날아오르기를 두 차례 더했다. 몇 분 뒤 기장이 기내 방송에 나와서 비행기 조종사의 침착하고 차분한 목소리로 말했다.

"눈치 채셨는지 모르겠지만 우리는, 에, 기상 악화로 공항을 찾는 데 어려움을 겪고 있습니다. 레바논 공항에는 레이더가 없기 때문에 우리는 이 모든 것을 육안으로 해야 합니다. 동쪽 해안선 일대에는 온통 안개가 자욱하기 때문에 다른 공항을 이용하는 것은 불가능합니다. 어쨌든 우리는 공항을 찾기 위해 계속 노력할 것입니다. 이 비행기는 조만간 어딘가에 내려앉을 게 확실하기 때문입니다."

마지막 말은 내가 지어낸 것이지만, 기장이 한 말의 요지가 대충 그랬다. 우리는 구름과 사라져가는 희미한 빛 속에서 산속의 공항을 찾아 헤맸다. 비행을 시작한 지 어느새 90분이 되어가고 있었다. 비행기가 얼마나 더 날 수 있을지 모르겠지만 언젠가는 연료가 바닥이 날 게 분명했다. 또한 그 사이에도 구름 속을 오르락내리락하다가 언제 갑자기 산의 경사면에 부딪힐지 알 수 없는 노릇이었다.

이건 불공평했다. 나는 장기 출장을 마치고 집으로 돌아오는 중이었다. 집에 가면 샤워를 한 뒤 비누 냄새와 깨끗한 수건 냄새를 풍기는 아이들이 기다리고 있을 것이고, 저녁식사로 와인과 함께 스테이크와 어니언링을 먹게 될 터였다. 가족들에게 나눠줄 선물도 있었다. 지금은 산속을 비행하기에 좋은 시간이 아니었다. 나는 눈을 감고 마음속으로 기도했다.

'제발, 오 제발, 오 제발, 오 제발, 비행기가 안전하게 착륙할 수 있게 해주세요. 그럼 앞으로 정말 착하게 살겠습니다. 진심이에요. 감사합니다.'

그러자 기적이 일어났다. 우리가 여섯 번째로 구름 속에서 내려왔을 때 저 아래로 평평한 지붕과 네온사인, 케이마트 쇼핑 플라자의 뚱보 고객들, 그리고 그 맞은편의 공항 담장이 보인 것이다. 우리는 방향이 살짝 어긋나 있었지만 기장은 급히 방향을 틀어 활주로에 진입했다. 다른 때 같았으면 나는 놀라서 비명을 질렀을 것이다.

우리는 부드러운 마찰음을 내며 착륙했다. 그렇게 기쁠 수가 없었다. 아내가 차를 가지고 와서 공항 입구에서 기다리고 있었다. 집으로 가는 도중에 나는 상공에서 겪은 아찔한 일들을 전부 이야기해주었다. 비행기 사고로 죽을 뻔한 이야기의 문제는 실제로 죽는 이야기에 비해 박진감이 덜하다는 것이다.

"저런, 큰일 날 뻔했군요."

아내는 내 다리를 토닥이면서 위로하듯 말했지만, 약간 정신이 없어 보였다.

"잠시 후면 집에 도착할 거고, 그럼 특제 콜리플라워 요리가 오븐 속에서 당신을 기다리고 있을 거예요."

나는 아내를 쳐다보았다.

"특제 콜리플라워라고? 이런 젠……."

나는 목청을 가다듬고 다른 목소리로 말했다.

"특제 콜리플라워가 정확히 뭐지, 여보? 나는 스테이크를 먹는 줄 알았는데."

"그러려고 했었죠. 하지만 이게 훨씬 더 건강에 이로워요. 매기 히긴스가 레시피를 알려주었지요."

나는 한숨을 내쉬었다. 매기 히긴스는 건강에 관심이 많은 수다쟁이 아줌마로, 그녀 때문에 나는 끊임없이 특제 콜리플라워 같은 것을 먹어야 했다. 그녀는 금세 내 인생, 혹은 적어도 내 위장의 파괴자로 부상했다.

인생이란 참으로 재미있는 것이다. 한 순간은 살려달라고 기도하면서 그 어떤 어려움에도 불평하지 않겠다고 맹세하더니 다음 순간에는 마음속으로 머리를 짓찧으며 '나는 스테이크가 먹고 싶어. 스테이크가 먹고 싶어. 스테이크가 먹고 싶어' 하고 되뇌니 말이다.

"그런데 내가 말했던가요? 요전 날 매기가 머리에 염색을 하다가 잠이 드는 바람에 머리가 밝은 녹색이 돼버렸다고 말이에요."

아내가 말을 이었다.

"정말이야?"

나는 귀를 쫑긋 세웠다. 이건 정말 희소식이었다.

"밝은 녹색이라고 했어?"

"사람들은 그녀를 위로하느라 레몬색이라고들 말하지만, 사실은 아스트로터프(인공 잔디의 상표명) 색하고 똑같아요."

"놀랍군."

정말 그랬다. 하루에 두 가지의 기도가 응답되다니…….

48. 쇼핑의 괴로움

며칠 전에 나는 막내아들 녀석이 돈을 쓸 수 있게끔 그 아이를 데리고 토이저러스(Toys 'Я' Us)에 다녀왔다.(녀석은 주식중개인의 충고를 무시하고 아나콘다 구리 회사의 주식을 팔아치웠던 것이다.) 그건 그렇고 'Toys 'Я' Us'라니, 이렇게 특이한 이름을 들어본 적이 있는가? 저들은 무슨 뜻에서 그런 이름을 지은 것일까? 이해가 안 간다. 그들은 자기들이 장난감이라고 말하고 있는 걸까? 그 회사 중역들의 명함에는 'Dick 'Я' Me' 같은 문구가 적혀 있을까? 그리고 'R'자는 왜 거꾸로 되어 있는 것일까? 설마 소비자의 감탄을 자아내기 위해서? 무엇보다도 전 세계의 토이저러스 매장은 왜 37군데의 계산대가 있으면서도 늘 하나만 개방되어 있을까?

이러한 것들은 중요한 질문이지만 애석하게도 오늘의 주제는 아니다. 오늘의 주제는 쇼핑이다. 물고기가 물을 만난 듯 쇼핑을 즐기는 미국인들에게 있어서 쇼핑은 삶의 매우 중요한 일부다.

미국인들은 일하고, 잠자고, TV 보고, 피하지방을 늘리는 것을 제외하고는 다른 어떤 여가활동보다 쇼핑에 더 많은 시간을 쏟고 있다. 미국관광산업협회에 의하면 미국인들이 휴가 때 가장 많이 즐기는 활동이 쇼핑이라고 하며, 사실 미국인들은 쇼핑을 중심으로 휴가 계획을 짠다. 해마다 수십만 명이 나이아가라 폭포를 찾지만 그들의 목표는 폭포를 구경하는 데 있지 않고 두 군데의 거대한 쇼핑몰을 둘러보는 데 있다. 머지않아 애리조나 주에 개발이 이루어지면 피서객들은 그랜드캐니언으로 관광이 아니라 쇼핑을 가게 될 것이다. 그랜드캐니언 입구에 135제곱킬로미터의 쇼핑몰이 들어설 예정이므로.

오늘날 쇼핑은 사업이라기보다는 과학이다. 사람들이 어디서, 어떻게, 왜 소비하는지를 알려주는 소비인류학이라는 학문까지 생겨날 정도며, 이 분야의 연구자들은 고객이 상점에 들어선 즉시 오른쪽으로 방향을 틀 확률(87퍼센트)이라든지 일반적으로 손님이 상점에서 다시 나올 때까지 걸리는 시간(2분 36초) 따위를 알고 있다. 그들은 쇼핑객들을 가장 근사해 보이고 마진이 많이 남는 상품 쪽으로 인도하는 가장 좋은 방법을 알고 있고, 고객을 현혹시켜서 자기도 모르게 물건을 구매하게끔 하는 데 가장 효과적인 매장 배치라든가 색깔, 배경음악 등을 알고 있다. 그들은 모든 것을 알고 있다.

여기서 한 가지 의문점이 발생한다. 저들이 소비자의 심리를 그렇게 잘 알고 있을진대 나는 왜 울거나 살인을 저지르고 싶은 충동에 사로잡히지 않고 쇼핑을 할 수 없느냐 하는 것이다. 그 모든 과학에도 불구하고 이 나라에서 쇼핑은 더 이상 즐거운 경험이 아니기에 하는 말이다.

가장 큰 문제는 상점이다. 상점은 하나같이 불쾌한 다음의 세 가지 유형으로 구분된다.

첫 번째 유형은 뭘 좀 물어보고 싶어도 물어볼 점원을 찾아보기 힘든 곳이고, 두 번째 유형은 손님이 싫어하는데도 점원이 자꾸 따라다니면서 귀찮게 하는 곳이다. 세 번째 유형은 손님이 무엇을 찾든 무조건 '7번 통로에 있어요' 하고 대답하는 곳이다. 이유는 모르겠지만 그들은 늘 그렇게 대답한다. 이를테면 이런 식이다.

"여성용 속옷이 어디에 있죠?"

"7번 통로에요."

"애완동물 사료는 어디에 있죠?"

"7번 통로에요."

"6번 통로는 어디에 있죠?"

"7번 통로에요."

내가 가장 싫어하는 유형의 상점은 점원이 계속 귀찮게 따라다니는 곳이다. 이런 곳은 주로 백화점에 많으며, 점원은 남성의류 매장에서 일하는 머리가 희끗한 할머니이기가 십상이다.

"찾으시는 게 있나요?"

"아뇨, 그냥 좀 둘러볼게요."

"그러세요."

그녀는 '당신은 정말 마음에 안 들지만, 나는 누구에게나 웃어보여야 한답니다' 하고 말하는 듯한 억지웃음을 지어 보인다.

나는 매장 안을 돌아다니다가 별 생각 없이 스웨터를 하나 집어 든다. 별로 마음에 드는 것도 아닌데 왜 그랬는지는 모르겠지만, 어쨌든 그렇게 된다.

그 즉시 점원이 다가와서 말한다.

"우리 매장에서 가장 잘 팔리는 옷이랍니다. 한번 입어보시겠어요?"

"아뇨, 됐습니다."

"한번 입어보세요. 잘 어울리실 거예요."

"정말 입어보고 싶은 생각이 없습니다."

"사이즈가 어떻게 되시죠?"

"신경 쓰지 마세요. 그냥 구경만 좀 하다 가겠습니다."

점원은 또다시 미소를 지어보이고는 사라졌다가 30초쯤 후에 또 다른 스웨터를 가지고 나타난다.

"살구색도 있답니다."

"색깔에 상관없이 스웨터 자체가 마음에 안 듭니다."

"그럼 여기 이 근사한 넥타이는 어떠세요?"

"넥타이도 필요 없고, 스웨터도 필요 없고, 아무것도 필요 없습니다. 아내가 미용실에 다녀올 동안 여기서 기다리고 있으라고 해서 여기 있는 거니까 그런 줄 아시고 더 이상 아무 말 말아주세요. 부탁합니다."

"그렇다면 바지는 어떠세요?"

내 말의 의미를 알겠는가? 울든가 아니면 살인을 저지르든가, 둘 중 하나를 선택할 수밖에 없다. 아이러니한 것은 정말로 점원이 필요할 때에는 점원을 찾을 수 없다는 것이다.

토이저러스에서 아들아이는 스타 트루퍼스 우주총인지 뭔지 하는 것을 살 생각이었다. 하지만 그것은 매장 안 어디에도 보이지 않았고, 안내 직원도 보이지 않았다. 가게는 계산대에 앉아 있는 16살 난 소년 하나가 전적으로 맡아 보고 있는 듯했는데, 그의 앞에는 20명도 넘는 사람들이 길게 줄을 서 있었다.

줄서는 것은 내가 잘하는 일이 아니다. 특히 단지 뭔가를 물어보기 위해서 줄을 서는 것은 더더욱. 줄은 고통스러울 정도로 천천히 줄어들었다. 한번은 어떤 청년이 영수증을 교환하는 데에만 10분이 걸려서, 하마터면 그를 살해할 뻔했다.

마침내 내 차례가 되었다.

"스타 트루퍼스 우주총은 어디 있나요?"

내가 묻자 계산대의 소년이 고개도 들지 않고 대답했다.

"7번 통로에요."

나는 그의 정수리를 노려보며 말했다.

"사람 놀리지 말아요."

그가 고개를 들었다.

"뭐라고요?"

"당신네들은 늘 7번 통로에 있다고 하잖아요?"

내 표정에서 무언가를 읽었던지 그의 목소리가 기어들어갔다.

"하지만 손님, 그건 정말 7번 통로에 있다구요."

"없기만 해보라지."

나는 음울하게 말하고는 자리를 떴다.

그로부터 90분 후 우리는 2번 통로에서 우주총을 찾았지만, 내가 계산대로 돌아왔을 때에는 그는 이미 임무교대를 하고 가버린 뒤였다.

그건 그렇고 우주총은 정말 훌륭했다. 고무가 덧대진 다트가 상대방의 이마에 착 달라붙는 게, 상대방에게 고통을 줄 것 같진 않지만 확실히 깜짝 놀라게 해줄 수는 있을 것 같았다. 내가 그것을 쥐고 내놓지 않자 아들아이는 물론 실망했지만, 그러나 어쩌겠는가. 나도 쇼핑을 갈 때 그게 필요한 것을.

49. 다이어트

요즘 들어 나는 음식에 대해 많이 생각한다. 음식다운 음식을 못 얻어 먹고 있기 때문이다. 최근에 아내는 내게 식이요법을 실시하고 있는데, 아내가 고안해낸 이 흥미로운 식이요법은 지방과 콜레스테롤, 나트륨, 칼로리가 없는 맛없는 음식인 한 내가 먹고 싶은 대로 먹게 내버려 두는 것이다. 아내는 내가 굶주리지 않도록 식품점에 가서 겉봉에 '통밀'이라고 쓰여 있는 것을 전부 사가지고 왔다. 확실하진 않지만 엊저녁에도 통밀 커틀릿을 먹었지 싶다. 정말이지 몹시 우울하다.

미국에서 비만은(어쨌든 비만한 사람들에게는) 심각한 문제다. 성인의 절반이 과체중이고 3분의 1이 비만(함께 엘리베이터에 타기가 겁나는 사람들)으로 정의된다.

요즘은 담배를 피우는 사람들이 거의 없어서 비만이 건강의 가장 큰 문제로 부상했다. 해마다 비만과 관련있는 질병으로 사망하는 미국인이 대략 30만 명이고, 과식에서 비롯된 질병(당뇨병, 심장병, 고혈압, 암 등등) 치료에 드는 비용이 1천억 달러에 이른다.(나도 새롭게 안 사실인데, 과체중인 경우 대장암(정말 정말 걸리고 싶지 않은 병이다)에 걸릴 확률이 50퍼센트나 더 높다고 한다. 그 사실을 알고 난 이후로 나는 줄곧 대장항문외과 의사가 나를 진찰하면서 '와! 평생 동안 대체 얼마나 많은 치즈버거를 먹은 겁니까, 브라이슨 씨?' 하고 묻는 광경을 떠올리게 되었다.) 과체중인 경우 우아하게 데이트를 즐길 수 없는 것은 물론 수술 후에 살아날 가능성도 현저하게 줄어든다.

무엇보다도 가까운 사람들로부터 '거구 양반'이라 불리며, 찬장 문을 열고 그야말로 우연히 커다란 과자 봉지를 집어들 때마다 지금 뭐하느냐는 소리를 들어야 한다.

나로서는 이 나라에서 어떻게 늘씬한 체격을 유지할 수 있는지 의아할 뿐이다. 요전날 밤에 애플비 레스토랑엘 갔더니 '환상적인 냄비요리'를 홍보하고 있었다. 다음은 메뉴판에 쓰여 있는 '칠리·치즈·감자 냄비요리'에 대한 설명이다.

이번에 새로 선보이는 '칠리·치즈·감자 냄비요리'는 매콤한 칠리와 녹은 몬테레이잭 치즈 및 체다 치즈를 듬뿍 끼얹고 토마토와 골파와 사워크림을 높이 쌓은 것으로, 바삭바삭한 와플 튀김과 함께 드시면 맛이 일품입니다.

내 말이 무슨 뜻인지 알겠는가? 하지만 이런 건 아무것도 아니다. 참으로 우울한 것은 아내와 아이들은 이런 음식을 먹고도 전혀 살이 찌지 않는다는 사실이다. 종업원이 오자 아내는 이렇게 말했다.

"아이들과 저는 디럭스 수프림 냄비요리에 치즈와 사워크림을 듬뿍 넣은 것 하고, 초콜릿 퍼지 소스를 곁들인 나초(치즈와 칠리소스, 콩 따위를 얹어 구운 토르티야)와 비스킷 그레이비로 할게요."

"이 거구 양반은요?"

"말린 통밀과 물을 가져다주세요."

다음날 아침 내가 아침식사로 오트밀 죽을 먹으면서 이렇게 어처구니없는 다이어트는 처음이라고 말하자 아내는 그렇다면 좀더 나은 다이어트 방법을 찾아오라고 했고, 그래서 나는 도서관에 갔다. 도서관에는 다이어트에 관한 책이 적어도 150권은 돼 보였다. 《버거 박사의 면역력 다이어트》《체중 조절에 관한 솔직한 대화》《로테이션 다이어트》 등 온갖 종류의 책들이 있었지만, 이런 책들은 모두 어딘가 너무 진지해 보이고 왠지 통밀 식사를 강조할 것 같은 느낌을 주었다. 이윽고 내가 찾고 있던 종류의 책을 발견했다. 데일 M. 어트렌스 박사라는 사람이 쓴 《다이어트 하지 마라》라는 책이었다. 이거라면 괜찮을 것 같았다.

평소에 나는 자기 이름 뒤에 '박사'라는 말을 덧붙이는 어이없는 사람들이 쓴 책을 잘 안 읽지만(나는 박사 학위가 있어도 이름 뒤에 '박사'라는 말을 덧붙이지는 않는다), 이번에는 그 책을 들고, 도서관측에서 오후에 딱히 갈 데가 없으면서도 공공시설에서 얌전히 행동할 준비도 안 돼 있는 특이한 사람들을 위해 마련한 독서 공간으로 가서 한 시간쯤 책을 들여다봤다.

이 책의 기본 전제는, 내가 제대로 이해했다면(설명이 다소 엉성하더라도 이해해주시기 바란다. 맞은편에 앉은 사람이 4차원 세계의 누군가와 대화를 나누고 있어서 정신이 사나웠다), 인간의 몸은 추울 때 체온을 유지해주고 기근이 들 때를 대비하여 에너지를 비축하는 지방 조직을 보존하는 쪽으로 진화해왔다는 것이다.

인간의 몸은, 특히 내 몸은 더욱 더 이런 일에 능하다. 그런 점에서 나무두더지와는 완전히 다르다. 나무두더지는 깨어 있는 매순간을 음식물을 섭취하는 데 써야 한다. "나무두더지가 위대한 예술작품이나 음악을 남기지 못한 것은 그런 이유에서일 것이다" 하고 어트렌스는 쓰고 있다. 하하하! 하지만 그건 어쩌면 나무두더지는 나뭇잎을 먹는 데 반해 나는 초콜릿 퍼지 아이스크림을 먹기 때문인지도 모른다.

어트렌스가 지적하는 또 다른 흥미로운 점은 지방이 좀처럼 분해되지 않는다는 것이다. 거지반 굶어죽을 상황에서도 우리 몸은 지방을 움켜쥐고 놓아주려고 하지 않는다.

지방 450그램이 5000칼로리, 즉 보통 사람이 이틀간 섭취하는 열량을 낸다는 점을 생각해보자. 이는 한 주 동안 아무것도 먹지 않는다고 해도 지방이 1.5킬로그램밖에 줄어들지 않는다는 의미이며, 따라서 일주일을 굶어봐야 수영복에 어울릴 만한 날씬한 몸매를 만들 수 없다는 이야기가 된다.

이런 식으로 일주일 동안 자기 몸을 학대하고 나면 자연히 주변에 아무도 없을 때 찬장 속으로 숨어들어가 병아리콩을 제외한 모든 것을 먹어치우게 되고, 따라서 빠졌던 만큼의 지방이 다시 생겨난다. 게다가 더욱 중요한 것은 이제 몸이 나를 믿을 수 없게 됨에 따라 만약의 경우에 대비하여 보다 많은 지방을 체내에 쌓아두려 한다는 것이다.

다이어트가 그토록 고생스럽고 힘든 것은 이래서다. 지방을 없애려 하면 할수록 우리 몸은 더욱 더 지방을 붙들어두려 한다.

그렇기 때문에 나는 기발한 다이어트 방법을 생각해냈다. 내가 '하루에 20시간씩 자기 몸을 속이는 다이어트'라고 부르는 방법인데, 하루 24시간 중 20시간은 사정없이 굶지만, 남은 4시간은 주기적으로(편의상 아침,

점심, 저녁, 야식이라 부르기로 하자) 스테이크와 구운 감자, 사워크림, 초콜릿 퍼지 아이스크림 따위를 내 몸에 공급해줌으로써 내가 굶으리라는 것을 몸이 모르게 하는 것이다. 어떤가, 놀랍지 않은가?

그동안 왜 이런 생각을 못했을까? 통밀만 먹어서 머릿속이 하얘진 탓인지도 모르겠다.

50. 컴퓨터 사용 안내서

디지털 두다 칩이 내장된 앤스랙스 2000 멀티미디어 615X 퍼스널 컴퓨터를 구매하신 것을 축하드립니다. 만약 여러분이 이 컴퓨터를 켜고 구동시킬 수만 있다면 향후 수년간 충실한 사후관리를 받으실 수 있습니다. 본 제품에는 또한 잔디깎기 플래너, 검은색 화면보호기, 남극 지도 등 쓸데없이 메모리만 차지하고 사용자의 시간만 축낼 소프트웨어가 보너스로 탑재되어 있습니다.

그럼 이제 페이지를 넘기고 컴퓨터를 설치해볼까요?

준비

축하합니다. 여러분은 성공적으로 페이지를 넘기고 다음 단계를 수행할 준비를 마쳤습니다.

중요하지만 무의미한 주의사항: 앤스랙스 2000은 80386이나 214J10, 또는 2472Hz보다 높은 사양의 프로세서에서 대략 아무 속도로나 구동되도록 설계되었습니다. 사용하기에 앞서 사무실의 전기배선도와 보험 약관을 먼저 확인하십시오. 세탁기에 넣고 돌리거나 해서는 절대 안 됩니다.

과열 방지를 위해 서늘하고 건조한 곳에 두십시오. 냉장고의 야채 칸이 적당할 듯합니다.

상자를 열고 내용물을 확인하십시오.(주의! 내용물 중 일부가 없어졌거나 파손된 경우 상자를 개봉하지 마십시오. 일단 개봉한 후엔 보상을 받을 수 없습니다. 없어진 내용물을 모두 상자에 넣고, 그 없어진 내용물이 어디로 갔는지 상세한 설명을 첨부하여 반송해주시면 근무일 기준으로 12개월 이내에 새 제품으로 교환해드립니다.)

상자 안에는 다음의 물건들 중 일부가 들어 있어야 합니다: 신비의 초자력 스위치가 부착된 모니터, 키보드, 컴퓨터 본체, 본 제품에 꼭 들어맞지 않을 수도 있는 다양한 전선줄 및 케이블, 2000페이지에 달하는 안내서, 안내서 요약본, 안내서 요약본의 축약본, 유난히 성질이 급하고 멍청한 고객을 위한 초간단 설치 안내서, 1167페이지에 달하는 보증서와 영수증, 스페인어 안내서 및 전단지, 8268리터 부피의 스티로폼 포장재.

구입처에서 알려주지 않은 정보

보너스 소프트웨어를 구동하는 데 드는 추가 전력을 확보하기 위해 앤스랙스 2000의 소프트웨어를 업그레이드하는 보조 팩이 필요하며, 이 보조 팩을 위한 900볼트짜리 축전지와 축전지를 위한 50Mhz 칩, 그리고 이를 구동하기 위한 2500메가기가 바이트의 메모리와 변전소 하나가 추가로 필요합니다.

설치

설치 단계에 도달하신 것을 축하합니다. 아직도 전자공학 학위가 없다면 지금이 학위를 딸 적기입니다.

모니터 케이블 A를 출력단자 D에 연결하세요. 전력장치 서브오비털 Xii를 교류/직류 동축 서보 채널 G에 연결하세요. 3-pin 마우스 케이블을 키보드에 연결하세요.(필요하면 구멍을 하나 더 뚫으세요.) 모뎀 B2를 오디오/비디오 단자에 연결하거나, 아니면 케이블을 대충 맞을 것 같은 구멍에 꽂은 뒤 스위치를 켜서 확인해보세요.

중요하지만 무의미한 주의 사항 2: 앰풀 모듈레이터의 전선은 국제협약에 의해 다음과 같은 색으로 정해져 있습니다: 파란 선 = 접지선 혹은 비접지선, 노란 선 = 비접지선 혹은 파란 선, 파란색 비접지선 = 녹색 접지선, 검은 선 = 만지면 죽는 선.(단, 본 규약은 법으로 금지된 지역에서는 무효임.)

컴퓨터를 켜세요. 하드 드라이브가 자동으로 다운로드될 것이고(사흘에서 닷새쯤 걸림), 다운로드가 완료되면 화면에 '그래, 이제 어쩌라고?'라는 문구가 뜰 것입니다.

이제 소프트웨어를 설치하세요. 디스크 A('디스크 D' 또는 '디스크 G'라고 표시되어 있음)를 디스크 드라이버 B나 J에 넣고 '이봐요! 누구 없어요?'라고 타이핑을 하세요. 그런 다음 DOS 운영체제에서 여러분의 제품 등록번호를 입력하세요. 제품 등록번호는 사용자 고유번호를 입력하면 알 수 있습니다. 마찬가지로 사용자 고유번호는 제품 등록번호를 입력하면 알 수 있습니다. 제품 등록번호와 사용자 고유번호를 모두 모를 경우 소프트웨어 설치 안내센터에 전화하세요.(전화하실 때에는 제품 등록번호와 사용자 고유번호를 꼭 말씀해주시기 바랍니다. 그렇지 않으면 도움을 드릴 수가 없습니다.)

아직 자살하지 않으셨다면 설치 디스켓 1을 디스크 드라이버 2에 넣고 (그 반대일 수도 있습니다), 화면에 나타나는 지시를 따르세요.(주의: 소프트웨어 버전에 따라 터키어 설명이 나올 수도 있습니다.) 각 입력 프롬프트마다 파일 경로를 재설정하고 구동 아이콘을 더블클릭한 후 매크로 레지스터에 디폴트 파일 공식을 선택하세요. 뒷면의 프로펠러에 VGA 카드를 꽂고 'C:\'를 입력한 뒤 아는 사람 모두의 생일을 입력하세요.

이제 화면에 '검색하신 파일 경로가 존재하지 않습니다. 작업을 중단하시겠습니까, 계속하시겠습니까?'라는 메시지가 뜰 것입니다. 만약 계속하게 되면 파일이 망가지거나 하드드라이브가 과열될 우려가 있고, 중단하게 되면 설치 작업을 처음부터 다시 해야 할 수도 있습니다. 선택은 여러분의 몫이니, 각자 알아서 판단하세요.

연기가 가라앉으면 디스크 A2('디스크 A1'으로 표시되어 있음)를 넣고 앞의 설명대로 반복하십시오. 나머지 187개의 디스크 역시 마찬가지입니다.

설치가 끝나면 파일 경로로 돌아가서 여러분의 이름과 주소, 신용카드 번호를 입력하고 '전송' 버튼을 누르세요. 그러면 여러분은 무료 소프트웨어 '검은색 화면보호기 4: 한밤중의 광활한 우주'가 경품으로 걸린 본사의 이벤트에 자동으로 참여하시게 되며, 우리는 여러분의 개인정보를 무수히 많은 컴퓨터 잡지와 온라인 서비스 및 일반 기업에 넘겨줄 수 있을 것입니다.

축하합니다! 여러분은 이제 컴퓨터를 사용하실 수 있습니다.

편지 쓰기

아는 사람의 이름을 넣어서 '친애하는 ___에게'라고 입력하세요. 여러분에 대한 이야기를 몇 자 적으세요. '안녕히 계세요'라고 쓴 다음 여러분의 이름을 입력하세요. 자, 축하합니다. 편지가 완성되었습니다.

파일 저장

여러분이 쓴 편지를 저장하기 위해서는 메뉴에서 '파일'을 선택하세요. 하위폴더 A에서 '되돌리기'를 선택한 후 백업파일의 번호를 입력하고 매크로 대화버튼 옆에 첨부 부호를 넣으세요. '머지' 메뉴에서 두 번째 문서상자를 선택하고 보조문서창을 더블클릭하세요. 타일 창을 '머지'로 설정하고 문서수식기를 삽입하세요. 아니면 작성한 편지를 종이에 옮겨 적은 후 서랍 속에 보관하는 방법도 있습니다.

스프레드시트 사용에 대한 조언

사용하지 마세요.

문제 해결 Q&A

컴퓨터를 사용하는 도중에 오만 가지 문제점이 나타날 수 있습니다. 아래에 일반적인 문제점과 그 해결책을 질의응답 형식으로 제시하였으니 참고하세요.

Q. 컴퓨터가 켜지지 않아요.

A. 컴퓨터 플러그가 꽂혀 있는지 확인하세요. 전원 스위치가 켜져 있는지 확인하세요. 컴퓨터 케이블이 손상되었는지 확인하세요. 뒷마당에 매설되어 있는 케이블이 손상되었는지 확인하세요. 차를 타고 교외로

나가서 송전탑에 이상이 있나 확인하세요. 관계당국에 연락하세요.

Q. 키보드에 아무 키도 없어요.

A. 키보드를 비스듬히 기울여 보세요.

Q. 마우스가 물도 마시지 않고 쳇바퀴도 돌지 않아요.

A. 고단백 식이요법을 시키거나 수의사와 상의하세요.

Q. 계속해서 '치명적인 오류가 발생했습니다'라는 메시지가 떠요.

A. 그건 아마도 계속해서 컴퓨터를 사용하려 한 탓일 겁니다. 컴퓨터를 끄면 그런 메시지도 사라집니다.

Q. 내 컴퓨터는 아무짝에도 쓸모없는 쓰레기예요.

A. 맞습니다. 그리고 축하합니다. 이제 앤스랙스 3000 터보 모델로 업그레이드할 때가 되었습니다. 아니면 다시 펜과 종이로 돌아가시든가요.

51. 자동차를 렌트하는 법

우리 가족이 미국으로 돌아온 지도 어언 2년 반이 되어간다. 지금쯤은 미국 생활에 익숙해졌을 법도 하건만 사실은 그렇지가 못하다. 나는 아직도 현대 미국의 복잡다단한 생활에 혼란스러울 때가 많다. 이곳에서는 모든 게 복잡하기 짝이 없다.

몇 주 전, 보스턴 공항에서 차를 렌트하려다가 이 점을 새삼 절감했다. 렌터카 업체의 직원은 나와 관련된 모든 번호를 기록하고 내 신용카드 몇 개를 단말기에 긁더니 이렇게 말했다.

"제3자 파손 면책 보험에 가입하시겠습니까?"

"글쎄요……, 그게 뭔가요?"

내가 자신 없는 목소리로 물었다.

"상대방이 고객님에게 면책 보상을 요구해오거나 고객님이 제3자의 사돈의 팔촌을 대신하여 보장 신청을 할 경우 보상을 받을 수 있게 해주는 보험입니다."

"그건 쌍방간 상호 의무 면제를 신청하지 않았을 경우에만 가능하다오."

내 뒤에 줄 서 있던 사람이 말했다. 나는 머리가 돌 것 같았다.

"아뇨, 그건 뉴욕에서만 그렇습니다. 메사추세츠 주에서는 다리가 하나 없는 장애인이면서 세법상 북아메리카 거주자가 아닌 한 쌍방간 상호 의무 면제를 신청할 수 없게 되어 있지요."

렌터카 업체 직원이 내 뒷사람의 말을 정정해주었다.

"아마 상대방에 대한 면책 불인정 무효화 보험을 생각하셨던가 보군요. 혹시 로드아일랜드 주에서 오셨나요?"

내 뒤에 뒤에 서 있는 사람이 내 뒤에 서 있는 사람에게 말했다.

"맞아요."

내 뒷사람이 대답했다.

"그러니까 그렇죠. 로드아일랜드에는 이중 마이너스 분할 가중 가변 처리 제도라는 게 있으니까요."

"도대체 무슨 말인지 하나도 모르겠군요."

내가 울상이 되어 말하자 업체 직원이 설명을 시작했다.

"아주 간단합니다. 만약 고객님이 상대방에 대한 면책 불인정 무효화 보험은 들었지만 본인과 제3자에 대한 보장 보험은 들지 않은 누군가를 차로 치었다고 가정해보기로 하지요. 이 때 고객님이 제3자 파손 면책 보험에 가입해 있다면 고객님은 기존에 가입해 있던 자동차 보험의 역보상 단수 면책 항목에 대한 청구권을 행사하시지 않아도 됩니다. 그런데 고객님은 전복 사고에 대한 개인 보상 한도를 얼마로 하고 있으시지요?"

"잘 모르겠는데요."

내가 대답하자 그는 나를 빤히 쳐다보았다.

"모르신다구요?"

그 순간 줄 서 있던 사람들끼리 눈웃음을 주고받는 게 느껴졌다.

"이런 일은 늘 아내가 해와서요."

"에……, 그러면 고객님의 중복 위반 기준선은 얼마나 되죠?"

나는 완전히 풀이 죽었다.

"모르겠는데요."

그는 한숨을 내쉬었다. 마치 고속버스를 타고 가는 편이 더 낫겠다고 말하기라도 하는 것처럼.

"고객님은 슈퍼보장 2배 종합 전환 보험에 가입하시는 게 좋겠네요."

"등급별 사망 보험금 항목을 넣어서 말이죠."

내 뒤에 뒤에 서 있는 사람이 말했다.

"그게 다 뭔가요?"

내가 절망감에 휩싸여 묻자 렌터카 업체 직원이 설명서를 건넸다.

"여기 이 설명서에 다 나와 있습니다. 기본적으로 고객님은 절도와 화재, 사고, 지진, 핵전쟁, 늪지대의 가스 폭발, 열차 탈선, 운석 충돌 및 고의적인 사망에 대해 1억 달러까지 보상 받으실 수 있어요. 단, 그 사건들은 모두 동시에 일어나야 하며, 사건이 발생하기 24시간 전에 서면으로 사고계획서를 제출하셔야 합니다."

"보험료가 얼만데요?"

"하루에 172달러입니다. 그렇지만 스테이크용 나이프 세트를 사은품으로 드린답니다."

내가 뒤에 있는 사람들을 쳐다보자 그들은 고개를 끄덕였다.

"좋아요, 그렇게 하지요."

나는 완전히 기진맥진해져서 이렇게 대답하고 말았다.

"그러면 이제 '주유대행안심 옵션'과 '자가주유저가 옵션' 중에서 어떤 걸로 선택하시겠습니까?"

"그건 또 뭔가요?"

나는 이 악몽에서 아직 헤어나지 못한 것을 깨닫고 낙심했다.

"주유대행안심 옵션을 선택하시면 차를 반납하실 때 연료통이 비어 있어도 괜찮습니다. 저희가 32달러 95센트를 받고 채워드립니다. 다른 옵션을 선택하실 경우 차를 반납하기에 앞서 고객님이 기름을 채워놓아야 합니다. 그러면 저희가 32달러 95센트를 '기타' 항목에 포함시켜 요금을 청구하게 되지요."

나는 주변 사람들과 상의한 끝에 첫 번째 옵션을 택하기로 했다.

렌터카 업체 직원이 서류에 표시를 한 후 다시 물었다.

"'차량위치확인 옵션'을 선택하시겠습니까?"

"그게 뭔데요?"

"렌트하신 차가 어디에 주차되어 있는지 알려드리는 서비스입니다."

"그거 하는 게 좋아요."

옆에 있던 사람이 열을 올렸다.

"언젠가 시카고에서 그 옵션을 넣지 않고 차를 렌트했다가 그 망할 놈의 차를 찾느라 공항 주변을 이틀 반이나 헤매고 돌아다녔다오. 결국 피오리아(일리노이 주 가운데에 있는 도시) 인근의 옥수수 밭에서 방수포를 뒤집어 쓰고 있는 것을 발견했지만."

그래서 그 옵션도 추가하기로 했다. 내가 200여 페이지에 달하는 복잡한 옵션들을 모두 훑으며 선택 여부를 결정하고 나자 렌터카 업체 직원은 내게 계약서를 내밀었다.

"여기, 여기, 여기에 사인하세요. 그리고 여기, 여기, 여기, 여기에……, 그리고 이쪽에 이니셜을 써 넣으세요."

"이니셜은 왜 쓰나요?"

내가 근심스럽게 묻자 그는 이렇게 대답했다.

"이건 차를 제때 반납하지 않을 경우 저희 쪽에서 고객님의 자녀분이나 값비싼 전자제품을 압류할 수 있다는 데 동의하시는 거고, 이건 분쟁이 발생했을 경우 저희가 고객님을 고문하는 데 동의하시는 겁니다. 이건 소송을 제기하지 않겠다는 내용이고, 이건 이 시간 이후로 고객님이 렌트하신 차량에 작은 흠집이라도 나면 고객님의 책임이라는 뜻입니다. 그리고 이건 버니스 코윌스키의 송별회를 위해 25달러를 기부한다는 내용입니다."

내가 무슨 말을 하기도 전에 그는 계약서를 치우고 공항 지도를 펼쳤다.

"자, 이제 차가 어디 있는지 가르쳐드리지요."

그는 마치 어린이용 미로찾기 퍼즐이라도 하는 것처럼 지도 위에 선을 그어가며 설명했다.

"터미널 A에서 터미널 D까지 빨간 표지판을 따라가세요. 그런 다음 노란색과 녹색 표지판을 따라서 R구역 주차장의 에스컬레이터로 가세요. 에스컬레이터를 타고 만남의 광장으로 가서 '미시시피 계곡 새틀라이트 주차장'이라고 쓰여 있는 셔틀버스를 타고 A427웨스트 주차장에서 내리세요. 흰색 화살표를 따라서 항만 터널과 검역소, 수질관리센터를 지나 22레프트 활주로를 건너가면 멀리 울타리가 보일 겁니다. 울타리를 넘어서 강둑을 따라 내려가면 12604번 베이(기둥과 기둥 사이의 한 구획)에 빨간색 토로가 주차되어 있을 겁니다. 금방 눈에 띄니까 쉽게 찾으실 수 있을 거예요."

그는 여러 가지 서류와 보험증서 등이 들어 있는 커다란 상자와 차 열쇠를 내게 건넸다.

"행운을 빌어요."

그가 내 등 뒤에다 대고 소리쳤다.

물론 나는 차를 찾지 못했고, 약속 시간에 많이 늦었다. 그러나 공정하게 말하자면, 사은품으로 받은 스테이크용 나이프는 제법 쓸 만했다.

52. 비행기 안에서의 악몽

우리 아버지는 신문사의 스포츠 담당 기자였기 때문에 아직 비행기를 이용하는 사람들이 많지 않던 시절에 비행기를 탈 일이 많았는데, 가끔은 나를 동반하곤 했다. 물론 아버지와 함께 주말을 보내는 것은 신나는 일이었지만, 이러한 경험의 중심에는 비행기를 타고 어디론가 떠난다는 짜릿한 기쁨과 설렘이 있었다.

내게는 비행기를 탈 때의 그 모든 과정이 특별하게 느껴졌으며, 마치 내가 특권층이 된 듯한 기분이었다. 탑승 수속을 마치고 나면 나는 옷을 잘 차려 입은 소수 집단의 일원이 되어(그 당시만 해도 비행기를 탈 때는 옷을 잘 차려 입고 타던 시절이었다) 은빛으로 반짝이는 널따란 활주로를 가로질러서 바퀴 달린 사다리를 올랐다. 기내에 들어서면 마치 특별한 클럽에 온 듯한 느낌이었다. 좌석은 편안하고 어린 소년이 앉기에는 꽤 넓었는데, 그 좌석에 앉아 있노라면 미소 띤 스튜어디스가 다가와 '보조 조종사'나 그 비슷한 중요한 직책이 쓰여 있는, 날개 달린 배지를 건네주곤 했다.

이제는 그 모든 낭만이 사라진 지 오래다. 요즘의 상업용 비행기들은 날개 달린 버스에 지나지 않고, 항공사들은 거의 예외 없이 승객을 짐짝처럼, 마치 오래 전에 목적지까지 날라다 주기로 약속해놓고 지금은 후회하고 있는 그런 귀찮은 화물처럼 여긴다.

지면 관계상 다 이야기할 수는 없지만 그 밖에도 기운 빠지는 이야기는 많다. 예약을 정원 이상으로 받는다든지 끝없이 줄을 서 있어야 한다든지, 비행기가 연착한다든지, 댈러스 행 '직행' 비행기가 스크랜턴과 내슈빌을 거쳐 가느라 90분을 더 소요한 데다 도중에 비행기를 두 번 갈아타야 했다든지, 게이트의 직원들 중 친절한 사람을 찾아보기 힘들다든지, 얼간이 취급을 받는다든지 등등.

그러나 기이하게도 항공사들은 아직도 1955년인 것처럼 군다. 안전교육을 예로 들어보자. 오랜 세월이 지난 지금까지도 왜 승무원들은 구명조끼를 입고는 작은 줄을 잡아당겨 구명조끼에 바람을 넣는 법을 시연해 보이는가? 더욱 어이없는 것은 구명조끼마다 조그만 플라스틱 호루라기가 들어 있다는 사실이다. 나는 늘 바다를 향해 시속 1900킬로미터로 수직 낙하하면서 '호루라기가 있어서 참 다행이다' 하고 생각하는 나 자신을 상상해본다.

저들은 아무 생각이 없기 때문에 대체 무슨 생각을 하고 있는지 물어봐야 소용없는 일이다. 최근에 나는 보스턴 발 덴버 행 여객기를 탔다. 머리 위의 짐칸을 열자 바람을 넣은 구명보트가 들어 있었다.

"여기 보트가 있는데요."

나는 놀라서 지나가는 승무원에게 말했다.

"그렇습니다, 선생님."

승무원이 재빨리 말을 받았다.

"이 비행기는 해상 비행과 관련한 연방항공국 규정을 지킨답니다."

나는 어이가 없어서 그를 빤히 쳐다보았다.

"보스턴에서 덴버까지 가는 동안 바다를 건널 일이 있던가요?"

"해상 비행 스케줄이 잡혀 있든 그렇지 않든 상관없이 이 비행기는 해상 비행과 관련한 연방항공국 규정을 준수합니다."

"지금 해상에서 비행기가 추락하면 150명의 승객이 2인용 보트를 타야 한다고 말하고 있는 겁니까?"

"아닙니다, 선생님. 이쪽에 보트가 한 대 더 있답니다."

그는 반대편 짐칸을 가리켰다.

"그러니까 150명이 두 개의 보트에 나눠 타야 한다는 거군요? 조금 불합리하다고 생각되지 않나요?"

"선생님, 규칙을 만든 사람은 제가 아닙니다. 그리고 선생님은 지금 통로를 막고 계십니다."

고객이 조금만 압력을 가하면, 아니 압력을 가하지 않았을 때에조차도 항공사 직원들은 모두 이런 식으로 말한다. 항공산업만큼 서비스와 고객 만족에 대한 관념이 희박한 것도 없다. 고객의 아무런 악의 없는 행동(카운터의 발권 담당 직원이 고객을 맞을 준비가 되기 전에 카운터로 다가간다거나, 비행기가 연착되는 이유를 묻는다거나, 머리 위의 짐칸이 구명보트로 차 있을 때 코트를 어디다 두어야 할지를 묻는 등)에 승무원들이 야멸친 반응을 보일 때가 참 많다.

사실 요즘은 나처럼 질서를 존중하는 몇몇 유순한 사람들을 제외한 대다수의 사람들은 이런 대우를 받아 마땅한 측면이 있다. 그들은 기내 반입이 허가된 수하물 크기보다 적어도 배 이상은 큰 수하물이나 볼록한 옷

가방을 가지고 기내에 들어오는 까닭에 사람들이 다 타기도 전에 머리 위의 짐칸이 가득 차게 마련이다. 그들은 짐칸을 확보하려고 자신들의 좌석번호가 불리기도 전에 우르르 올라탄다. 요즘에는 어느 비행기에나 자기 좌석번호가 불리기도 전에 가서 자리에 앉는 승객이 20퍼센트는 된다. 나는 수년간 이런 광경을 목격해왔기 때문에 미국의 항공기가 승객을 태우고 이륙할 때까지 걸리는 시간이 다른 선진국들의 두 배라고 자신 있게 말할 수 있다.

그 결과 항공사 직원들과 승객들 사이에 언쟁이 벌어지고, 종종 아무런 잘못도 없는 승객들에게 피해가 돌아간다.

특히 몇 년 전 아내와 아이들을 데리고 비행기를 탔을 때의 일이 기억난다. 미니애폴리스에서 런던 행 여객기를 탔는데, 타고 나서 보니 우리 여섯 명의 좌석이 뿔뿔이 흩어져 있었다. 어리둥절해진 아내가 지나가던 스튜어디스에게 그 이야기를 했다.

스튜어디스가 탑승권을 들여다보았다.

"그렇군요."

그녀는 이렇게 말하고는 발길을 옮겼다.

"하지만 몇 명은 같이 앉아서 가야 하는데요."

아내가 말했다.

스튜어디스는 아내를 쳐다보더니 공허한 웃음을 웃었다.

"글쎄요, 지금은 조금 늦었어요. 사전에 탑승권을 살펴보지 않으셨나요?"

"제일 위에 있는 것만 보았지요. 발권 담당 직원이 우리 일행의 좌석이 서로 떨어져 있다는 이야기는 안 했거든요."

"지금으로서는 해드릴 수 있는 일이 아무것도 없습니다."

"하지만 어린 아이들은 어쩌고요?"

"죄송합니다. 그냥 가시는 수밖에 없습니다."

"8시간에 걸쳐 대서양을 건너는 동안 두 살배기와 네 살배기 아이를 혼자 앉아 있게 하란 말인가요?"

아내가 물었다.

스튜어디스는 화난 표정으로 천천히 한숨을 내쉬고는 친절해 보이는 백발의 노부부에게 부탁해서 아내와 두 어린것이 같이 앉아서 갈 수 있게 해주었다. 다른 두 아이와 나는 서로 떨어져 앉아서 갔다.

"다음번에는 비행기에 오르기 전에 탑승권을 확인하세요."

스튜어디스가 자리를 뜨면서 아내에게 한마디 했다.

"아뇨, 다음번엔 다른 항공사를 이용할 겁니다."

아내가 대답했다. 그 이후로 우리는 다른 항공사를 이용하고 있다.

"그리고 언젠가 내가 신문 칼럼을 쓰게 되면 이 이야기를 꼭 쓸 거요."

내가 스튜어디스의 뒤에다 대고 거만한 목소리로 말했다. 물론 내가 정말로 그렇게 말한 것은 아니고, 또 우리에게 그런 부당한 대우를 한 항공사가 노스웨스트 에어라인이라고 밝히는 것은 직권남용이 될 터이기에 그렇다고 말하지는 않겠다.

53. 다양성의 과잉

마침내 뭐가 잘못됐는지 알았다. 바로 모든 게 너무나 많다는 것이 문제였다. 시간과 돈과 솜씨 좋은 배관공, 그리고 내가 문을 잡고 기다려주었는데도 고맙다는 말 한마디 없이 쑥 들어가 버리는 사람들을 제외하곤 모든 게 너무나 많다.(다음번에 내가 문을 잡아줄 때 고맙다는 말을 하지 않는 사람은 허리를 다치게 되리라고 이 자리를 빌려 미리 밝혀두는 바이다.)

물론 미국은 풍요와 다양성의 나라이며, 우리가 이곳으로 옮긴 후에도 오랫동안 나는 어딜 가든 선택의 폭이 넓다는 데 놀라고 감격했다. 미국에서 처음으로 슈퍼마켓에 갔을 때 성인용 기저귀가 18종류도 넘게 있는 것을 발견하고 깜짝 놀랐던 일이 기억난다. 두세 종류라면 이해할 수 있다. 대여섯 종류만 돼도 충분할 것이다. 그런데 18종류라니, 놀랍지 않은가. 미국에는 제품의 종류가 참으로 다양하다. 성인용 기저귀의 종류가 얼마나 다양한지 한번 살펴보자. 향내가 나는 것도 있고 엠보싱 처리를 해서 착용감을 부드럽게 한 것도 있다. '이런, 살짝 지렸네!'에서 '어이쿠! 폭포수처럼 쏟아졌군!'까지 각각 그 용도와 특징이 다른 다양한 제품이 나와 있다. 물론 '이런, 살짝 지렸네!'나 '어이쿠! 폭포수처럼 쏟아졌군!'이 실제로 사용되는 상표명은 아니지만, 대충 그런 취지에서 만들어졌다는 뜻이다. 심지어 색깔도 선택할 수 있다.

그 밖에도 냉동피자나 애완견 사료, 아이스크림, 시리얼, 쿠키, 포테이토칩 등 거의 모든 제품이 말 그대로 수백 가지가 나와 있다. 새로운 맛이 또 다른 새로운 맛을 낳는 듯하다. 내가 어렸을 때에는 시리얼은 시리얼일 뿐이었다. 그런데 요즘엔 시리얼에 설탕이나 계피 가루를 입혀서 바나나 모양을 비롯한 온갖 모양으로 만들어낸다.

모든 게 다 그렇다. 요즘은 크레스트(치약 상표명) 치약만 해도 서른다섯 가지나 된다. 〈이코노미스트〉지에 의하면 "미국의 슈퍼마켓에서 기침약과 감기약을 진열해 놓는 선반의 길이만 6미터쯤 된다."(지난해에 미국에서 새로이 출시된 소비재 2만 5500종 중 93퍼센트가 기존의 제품을 변형한 것에 불과하다는 사실은 굳이 말할 필요도 없으리라.)

영국에서 20년을 살다 온 내게는 이 모든 게 경이로웠다. 하지만 요즘 들어서는 선택의 여지가 지나치게 많은 게 아닌가 하는 생각이 든다. 최근에 나는 오리건 주 포틀랜드에 있는 공항의 커피 판매대에서 15명쯤 되는 사람들 뒤에 줄을 서 있다가 그런 생각을 하게 되었다. 그때가 새벽 5시 45분이어서 아직 잠이 덜 깼을 때인데 나는 20분 안에 비행기를 타야 했고, 그 전에 꼭 카페인을 섭취해야 했다. 어떤 상태인지 여러분도 잘 아실 것이다.

예전에는 커피를 마시고 싶으면 그냥 커피를 주문하면 됐다. 그러나 포틀랜드 공항의 1990년대식 커피 판매대에서는 최소 20종류의 커피(보통 라테, 캐러멜 라테, 브레브, 마키아토, 모카, 에스프레소, 에스프레소

모카, 아메리카노 등등)를 다양한 크기의 컵으로 판매한다. 머핀과 크루아상, 베이글, 패스트리도 온갖 종류가 다 있다. 따라서 주문을 하면 보통 이런 식이다.

"디카페인 모카를 넣은 캐러멜 라테 콤보에 시나몬 트위스트하고 저지방 크림치즈 베이글로 주세요. 그런데 이 가게에서 쓰는 양귀비 씨는 고도 불포화 식물성기름으로 볶은 건가요?"

"아뇨, 저희는 더블 엑스트라 라이트 카놀라유를 사용하는데요."

"오, 그렇담 안 되겠네요. 뉴욕 식 호밀 퍼지 크루아상으로 주세요. 그 안에는 어떤 유화제가 들어갔죠?"

나는 마음속으로 손님들의 귀를 잡고 머리를 20번쯤 흔들면서 "비행기가 출발하기 전에 커피와 빵을 사야잖소. 간단한 걸로 주문하란 말이오" 하고 말하는 광경을 상상해보았다.

이 사람들로서는 다행스럽게도 나는 아침에 커피를 마시기 전까지는 힘을 쓰지 못한다. 고작해야 일어나서 옷을 입고 커피를 주문하는 게 전부일 뿐, 그 이상은 불가능하다. 따라서 15명의 사람들이 지나치게 까다롭고 복잡한 주문을 하는 동안 나는 그냥 서서 기다렸다.

마침내 내 차례가 되었다. 내가 한 발 앞으로 다가서며 말했다.

"커피 특대 사이즈로 하나 주세요."

"어떤 종류로 드릴까요?"

"아주 큰 컵에 든 뜨거운 커피로요."

"네, 하지만 어떤 종류요? 모카? 마키아토? 아니면 어떤 거요?"

"보통 커피면 아무거나 괜찮아요."

"아메리카노로 드릴까요?"

"그게 보통 커피를 의미한다면 그걸로 주세요."

"글쎄요, 전부 다 커피인데요."

"매일같이 수백만 명의 사람들이 마시는 보통 커피로 달라구요."

"그러니까 아메리카노 말씀이시죠?"

"그런 것 같군요."

"보통 크림으로 드릴까요, 아니면 저칼로리 크림으로 드릴까요?"

"크림은 필요 없어요."

"하지만 크림과 같이 나오는걸요."

"이봐요."

나는 낮은 목소리로 말했다.

"지금은 아침 6시 10분이에요. 나는 15명의 까다로운 손님들 뒤에서 20분이나 서 있었고, 이제 곧 비행기를 타야 한다고요. 지금 당장 커피를 내놓지 않으면, 지금 당장에 말이오, 누군가를 죽일지도 몰라요. 그리고 그 누군가는 아마 당신이 될 거요.(여러분도 아시다시피 나는 아침형 인간이 아니다.)"

"그러니까 저칼로리 크림으로 달란 말씀인가요, 보통 크림으로 달란 말씀인가요?"

대화는 그런 식으로 계속되었다.

무엇을 사든 선택의 폭이 너무 넓어서 시간이 원래의 10배는 더 걸리지만, 이상하게도 이것은 불만족을 낳는다. 물건의 종류가 다양하면 다양할수록 사람들은 더욱 다양한 물건을 찾고, 더욱 다양한 물건을 찾을수록 사람들은 더욱 더 다양한 물건을 찾는다. 여러분은 모든 것을 더욱 더 많이 원하는, 끊임없고 억제할 수 없는 욕구를 지닌 수백만 명의 사람들에게 둘러싸인 느낌을 받을 때가 있을 것이다. 우리는 소매점을 돌면서 새로운 물건과 옷과 음식을 찾는 게 주된 여가활동이 된 사회에 살고 있는 듯하다.

지난번에 아침식사를 하러 식당에 갔을 때 나는 9가지의 달걀(삶은 달걀, 스크램블드에그, 노른자가 위로 올라온 달걀 프라이, 노른자를 깨지 않고 앞뒤로 뒤집어 익힌 프라이, 기타 등등)과 16가지의 팬케이크, 6종류의 주스, 2가지 모양의 소시지, 4종류의 감자, 8종류의 토스트와 머핀, 베이글 중에서 각각 하나씩을 골라야 했다. 담보대출을 받는 데에도 절차가 이렇게까지 까다롭지는 않을 것이다. 내가 이제 다 끝났으려니 생각하고 있을 때 웨이트리스가 물었다.

"거품 버터와 일반 버터, 버터와 마가린이 섞인 것, 버터 대용품 중 어떤 걸로 드릴까요?"

"농담이시죠?"

내가 말했다.

"버터를 가지고 농담하지는 않습니다."

"그렇다면 일반 버터로 주세요."

내가 힘없이 대답했다.

"저염 버터로 드릴까요, 무염 버터로 드릴까요, 아니면 보통 버터로 드릴까요?"

"놀랍군."

나는 속으로 말했다.

놀랍게도 아내와 아이들은 이 모든 것을 마음에 들어 했다. 그들은 아이스크림 가게에 가서 75가지 맛의 아이스크림 중 한두 가지를 골라 75

가지 토핑 중 몇 개를 선택해서 먹는 것을 아주 좋아한다.

나로 말할 것 같으면 보다 단순하고 간소한 영국적인 방식이 그립다. 27가지의 피자로 가득 찬 유리 진열대나 126종류의 프레첼을 파는 푸드코트를 마주치면 나는 맛있는 차 한 잔과 거의 아무 맛도 안 나는 담백한 빵이 먹고 싶어진다. 하지만 이런 식으로 생각하는 사람은 우리 가족 중에 나 한 사람뿐일 것이다. 아내와 아이들도 언젠가는 고르는 데 지치겠지만, 아직까지는 그런 조짐이 보이지 않는다.

그러나 긍정적으로 생각하자면, 최소한 나는 성인용 기저귀에 대해서만큼은 만족이다.

54. 당황스러운 순간들

내가 썩 잘해내지 못하는 일들 중에서도 으뜸은 단연 현실 세계에서 사는 것이다. 내게는 굉장히 어렵게 느껴지지만 다른 사람들은 별 어려움 없이 해내는 일들이 어찌 그리 많은지 놀라울 따름이다. 예컨대 나는 극장에서 화장실을 찾아 헤매다가 문이 저절로 잠기는 바람에 몹시 당황한 적이 한두 번이 아니다. 요즘은 하루에 두세 번은 호텔 데스크로 되돌아가서 내 방 번호를 묻는 게 일이다. 간단히 말해서 나는 당황하여 어찌할 바를 모를 때가 많다.

내가 이런 생각을 하게 된 것은 마지막으로 가족여행을 떠났을 때였다. 부활절 휴일이라 우리는 한 주 동안 영국에 다녀오기로 했다. 보스턴에 있는 공항에 도착해서 탑승 수속을 하려는데 문득 얼마 전에 브리티시 에어웨이 사의 우수고객을 위한 프로그램에 회원으로 가입한 사실이 기억났다. 그리고 그 회원카드가 내 목에 걸려 있는 가방 안에 들어 있다는 것도. 문제는 여기서 시작되었다.

가방의 지퍼가 잘 안 열렸던 것이다. 나는 힘을 주어서 억지로 지퍼를 잡아당겼다. 저절로 신음소리가 나고 얼굴이 찌푸려졌다. 아내가 탑승 수속을 하는 동안 나는 열리지 않는 지퍼와 씨름하며 혼자만의 세계에 몰두해 있었다. 지퍼를 잡아당기고, 이리저리 살펴보고, 다시 휙 잡아챘다. 입에서는 아까보다 더 큰 신음소리가 새어나왔다. 있는 힘을 다해 잡아당겼더니 지퍼가 열리면서 가방 안에 들어 있던 물건들, 신문에서 오려낸 기사들과 서류, 400그램짜리 파이프 담배 통, 잡지, 여권, 영국 돈, 필름이 죄다 쏟아져 나와서 테니스 코트만한 공간에 흩어졌다.

주의 깊게 분류해둔 수백 장의 서류가 깃털처럼 쏟아져 내리고 동전이 요란한 소리를 내면서 흩어지고 뚜껑 열린 담배 통이 내용물을 토해내며 미친 듯이 구르는 광경을 지켜보면서 나는 할 말을 잃었다.

"내 담배!" 영국에서 그 만큼의 담배를 사려면 얼마가 들지를 생각하자 놀라서 비명이 튀어나왔지만, 지퍼에 끼인 손가락에서 피가 나는 것을 본 다음에는 비명이 "내 손가락! 내 손가락!"으로 바뀌었다. 보통 때 나는 피 흘리는 사람들 근처에도 못가지만, 피 흘리는 사람이 나인 경우에는 그야말로 히스테리 발작을 일으킨다. 어찌나 놀라고 당황했던지 머리카락이 다 곤두설 지경이었다.

아내가 놀란 표정(화를 내거나 짜증스러워 하는 표정이 아니라 그저 순수하게 놀란 표정이었다)으로 나를 보며 "당신이 이러고 다닌다는 게 믿어지지 않아요" 하고 말했다.

하지만 나는 평소에 그러고 다닌다. 나는 여행을 할 때마다 불운에 휩싸인다. 한 번은 비행기 안에서 구두끈을 묶으려고 허리를 굽힌 순간 앞 좌석에 앉은 사람이 의자를 완전히 뒤로 젖히는 바람에 꼼짝없이 의자 등받이와 바닥 사이에 끼인 처지가 되었고, 옆 사람의 발목을 붙잡고서야 간신히 빠져나올 수 있었다.

또 한 번은 옆자리에 앉아 있던 자그마한 체구의 할머니 무릎에 음료수를 엎질렀다. 승무원이 와서 할머니의 무릎에 묻은 음료수 자국을 닦아주고 내게 음료수를 새로 가져다주었지만, 나는 그것을 받자마자 또 다시 할머니에게 쏟고 말았다. 지금까지도 어떻게 그런 일이 일어났는지 알 수가 없다. 새로 가져다준 음료수를 받으려고 팔을 뻗은 기억, 그리고 내 팔이 마치 〈죽지 않는 팔〉 같은 1950년대 공포영화에 나오는 싸구려 소품처럼, 들고 있던 음료수를 할머니 무릎에 흩뿌리는 광경을 무기력하게 지켜보던 기억은 있다.

할머니는 나 때문에 연거푸 물에 빠진 사람에게서 볼 수 있을 법한 딱딱하게 굳은 표정으로 나를 쳐다보고는 '오'로 시작해서 '제발'로 끝나며, 그 사이에는 내가 일찍이 공공장소에서, 그것도 수녀에게서는 결코 들어본 적이 없는 어휘가 들어간 맹세의 말을 진지하게 내뱉었다.

그렇지만 이것이 기내에서 경험한 최악의 사건은 아니었다. 최악의 사건은 내가 펜 끝을 물어뜯어가며 공책에다 중요한 생각('양말 사기,' '음료수 꼭 쥐고 있기' 등등)을 쓰다가 옆자리의 매력적인 아가씨와 대화를 나누던 중에 발생했다. 한 20분쯤 점잖게 이야기를 하다가 화장실에 가서 보니 펜이 새서 입술과 혀와 이와 잇몸이 온통 짙은 푸른색이었고, 그 푸른색 잉크 자국은 며칠 동안 지워지지 않았다.

그러므로 여러분은 내가 얼마나 점잖게 행동하고 싶어하는지 모른다고 말할 때, 그렇게 말하는 내 심정을 이해해주시기 바란다. 나는 평생에 단 한 번만이라도 옷에 음식을 흘리지 않고 식탁에서 일어서봤으면 좋겠다. 코트자락이 30센티미터쯤 자동차 문 밖으로 비어져 나오는 일 없이 차를 타봤으면 좋겠고, 옅은 색 바지에 껌이나 아이스크림, 기침약 시럽,

자동차 기름 따위를 묻히지 않고 하루를 지내보았으면 좋겠다. 그렇지만 이것은 불가능한 일일 것이다.

요즘은 기내에서 음식이 나오면 아내는 "아빠를 위해 뚜껑을 열어드리렴"이라든가 "얘들아, 아빠가 고기를 썰려고 하니까 다들 셔츠의 모자를 쓰도록 해라" 하고 말한다. 물론 이것은 가족과 함께 여행할 때의 이야기다. 나 혼자서 비행기를 타고 갈 때면 먹지도 마시지도 않고, 구두끈을 묶으려고 허리를 굽히지도 않고, 펜을 입가에 가져다 대지도 않는다. 그냥 아주, 아주 조용히 앉아서 간다. 때로는 갑자기 손이 움직여서 음료수를 쏟는 일이 없도록 손을 깔고 앉기도 한다. 그다지 재미있는 일은 아니지만 적어도 세탁비를 절감할 수는 있을 테이기에.

그건 그렇고 나는 우수고객을 위한 보너스 마일리지를 받아본 적이 없다. 제 때 회원카드를 찾지 못하기 때문이다. 얼마나 속상한지 모른다. 내가 아는 사람들은 모두 모아둔 마일리지로 일등석을 타고 발리여행을 간다. 하지만 나는 마일리지를 모아본 적이 없다. 1년에 10만 마일을 날아다니면서도 23개 항공사에 걸쳐 212마일을 모았을 뿐이다.

이는 내가 깜빡 잊고 마일리지를 요청하지 않았거나 요청하기는 했어도 항공사 측에서 기록을 안 했기 때문이다. 아니면 항공사 직원이 내게 마일리지를 부여할 수 없다고 알려왔든가. 나는 지난 1월에 오스트레일리아 행 비행기를 탔는데, 내가 회원카드를 내밀자 항공사 직원은 고개를 저으며 마일리지를 부여할 수 없다고 말했다.

"왜죠?"

"탑승권에는 이름이 B. 브라이슨으로 되어 있는데 회원카드에는 W. 브라이슨으로 되어 있네요."

나는 '빌'과 '윌리엄'의 유서 깊은 연관성에 대해 설명해주었지만 그녀는 요지부동이었다.

그래서 나는 우수고객으로서의 마일리지를 얻지 못했고, 아직까지 일등석을 타고 발리여행을 가지 못하고 있다. 어쩌면 잘된 일인지도 모른다. 어차피 그렇게 긴 시간 동안 아무것도 먹지 않고 여행할 수는 없을 테니까.

55. 오래된 뉴스

'과학이 노화의 비밀을 밝혀내다.'

요전 날 신문의 헤드라인으로 실린 이 문구가 나를 놀라게 했다. 나는 노화를 비밀로 생각해본 적이 없기 때문이다. 노화는 때가 되면 저절로 일어나는 현상으로, 그 안에는 아무런 비밀도 없다.

나에 관한 한 나이 들어간다는 것에는 세 가지 장점이 있다. 앉아서도 잠을 잘 수 있고, 〈사인펠드〉 재방송을 이미 본 것인지도 모르고 몇 번씩 다시 볼 수 있으며, 세 번째가 뭐였는지 기억나지 않는다는 점이다. 물론 아무것도 기억나지 않는다는 것은 노화의 문제점이기도 하다.

나는 건망증이 점점 더 심해져서 아내와 다음과 같은 전화 통화를 할 때가 많아졌다.

"여보세요? 여보, 나 시내에 나와 있는데, 내가 여기 왜 왔지?"

"프린터 잉크 카트리지를 사러 갔잖아요."

"고마워."

여러분은 내가 나이 들어갈수록 잊어버릴 무언가도 줄어들 테니까 상황이 더 나아지리라 생각하겠지만, 사실은 그렇지 않다. 세월이 흐를수록 집안 어딘가, 특히 평소에 자주 드나들지 않던, 이를테면 창고나 세탁실 같은 곳에 서서 입술을 지그시 깨물고 생각에 잠긴 채 사방을 둘러보면서 내가 거기에 있는 이유를 생각하려 애쓸 때가 늘어난다. 전에는 발걸음을 되짚어서 애초에 그 일이 시작된 장소로 돌아가면 생각이 나곤 했다. 하지만 더 이상은 그렇지 못하다. 이제는 어디서 일이 시작됐는지조차도 생각이 나지 않는다.

그래서 나로 하여금 메모지나 배수관 마개 따위를 찾아 돌아다니게 만든 원인을 알기 위해서 한 20분가량 내가 방금 전에 한 일의 흔적들, 이를테면 들어 올려진 바닥이나 터진 배수관, 테이블에 거꾸로 놓인 채 '빌? 내 말 듣고 있어?' 하고 외치는 이상한 목소리가 조그맣게 새어나오는 수화기 등을 찾아서 돌아다녀야 한다. 그리고 대개는 그렇게 돌아다니다가 또 다른 할 일, 예를 들어 전구를 갈아 끼운다거나 하는 일이 생각난다. 그래서 전구가 보관되어 있는 부엌 창고로 가서 창고 문을 열고, 그리고……, 내가 창고 문을 연 이유가 생각이 안 난다. 그래서 다시 같은 일이 반복된다.

특히 시간에 대한 기억에는 극도로 취약하다. 일단 과거의 일이 되고 나면 거기에 대해 좀처럼 기억을 되살리지 못한다. 살아가면서 내가 정말 두려운 것은 어느날 갑자기 경찰에 붙들려 "1998년 12월 11일 오전 8시 50분에서 11시 2분 사이에 어디 있었죠?" 같은 질문을 받는 것이다. 그럴 경우 나는 그저 그들이 수갑을 채워서 끌고 갈 수 있게끔 손을 내미는 수밖에 없다. 내가 기억하는 한 나는 늘 그래왔지만, 물론 이 기억은 그리 오래전까지 거슬러 올라가지는 않는다.

아내에게는 이런 문제가 없다. 그녀는 언제 무슨 일이 일어났는지 죄다 기억한다. 아주 소소한 부분까지도. 아내는 뜬금없이 "16년 전 이맘때 당신 할머니가 돌아가셨어요" 같은 말을 할 때가 있다. 그러면 나는 놀라서 대답한다.

"정말? 나한테 할머니가 있었나?"

요즘 들어 자주 겪는 또 다른 일은 아내와 함께 외출했을 때 전에 한 번도 만난 적이 없는 사람이 다가와 친근하게 말을 걸어오는 것이다.

"누구야?"

그가 가고 난 뒤에 내가 아내에게 묻는다.

"로티 류버브의 남편이잖아요."

나는 잠시 생각에 잠기지만, 그가 누군지는 여전히 생각이 안 난다.

"로티 류버브가 누구지?"

"모르겠어요? 빅베어 호숫가의 탤맷지 씨 댁 바비큐 파티에서 만났는데."

"나는 빅베어 호수에 간 적이 없는데."

"갔었어요. 탤맷지 씨 댁 바비큐 파티에 참석하느라."

나는 다시 생각에 잠긴다.

"그러니까 탤맷지라는 사람이 누구지?"

"그 왜, 파크 거리에 살고, 스코월스키 가족을 위해 바비큐 파티를 열어준 사람 있잖아요."

그때쯤이면 나는 절망적인 기분에 휩싸인다.

"스코월스키 가족은 또 누구야?"

"빅베어 호숫가의 바비큐 파티에서 만난 폴란드 사람들이에요."

"나는 빅베어 호숫가의 바비큐 파티에 간 적이 없는데."

"왜 간 적이 없어요? 거기서 당신이 꼬치 위에 앉았잖아요."

"내가 꼬치 위에 앉아?"

우리는 이런 식으로 사흘 동안 이야기를 나눴지만, 결국 나는 기억을 되살리지 못했다.

나는 늘 뭔가를 잘 잊어버린다. 어렸을 때 나는 디모인의 부자 동네에서 신문을 돌렸다. 이것은 아주 편하게 돈을 벌 수 있는 일처럼 생각될지 모르지만 실은 그렇지 않았다. 우선 크리스마스 때 가장 인색한 사람들이 부자들인데다(기록에 의하면 존 거리 27번지에 사는 아서 J. 니더마이어 씨 부부와 링컨 플레이스의 커다란 벽돌집에 사는 리처드 검벨 박사 부부, 드링크워터 은행의 새뮤얼 드링크워터 씨 부부가 특히 그랬다. 지금쯤은 그들 모두가 양로원에 있으리라) 집들이 전부 길고 구불구불한 도로 끝의 골목에서 400미터는 들어가 있었기 때문이다.

비록 이상적인 환경일지는 모르지만 이런 동네를 한 바퀴 도는 데에는 몇 시간이 걸린다. 하지만 나는 지금 그런 이야기를 하려는 게 아니다. 문제는 내 다리가 배달 구역을 한 바퀴 도는 동안에도 내 정신은 뭔가를 잘 잊어버리는 사람들이 흔히 그렇듯 늘 멍해 있었다는 데에 있다.

신문을 다 돌리고 나서 가방 속을 들여다보면 예외 없이 대여섯 부 가량의 신문이 남아 있었다. 먼 거리를 터벅터벅 걸어서 포치를 가로질러 덧문까지 열고서도 신문을 넣지 않고 그냥 나온 집이 대여섯 집이나 되었던 것이다. 당연히 나는 신문을 배달하는 80집 중 어떤 집에 신문을 넣지 않았는지 기억을 못했다. 나는 한숨을 내쉬며 배달 구역을 다시 한 번 돌았고, 그렇게 어린 시절을 보냈다. 니더마이어 부부와 검벨 부부, 드링크워터 부부는 내가 날마다 그들의 집에 〈디모인 트리뷴〉을 배달하느라 얼마나 힘들었는지 알고 있었을까? 그리고 크리스마스 때 내게 인색하게 굴어서 기분이 좋았을까? 아마도 그랬을 것이다.

어찌 되었건 여러분은 내가 이 칼럼의 서두에 언급한 노화의 비밀이 궁금할 것이다. 신문 기사에 의하면 시애틀 재향군인 의학연구소의 제라드 셸렌버그 박사라는 사람이 노화의 원인이 되는 유전물질을 발견했다고 한다. 각각의 유전자에는 헬리카제라고 하는 효소가 들어 있는데, 이 효소는 DNA의 이중나선을 풀어주는 기능을 한다. 그런데 이 과정이 혼란스럽게 되면 돌연변이가 일어나면서 노화관련 질병들이 생겨나는 것이다. 그리하여 다음 순간 우리는 부엌 창고 앞에 서서 내가 왜 거기 있는지를 기억해내려 애쓰게 된다.

노화와 관련하여 더 이상은 자세하게 설명할 수 없을 듯하다. 신문 기사를 어디에 치워두었는지 잊어버린 데다 어쨌든 그건 그리 중요한 문제가 아니니까. 어차피 한두 주 후에는 또 다른 사람이 나와서 또 다른 이론을 제시할 테고, 그렇게 되면 모두들 셸렌버그 박사와 그가 발견한 내용에 대해서는 잊어버릴 테니까. 물론 나는 벌써 잊기 시작했다.

따라서 결론적으로 말하자면 뭔가를 잘 잊어버리는 것은 그다지 나쁜 현상은 아니다. 내가 말하고자 하는 바는 바로 이것이다. 하지만 사실을 말하자면 지금 나는 내가 무엇을 말하려고 했는지 잘 기억이 안 난다.

56. 삶의 규칙

　세상을 보다 나은 곳으로 만들기 위해서는 다음의 규칙들이 즉각 효력을 발휘해야 한다.

1. 어리석은 데다 굼뜨기까지 한 것은 더 이상 용납되어서는 안 된다. 어리석거나 아니면 굼뜨거나 둘 중 하나만 택해야 한다.
2. 제조회사의 이름이나 로고가 선명하게 드러난 옷을 입은 사람들은 '나는 얼간이입니다'라는 문구가 적힌 배지를 달고 다녀야 한다.
3. 차를 주차할 때 하얀색 선으로 표시된 주차 공간 안에 차를 넣는 시간이 심장 수술을 하는 데 걸리는 시간보다 더 걸리는 사람은 그 주차 공간에 차를 주차할 수 없다.
4. 소매점에서 물건 값을 계산하려면 반드시 그 나라의 통화에 익숙해진 다음에 해야 한다. 점원은 손님에게 날씨나 건강, 개인적으로 아는 사람들이나 공통의 지인들 및 기타 판매와 상관없는 이야기를 해서는 안 된다. 음식이나 음료수를 사려고 줄서 있던 사람이 함께 온 사람에게 무얼 먹을지, 음료수는 어떤 크기로 할지 등을 물어보려고 줄을 이탈

할 경우 그 사람은 가게 바깥으로 내보내야 한다. 줄을 서 있다가 자기 차례가 되어서야 마치 이런 일은 처음이라는 듯 입술을 지그시 깨물고 생각에 잠긴 채 손가락으로 턱을 두들겨가며 메뉴를 고르는 사람은 바깥으로 끌어내서 총을 쏘아야 한다.

5. 천천히 올라오는 엘리베이터를 기다리면서 마치 계속해서 버튼을 눌러대면 뭐가 달라지기라도 할 것처럼 계속 버튼을 눌러대는 사람에게는 엘리베이터 사용을 금지시켜야 한다.

6. 마사 스튜어트는 불법을 저지른 인물이다.

7. 호텔 방의 모든 조명은 문이나 침대 근처에서 끌 수 있게 되어 있어야 하며, 스위치가 조명기구 자체에 부착되어 있는 경우에는 쉽게 눈에 띄는 곳에 있어야 한다. 만약 고객이 침대에 누워서 스탠드 불을 끌 수 없다면 그 날 밤 숙박료는 면제되어야 하며, 고객이 스탠드 불을 끄는 데 5분 이상 걸렸다면 미니바에 있는 술을 무료로 마셔도 된다.

8. 'H-4a에서 H-5까지의 굴대 받침대를 사용하여 용수철 따리쇠 D1과 D2를 중심축 J에 붙입니다' 같은 문구가 쓰여 있는 안내 책자를 만드는 것은 불법이다.

9. '크리스마스를 즐겁고 따뜻하게 보내세요'라는 문구가 적힌 크리스마스카드가 담겨 있는 상자에는 '사지 말 것. 카드 안의 메시지가 감상적이어서 듣기 거북함'이라고 큼지막하게 써 붙여야 한다.

10. 모든 자동차는 양쪽 측면과 후면에 주유구가 있어야 하며, 주유소의 호스는 적어도 2미터는 되어야 한다.

11. 버튼을 누르거나 수고스럽게 바늘을 돌려서 시간과 분을 맞춰야 하는 전자시계는 불법이다. 또한 시계에 알람을 설정할 때, 예를 들어서

아침 7시에 알람이 울리도록 맞춰놓으려고 하는데 시계 바늘이 6시 52분께에서 갑자기 속도가 빨라져서 7시를 지나치는 바람에 처음부터 다시 시작해야 한다면, 그런 시계는 불법이다.

12-1. 다음의 것들은 지금 이 시간부터 무료로 제공되어야 한다. 공항 카트, 공중전화의 교환원 서비스, 생수, 기내에서 나눠주는 헤드셋, 룸 서비스, 골프 경기를 비롯한 자신의 사생활에 대해 이야기하는 변호사나 의사, 회계사에게 지불하는 상담료.

12-2. 다음의 것들은 지금 이 시간부터 가격을 3분의 2로 낮춰야 한다. 극장 매점에서 파는 팝콘, 식당에서 파는 술, 치열 교정, 비행시간이 2시간이 넘어가는데도 기내식이 제공되지 않는 항공기 이용료, 소다수, 자판기 안의 물건들(특히 땅콩버터 크래커), 대학 교재, 추가로 주문한 술, 12-1에 명시되어 있지 않은 변호사, 의사, 회계사에게 지불하는 상담료.

13. 필자나 다른 사람들에게 "좋은 하루 되세요"라고 말해서는 안 된다.

14. 슈퍼마켓에는 자주 장을 보지 않는 중년 남자가 찾을 수 있는 곳에 물건이 진열되어 있어야 한다.

15. 회전문은 양방향으로 움직일 수 있게 만들어져야 하며, 어떤 쪽으로 움직일지는 필자에 의해 결정되어야 한다. 한꺼번에 10명이 들어가는 거대한 회전문은 그 안에 들어간 사람들이 서로 아는 사이고 사전에 같은 속도로 움직이기로 합의가 되어 있지 않은 한 불법이다.

16. 단체로 해외여행을 하는 미국인들은 먼저 필자와 함께 옷장 정리를 해야 한다. 영국인들은 영국 이외의 나라에서 반바지를 입으려면 문서로 된 허가증을 확보해야 한다.

17. 실수로 누군가의 팩스번호를 눌렀을 때 나는 날카로운 소음은 완전히 불법이다. 전화한 사람에게 음악이나 광고를 들려주거나 곧 상담원과 연결되리라고 말하는 것 역시 불법이다. 아니, 전화한 사람을 기다리게 하는 것 자체가 불법이다.

18. 복사기에는 복사용지를 넣는 위치가 선명하게 표시되어 있어야 하며, 가로로 복사해야 할 것이 세로로 복사된 경우 사과의 말과 함께 즉각적인 환불조치가 이루어져야 한다. 식탁보만한 크기로 확대 복사하거나 같은 서류를 100장 넘게 복사한 뒤 복사기를 초기화시키지 않은 사람은 복사기 담당 경찰에게 체포되어 토너를 한 컵 들이켜야 한다.

19. 사무실 건물이나 상가 건물의 이중문 중 하나가 아무 이유 없이 잠겨 있을 때 그 문에는 '이 문은 아무 이유 없이 잠겨 있음'이라고 대문짝만 하게 써서 붙여야 한다.

20. 시험적으로 한 10년은 금연구역에서 흡연을 허락하고 금연구역 이외의 장소에서 흡연을 금해야 한다. 담배 연기를 싫어하는 비흡연자들에게는 매 시간당 10분씩 건물의 출입문 밖에서 어슬렁거리게 해주어야 한다.

21. 보행자는 언제 어디서나 우측통행을 해야 한다. 보행자(특히 필자)에게 경적을 울리는 차량은 불문곡직하고 견인되어야 한다.

22. 모든 전자레인지는 어떤 음식이 들어오든 이를 자동으로 인지하고 적절하게 조리할 수 있어야 한다. 모든 세탁기는 넥타이, 정장, 운동화를 포함한 그 어떤 의류도 색깔이 번진다거나 크기가 줄어드는 일 없이 세탁할 수 있어야 한다.

23. 자동차 계기반에 있는, 물결무늬라든가 삼각형 모양 및 기타 아무에

게도 의미가 없는 도안이 들어 있는 그 어떤 버튼도 더 이상 허용되어서는 안 된다. 렌트한 자동차처럼 익숙지 않은 차량의 방향표시등 레버는 필자가 원하는 위치에 있어야 한다.

24. 다시 공고가 있을 때까지는 이메일이나 PDA, 휴대폰, 온라인쇼핑 및 기타 '디지털'이라는 단어가 들어간 여하한 것에 대해서도 과도한 관심을 가지고 이야기해서는 안 된다.

25. 공중화장실에서 손과 얼굴을 씻었는데 드라이어에서 더운 바람만 나오는 것은 불법이다.

26. 간과 염소젖으로 만든 치즈는 더 이상 음식물로 간주되어서는 안 된다. 고급 레스토랑에서는 더 이상 샐러드에 고속도로 가장자리에서 자라는 식물을 넣어서 팔 수 없다.

27. 필자가 쓴 책의 서평자들은 자신이 쓴 서평을 지면에 발표하기에 앞서 필자에게 교정 및 수정을 맡겨야 한다.

28. 모든 미국인은 아이러니를 이해할 수 있어야 하고, 영국인은 음료수 한 잔에 얼음 두 개로는 충분치 않다는 것을 알아야 한다.

세상을 보다 나은 곳으로 만들 수 있게 도와주신 여러분께 감사드린다.

57. 타이타닉 호에서의 마지막 밤

　배가 침몰하던 날 밤의 저녁식탁은 그야말로 한 폭의 그림이었다. 식탁마다 올라와 있는 과일바구니 제일 위의 커다란 포도송이가 더 없이 아름다웠고, 음식은 놀라우리만큼 다양하고 맛있어 보였다. 나는 수프가 나올 때부터 견과류가 나올 때까지 자리를 뜨지 않았다.

　　　　　　── 타이타닉 호 승객 케이트 버스, 《타이타닉 호에서의 마지막 만찬》에서 인용

"맙소사, 버스, 이게 다 웬 소란인가?"

"오, 스마이스. 이 시간에 깨어 있다니 자네답지 않군그래. 담배 할 텐가?"

"고맙네. 그런데 이게 다 무슨 일인가?"

"배가 가라앉고 있어."

"그럴 리가!"

"저녁식사 때 본 빙산 기억나나?"

"20층 건물 높이의 빙산 말인가?"

"맞아. 그 망할 놈의 것하고 부딪힌 것 같아."

"불운한 일이군."

"그렇지."

"잠에서 깨어났을 때 선실 문이 침대 아래쪽에 있었던 것도 그 때문이었군그래. 어쩐지 이상하다 했어. 이거 몬테크리스토(쿠바 시가 상표명)인가?"

"그렇다네. 제라드 거리에서 이것을 취급하는 사람을 알고 있지."

"아주 좋은데."

"그래……, 실은 조금 걱정스러워."

"무슨 말인가?"

"한 상자 당 2기니에 여섯 상자를 주문했는데, 아들 녀석이 손을 댈 것 같아서 말이야."

"그건 그렇고 배가 목적지에 도달할 수 없단 말이지?"

"상태가 좋지 않아. 아내가 나이트캡(잘 때 마시는 술)을 가져다준 승무원 크로커에게 물어봤는데 앞으로 두 시간도 채 안 남았다네. 그런데 자네 부인은 좀 어떤가? 속은 좀 괜찮아지셨나?"

"모르겠네. 어제 바다에 빠졌으니까."

"오, 저런."

"아내가 우현 현문으로 나갔을 때 배가 한쪽으로 기울기 시작했지. 사실 나는 아내의 비명소리 때문에 잠에서 깼다네. 그녀가 지금의 이 소동을 보지 못하게 된 것이 유감일세. 배가 가라앉는 광경을 보는 것을 무척이나 좋아했는데 말이야."

"내 아내도 그렇다네."

"설마 자네 부인도 바다에 빠진 것은 아니겠지?"

"오, 아닐세. 그녀는 사무장을 만나러 갔다네. 포트넘과 메이슨에게 전보를 쳐서 가든파티를 취소하려고 말일세. 이제는 다 부질없는 일이 되었지만."

"그렇지. 하지만 그래도 그리 나쁜 여행은 아니었어. 안 그런가?"

"전적으로 동감일세. 음식도 최상급이었지. 내 딸 케이트는 특히 식기 세트를 마음에 들어 했어. 그 아이는 저녁식탁이 한 폭의 그림 같고 포도송이가 더 없이 아름답다고 생각했지. 그리고 수프가 나올 때부터 견과류가 나올 때까지 자리를 뜨지 않았어. 그런데 자네 혹시 케이트 못 봤나?"

"아니. 그건 왜 묻나?"

"그 아이가 뛰어가던 모습이 이상해서 말이야. 배가 가라앉기 전에 다시 경하고 뭔가 할 일이 있다고 했는데……, 아마도 깃발과 관련된 일인 것 같아."

"깃발? 거 참 이상하군."

"내가 옳게 들었다면 해적 깃발에 대한 이야기를 하는 것 같았어. 나는 그 아이가 하는 이야기의 절반도 못 알아들었지만 그런 티를 낼 수가 없었네. 어쨌든 조금 멍해 있었지. 아내는 배가 흔들리는 바람에 실내복에 나이트캡을 엎질렀는데 크로커가 다시 가져다주지 않겠다고 해서 몹시 화가 나 있다네. 크로커는 그녀에게 직접 가져가라고 했거든."

"어떻게 그렇게 무례할 수가!"

"이제 팁을 받을 수 없게 되어서 기분이 안 좋았던 게야. 크로커를 나무랄 일만도 아니지."

"그래도 그러면 안 되지."

"물론 나도 따끔하게 일렀지. 사람은 위기상황에서도 자신의 본분을 지켜야 한다고, 안 그러면 끔찍한 혼란이 빚어질 거라고 말일세. 안 그런가? 항해사가 그러는데, 크로커는 다시는 이 배에서 일할 수 없을 거라더군."

"그럴 테지."

"그냥 하는 말일 거야. 하지만 적어도 항해일지에 기록은 되겠지."

"생각해보면 참 이상한 밤이야. 아내는 바다에 빠진데다 배는 가라앉고, 저녁식탁에는 몽라셰(프랑스 부르고뉴 지방에서 생산되는 최고급 화이트와인의 하나) 1907년산이 빠져 있었으니 말일세. 그냥 중급 와인 1905년산으로 만족해야 했지."

"그게 불만이란 말인가? 이걸 좀 보게."

"어두워서 잘 안 보이는군. 그게 뭔가?"

"돌아가는 배표라네."

"오, 안됐군그래."

"1등 선실이지."

"오, 정말 안됐네……, 그런데 저 소리는 뭐지?"

"3등 선실 승객들이 바다에 빠지는 소리 아닐까?"

"아니, 악단 소리인 것 같은데."

"맞아, 자네 말이 맞네. 조금 구슬프게 들리는군. 저 음악에 맞춰서 춤을 출 수는 없겠는걸."

"〈내 주를 가까이 하게 함은〉 아냐? 바다에서 맞는 마지막 밤을 위해 좀더 명랑한 곡으로 고를 수도 있었을 텐데."

"나는 야식 준비가 되었는지 내려가 보고 오겠네. 같이 갈 텐가?"

"아니, 선실에 틀어박혀 브랜디나 마셔야겠네. 오늘밤은 아주 짧을 것 같아. 얼마나 남았을 것 같은가?"

"40분쯤?"

"오, 이런. 그렇다면 브랜디는 그만둬야겠네. 우리 이제 다시는 못 보겠지?"

"현생에서는."

"오, 그거 좋은 표현일세. 기억해둬야겠는걸. 그럼 잘 자게."

"잘 자게."

"그런데 지금 생각난 거지만, 선장이 구명보트에 대해 아무 말 안 하던가?"

"내가 알기로는 아무 말 없었네. 무슨 말이 있으면 깨워줄까?"

"그래주면 고맙지. 폐가 안 된다면 말일세."

"폐될 거야 없지."

"그래, 그럼 잘 자게. 부인과 케이트에게도 안부 전해주고."

"그러지. 자네 부인 일은 정말 안됐네."

"바다에서는 그보다 더한 일도 일어나는걸. 어쩌면 어딘가에서 불쑥 아내의 머리가 떠오를지도 모르지. 그녀는 놀랍게 물에 잘 뜨니까. 그럼 잘 자게."

"잘 자게."

58. 기계치

　지난 몇 달 간 내가 이 칼럼을 통해 분명히 밝혀둔 게 하나 있다면 내가 기계에 대해 아주 기본적인 상식조차 없는 기계치라는 사실일 것이다. 예를 들어서 내가 그동안 '덕 테이프'라 불러왔던 것이 실은 '덕트 테이프(접착력이 강한 비닐 청테이프)'임을 최근에야 깨닫고 얼마나 놀랐는지 모른다. 경험에 의하면 이런 것들은 본능적으로 알아지거나 그렇지 못하거나 둘 중 하나인데, 나는 그렇지 못한 경우다. 더욱 나쁜 것은 내가 기계치라는 사실을 수리공이 안다는 점이다. 나는 자동차 엔진에서 나는 소음 때문에 자동차 정비소를 찾은 적도 부지기수다. 그럴 때면 정비사와 나 사이에 다음과 같은 대화가 진행된다.
　"손님 차의 피스톤 토션은 어떤 종류입니까?"
　"잘 모르겠는데요."
　"디스크 원반이 헛돈 적이 있나요?"
　"잘 모르겠는데요."
　정비사는 생각에 잠겨 고개를 끄덕인다.
　"굴대의 기울기는 어떻습니까?"

"잘 모르겠는데요."

그는 좀더 오랫동안 생각에 잠긴 채 머리를 끄덕인다.

"안 봐도 알 것 같네요. 휠얼라이먼트가 엉망이고 콤보뷸레이터에 금이 가 있습니다."

"보지도 않고 어떻게 알지요?"

"사실은 모릅니다. 하지만 내가 이렇게 말해도 손님이 속아 넘어가리라는 것은 알죠. 수리비를 엄청 청구해도 되겠는걸요."

실제로 정비사가 이렇게 말한 것은 아니지만, 아마도 속으로는 그렇게 생각했을 것이다.

그래서 나는 요전 날 아내가 외출하면서 서비스센터에서 사람이 나올 테니 그에게 세탁기를 보여주라고 했을 때 불길한 예감이 들었다.

"제발 부탁이니 나 혼자 있을 때 서비스센터 사람을 부르지는 마."

"왜요?"

"그는 5분도 안 돼서 내가 아무것도 모른다는 사실을 알아차리고 수리비로 엄청난 금액을 부를 테니까."

"어리석게 굴지 말아요."

아내는 웃어넘겼지만, 나는 불안한 마음을 떨칠 수가 없었다.

이윽고 서비스센터에서 사람이 와서, 나는 그에게 세탁기(찾는 데 한참 걸렸다)를 보여주고는 내 책상으로 돌아와서 어떤 기적에 의해 그가 수리비가 50센트쯤 나올 어떤 조치를 취하고는 조용히 사라져주기를 바랐지만, 속으로는 일이 그렇게 간단히 끝날 리가 없다는 것을 알고 있었다. 이제껏 그런 적이 없었기 때문이다.

아니나 다를까 한 30분쯤 지나서 그가 매끄러운 금속 같은 것을 들고 서재에 나타났다.

"뭐가 문제인지 알았습니다. 가로축 조절장치의 밸브가 깨졌어요."

"아."

나는 무슨 말인지 알아들었다는 듯이 진지하게 고개를 끄덕였다.

"그리고 배수구에 삼출 현상이 일어난 것 같아요."

"비용이 많이 들겠군요."

내가 말했다.

"물론이죠! 일단 수도관을 막아야겠어요."

"좋아요."

"보조 차단 밸브는 어디에 있죠?"

나는 멍하니 그를 쳐다보았다. 창피를 당할 생각을 하니 심장이 내려앉는 동시에 심장박동이 빨라졌다.

"보조 차단 밸브라고요?"

나는 시간을 벌기 위해 그의 말을 되풀이했다.

"네."

나는 목청을 가다듬고 말했다.

"자세히 기억나지 않는데요."

그는 서비스센터의 동료들에게 들려줄 좋은 이야깃거리가 생겼다는 듯한 표정으로 한쪽 눈썹을 치켜 올렸다.

"기억이 안 난다고요?"

"자세히는요."

"그렇군요."

이제 그는 동료들에게 들려줄 이야깃거리뿐만 아니라 근사한 크리스마스 파티를 즐길 가욋돈까지 두둑이 챙길 수 있으리라.

나는 그의 표정에서 보조 차단 밸브가 어디 있는지 모르는 집주인은 아무도 없음을 알았고, 내가 그 첫 번째가 되어야 한다는 게 견디기 힘들었다.

"사실은 우리 집에는 그런 게 없습니다."

내가 불쑥 말했다.

"없다고요?"

나는 진지하게 고개를 끄덕였다.

"건축업자가 설치하는 것을 잊었던가 봐요."

"보조 차단 밸브가 없단 말이죠?"

"그런 것 같은데요."

나는 그 못지않게 놀란 시늉을 했다.

나는 이로써 그가 다른 방법을 찾아내기를 바랐지만 그에게는 그럴 생각이 없는 듯했다.

"그렇다면 일차 차단 밸브는 어디 있지요?"

"건축업자들이 그것도 잊어버리고 설치하지 않았답니다."

"농담이시겠죠."

"그랬으면 좋겠군요."

"흠, 만약 하수관이 터진다면 어떻게 하실 생각이죠?"

내가 어떻게 할지는 잘 알고 있다. 우선 나는 발에 불이 붙은 것처럼 흥분해서 펄쩍펄쩍 뛰어다니며 "오 하느님, 오 하느님, 오 하느님!" 하고 외칠 것이다. 그러고는 물이 새는 곳에다 소파 쿠션 같은 것을 밀어 넣어서 사태를 더 악화시킬 것이다. 그 다음에는 조금 더 뛰어 돌아다닐 것이고, 마지막으로 길거리로 뛰쳐나가 지나가는 차를 불러 세울 것이다. 그리고 그때쯤 아내가 집에 돌아와 문제를 해결할 것이다. 어쨌든 과거에 하수관이 터졌을 때 늘 그래왔다.

그러나 서비스센터 직원에게 그렇게 말할 수는 없는 노릇이었으므로 나는 작전을 바꿔서 이렇게 말해보았다.

"잠깐만요. 보조 차단 밸브라고 하셨던가요? 나는 예비 차단 밸브인 줄 알았죠."

나는 오해에서 빚어진 코믹한 상황에 킬킬대는 척했다.

"그러니 그런 표정으로 나를 보는 것도 당연해요. 보조 차단 밸브는 다락에 있답니다."

나는 다락을 향해 발걸음을 옮겼지만, 그는 따라오지 않았다.

"정말인가요? 보통은 지하실에 있는데."

"아, 맞아요, 지하실에 있어요."

나는 즉시 방향을 바꿔서 지하실로 내려갔다. 왜 지하실을 먼저 떠올리지 못했을까. 지하실에는 수도관이며 수도꼭지며 보일러며 온갖 것들이 다 있는데. 그 중에 분명 보조 차단 밸브도 있을 텐데 말이다. 나는 그가 보조 차단 밸브를 즉시 알아볼 것이고, 그리하여 나는 "맞아요, 그거예요" 하고 말하기만 하면 되리라고 생각했다. 하지만 그는 어서 안내하라는 듯이 나를 쳐다보았을 뿐, 아무것도 하지 않았다.

"저쪽 어딘가에 있었던 것 같아요."

나는 벽에 있는 무언가를 가리키며 자신 없게 말했다.

"저건 두꺼비집인데요, 브라이슨 씨."

거짓말의 문제점은 거짓말을 하면 할수록 눈덩이처럼 불어나 나중에는 걷잡을 수 없게 된다는 것이다. 결국 나는 냉장고와 텔레비전과 차고를 제외한 집안의 모든 물건이 어디 있는지 전혀 모른다는 사실을 시인해야 했으며, 늘 그렇듯 몹시 창피한 가운데 엄청난 액수의 수리비를 지불해야 했다.

가장 나쁜 것은 크리스마스 파티에 초대받지 못했다는 것이다.

59. 졸업식 축사

뉴햄프셔 주 메리던, 킴벌유니언 고등학교 졸업반 학생들에게

내겐 2주 후면 하노버 고등학교를 졸업하는, 여러분 또래의 아들이 있습니다. 내가 자랑스러운 마음으로 그 아이에게 오늘 이곳에서 졸업식 축사를 하게 되었다고 말하자 그 아이는 젊은이들 특유의 믿을 수 없다는 표정을 지으며 "아빠가요? 아빠는 자동차 뒷유리 와이퍼의 작동을 멎게 할 줄도 모르시잖아요" 하고 말하더군요.

맞는 말입니다. 나는 자동차 뒷유리 와이퍼의 작동을 멎게 할 줄 모르며, 앞으로도 쭉 그럴 것입니다. 세상에는 내가 모르는 것들이 많습니다. 나는 어찌 보면 아무것도 모르는 바보나 마찬가지고, 이 사실을 부정해 봐야 소용없는 일일 것입니다.

그럼에도 불구하고 나는 내 아들이나 여기 계신 여러분이 아직 하지 못한 일을 했습니다. 고등학교를 졸업하고 28년을 더 산 것입니다. 그리고 내 나이쯤 되면 누구나 그렇겠지만 인생에서 한두 가지 것을 배웠습니다.

나는 뜨거운 표면이라고 해서 꼭 뜨거워 보이는 것만은 아니라는 사실을 배웠습니다. 펜에서 잉크가 새는지 알아볼 수 있는 가장 좋은 방법은 그 펜을 내 바지들 중에서 가장 좋은 바지 호주머니에 넣어두는 것이라는 점을 배웠습니다. 자전거를 타면서 머리 위로 셔츠를 벗는 것은 그리 좋은 생각이 아니라는 것을 배웠습니다. 그리고 대부분의 작은 동물들은 나를 물려고 하고 앞으로도 늘 그러하리라는 것을 배웠습니다.

나는 이 모든 것을 오랜 시행착오 끝에 배웠고, 따라서 일종의 지혜, 아파서 그만둘 때까지 어리석은 짓을 거듭하다가 터득하게 되는 그런 지혜를 얻었다고 생각합니다.

자, 그럼 이제 본론으로 들어가서 여러분이 학교를 졸업한 후 건강하고 생산적인 삶을 영위할 수 있도록 몇 가지 조언을 드리도록 하겠습니다.

내게 이런 기회가 주어진 것을 영광으로 생각하며, 이제부터 내가 살면서 보고 느낀 소소한 생각들(지나가는 생각들) 10가지를 말씀드리고자 합니다.

1. 가끔은 여러분이 살아 있음을 기억하십시오. 이런 당연한 이야기를 왜 하는지 의아해하는 사람도 있겠지만 사실 우리가 이런 고마운 사실에 대해 이야기하는 시간이 어찌나 적은지 놀라울 정도입니다. 엄청난 행운에 의해 이 우주의 모든 물질들 중 아주 적은 일부가 모여서 여러분이 생겨났고, 여러분이 존재하는 특권을 누리는 기간은 영겁의 세월 중 극히 짧은 한순간에 불과합니다.

여러분은 오랜 세월 동안 존재하지 않았고, 그 사실을 알아차리기도 전에 다시 무(無)로 돌아갈 것입니다. 그리고 그 사이에 여러분은 보고 느끼고 생각하고 행동하는 이 놀라운 기회를 갖게 되었습니다. 여러분이 살아가는 동안 무엇을 하든 여러분을 태어나게 한 이 놀라운 성취에 조금이나마 비견될 만한 것은 아무것도 없습니다. 축하합니다. 잘 태어나주었습니다. 여러분은 정말 특별합니다.

2. 그러나 그렇게 특별하지는 않습니다. 지구상에는 50억 명의 다른 사람들이 있으며, 그들 모두가 여러분만큼이나 중요하고 여러분만큼이나 신의 위대한 계획 속에서 중심적인 위치를 차지하고 있습니다. 여러분이 다른 사람들보다 더 중요하다고 생각하는 끔찍한 실수를 저지르지 않기를 바랍니다. 여러분이 앞으로 살아가면서 만나게 될 거의 모든 사람들이 여러분의 배려를 고마워할 것입니다. 많은 사람들이 여러분을 도울 것입니다. 여러분에게 피자를 배달하고, 여러분이 구입한 식료품을 봉투에 담아주고, 여러분이 어지럽힌 모텔 방을 청소할 것입니다. 이들에게 친절하게 대하는 습관이 몸에 배어 있지 않다면 지금부터라도 그런 습관을 들이십시오.

보다 많은 사람들, 여러분이 만난 적도 없고 본 적도 없는 수백만 명의 사람들은 여러분을 도울 수 없습니다. 아니, 그들은 자신들조차도 도울 수 없습니다. 이들을 가엾게 여기십시오. 슬프게도 우리는 무정한 시대에 살고 있습니다. 가난하고 소외된 사람들, 특히 먼 나라의 고통 받는 사람들에 대해 점점 더 마음과 지갑을 닫고 있는 그런 시대에 살고 있습니다. 나는 여러분이 여기에 대해 무언가를 할 수 있기 바랍니다.

3. 이론상으로만 무언가를 하지 마십시오. 이론이 아니라 실제로 그 일을 해야 할 이유가 없다면, 그런 일은 하지 마십시오.

4. 여러분이 살면서 하고자 하는 일이 무엇이든 그 일을 하십시오. 유명

한 발레리나가 되는 것도 좋고, 올림픽 수영선수가 되는 것도 좋고, 카네기홀에서 노래를 부르는 것도 좋습니다. 그렇게 되도록 노력하십시오. 모든 이가 여러분이 노래를 할 수 없을 거라거나 100미터 달리기 개인 최고 기록이 74초인 사람이 100미터 달리기에서 우승한 예를 본 적이 없다고 말할지라도 포기하지 마십시오. 내 나이쯤 되어서 "나는 보스턴 레드삭스 팀에서 2루수를 할 수도 있었는데, 아버지 때문에 법률 공부를 해야 했지"라고 말하는 것처럼 속상한 일도 없을 것입니다. 법률 공부는 아버지에게 하시라고 하고 여러분은 에베레스트를 오르십시오.

5. 이기는 것만이 전부라고 생각하는 우를 범하지 마십시오. 내가 한 대 쳐주고 싶은 사람이 있다면 그는 '이기는 것이 중요한 게 아니라 이기는 것만이 전부다'라고 말하는 사람입니다. 그건 끔찍한 일입니다. 참여하는 게 중요하고, 최선을 다하는 게 중요합니다. 이기지 못한다고 해서 부끄러울 일은 없습니다. 부끄러운 일은 이기려고 애쓰지 않은 데 있습니다. 무엇보다도 패배에 연연해하지 마십시오. 자꾸 노력하다 보면 많은 기회가 주어질 것입니다. 지금부터라도 노력하십시오.

6. 속이는 사람이 되지 마십시오. 그건 무가치한 일입니다. 시험 때 부정행위를 하지 말고, 세금을 속이지 말고, 부모님을 속이지 마십시오. 모노폴리 게임을 할 때 사람들을 속이지 말고, 그 무엇을 할 때에도 속이지 마십시오. 사기꾼은 번창하지 못한다는 말이 있습니다. 내 경험에 비추어보면 사기꾼은 번창합니다. 그러나 늘 마지막에 붙들리고 맙니다. 속이는 것은 그 노력이 아까울 뿐입니다. 아주 간단합니다.

7. 겸손하려고 애쓰십시오. 그게 훨씬 낫습니다. 사람들은 여러분이 노

벨상을 목에 걸고 다닐 때보다 그들 스스로 여러분이 노벨상을 탄 사실을 발견했을 때 더 감탄하는 법입니다.

8. 늘 내 책을 사십시오. 책이 나오자마자 양장본으로.

9. 기뻐하십시오. 이것은 그리 어려운 일이 아닙니다. 여러분에게는 기뻐할 일이 무수히 많습니다. 여러분은 총명하고 젊고 엄청나게 잘생겼습니다. 여기서도 다 보입니다. 여러분 앞에는 가능성으로 가득한 삶이 펼쳐져 있습니다. 그러나 여기서 기억해야 할 것은 바로 언제나 그렇다는 사실입니다. 이 사실에는 변함이 없으며, 여러분은 이 점을 잊지 마시기 바랍니다.

10. 마지막으로(오늘 내가 말한 것들이 기억이 안 난다면 이것만이라도 기억해주시기 바랍니다) 여러분이 공공장소에서 연설을 하게 되면 되도록 짧게 하십시오. 대단히 감사합니다.

(독자를 위해 덤으로 말씀드리자면, 글을 써서 생계를 유지하는 전업작가의 경우 자신의 글을 재활용하는 일에 결코 주저하지 마십시오.)

60. 귀향 2

오늘은 우리 가족이 미국으로 이주한 지 꼭 3년째 되는 날이다. 불현듯 우리가 미국행이라는 중대한 결정을 내린 이유를 이 칼럼에서 설명한 적이 없다는, 따라서 여러분들이 궁금해 하시리라는 생각이 들었다. 나 역시 궁금하다.

내 말은 언제 어떻게 그런 결정을 내렸는지 잘 기억이 안 난다는 뜻이다. 내가 말할 수 있는 것은 우리 가족이 살던 영국의 농촌마을 요크셔데일이 아무리 아름답고 또 내가 그곳의 술집에서(당최 알아들을 수 없는 사투리를 구사하는) 동네 사람들과 어울리는 것을 아무리 좋아해도, 아이들이 커가고 내 일이 늘어남에 따라 고립된 농촌지역에 묻혀 사는 게 현실적으로 어려워졌다는 것이다.

그래서 우리는 보다 발달된 도시로 나가 살기로 결정했다. 그리고, 이 부분이 잘 생각이 안 나는데, 이 단순한 생각으로부터 잠시 미국에서 살아보자는 아이디어가 나왔다.

그 다음부터는 일사천리로 진행되었다. 사람들이 와서 집을 보고는 사기로 했고, 나는 여러 장의 서류에 사인을 했으며, 이삿짐센터 사람들이

와서 짐을 쌌다. 그때 내가 무슨 일이 일어나고 있었는지 몰랐다고는 할 수 없지만, 정확히 3년 전 오늘 뉴햄프셔 주의 낯선 집에서 깨어나 창밖을 내다보며 '대체 내가 여기서 뭐하고 있는 거지?' 하고 생각했던 일이 기억에 생생하다.

우리가 끔찍한 실수를 저지른 듯한 느낌이었다. 물론 내게는 미국에 대한 반감 따위는 없다. 미국은 멋진 나라이고, 모든 면에서 놀랍기 그지없다. 그러나 미국으로의 이주는 마치 옛날로 회귀하는 듯한 불편한 느낌을 주었다. 중년의 나이에 다시 부모님 집으로 들어가는 느낌이라고나 할까. 부모님이 아무리 좋은 분들이라고 해도 다시 부모님과 함께 살고 싶은 사람은 없을 것이다. 삶이란 늘 앞으로 나아가는 게 아니던가. 미국에 대한 나의 느낌도 그런 것이었다.

내가 당혹감에 휩싸여 있는데, 동네를 한 바퀴 둘러보고 온 아내가 들어와서 말했다.

"오, 정말 근사해요. 사람들이 대단히 친절하고 날씨도 기가 막혀요. 어디를 가든 쇠똥을 밟을 염려 없이 돌아다닐 수 있고요."

"시골에선 누릴 수 없는 모든 게 다 있는 셈이지."

내가 퉁명스럽게 대꾸했다.

"맞아요."

아내의 말에는 진심이 담겨 있었다.

아내는 미국 생활의 모든 것에 반해 있었고, 지금도 그러하다. 이해할 수 있는 일이다. 미국에는 감탄스러운 것들이 너무나 많으니까. 그 중에서도 생활하기에 편리한 환경과 친절한 사람들, 널찍한 공간, 서비스업 종사자들의 싹싹한 태도 등은 외국인들이 빼놓지 않고 거론하는 것들이다.

문제는 내가 이 모든 것들 속에서 자라난 탓에 그다지 새롭다거나 놀라운 느낌이 없다는 것이다. 예를 들어서 나는 좋은 하루 보내라는 인사말에 그다지 감격하지 않는다. 나는 아내에게 이렇게 설명해주곤 한다.

"사실 그 사람들은 우리가 어떤 하루를 보내든 별로 신경 쓰지 않는다고. 그냥 습관적으로 하는 말일 뿐이야."

아내가 대답한다.

"알아요. 하지만 그래도 좋은걸요."

물론 아내의 말이 옳다. 별 의미 없는 말일지라도 적어도 좋은 의도에서 비롯된 것일 테니까.

시간이 지남에 따라 나도 미국 생활의 많은 것들을 감사히 여기게 되었다. 지독한 구두쇠인 나는 무료 주차장과 무료로 제공되는 성냥 및 커피나 음료수 리필, 식당이나 카페의 계산대 옆에 아무나 가져갈 수 있게 놓아둔 사탕 바구니 등 미국에서 접할 수 있는 모든 공것에 완전히 반해버렸다. 동네 식당에서 저녁을 먹으면 공짜 영화티켓을 준다. 우리 동네 복사가게에는 한쪽 벽 앞의 테이블 위에 풀, 스테이플러, 스카치테이프, 고무줄, 클립 등이 놓여 있는데, 이것들은 전부 무료로 사용할 수 있다. 이것을 사용한다고 돈을 더 내야 하는 것도 아니고, 심지어 손님이 아닌 사람들까지도 무료로 쓸 수 있다. 테이블 위의 물품들은 가게에 들어온 사람이면 누구나 쓸 수 있게끔 특별히 비치해둔 것이다. 반면에 영국의 요크셔데일에서는 제과점에서 식빵을 썰어달라고 할 때에도 별도의 비용 1페니를 지불해야 한다. 그러니 미국의 인심에 어찌 반하지 않을 수 있겠는가.

삶을 대하는 미국인들의 자세 또한 마찬가지다. 미국인들은 일반적으로 대단히 낙천적이고 긍정적이다. 미국에서 살 때에는 당연시하던 이런 자질을, 그러나 영국에서는 자주 볼 수 없었다. 내가 마지막으로 히드로 공항에 도착했을 때 여권을 검사하던 공항직원이 나를 건너다보며 말했다.

"당신이 그 작가 선생이오?"

나는 나를 알아봐주는 사람이 있다는 사실에 기뻐서 자랑스럽게 대답했다.

"그렇습니다만."

"여기서 돈을 좀더 벌어볼까 해서 오셨나보지?"

그는 경멸조로 말하며 여권을 돌려주었다.

미국에서는 이런 일이 흔치 않다. 미국인들은 삶과 삶이 주는 가능성에 대해 거의 본능적으로 긍정적인 태도를 취한다. 만약 미국인에게 커다란 소행성이 시속 2만 킬로미터의 속도로 날아와 지구와 충돌해서 12주 안에 지구가 산산조각이 난다고 알려주면 그는 "정말요? 그렇다면 지중해식 요리강좌의 수강증을 끊어야겠군요" 하고 말할 것이다.

만약 영국인에게 같은 이야기를 들려주면 그는 "늘 듣는 소리죠, 뭐. 그런데 내일 기상 예보 보셨어요?" 하고 말할 것이다.

일전에 아내에게 영국으로 돌아가고 싶으냐고 물었더니 아내는 주저 없이 대답했다.

"오, 그럼요."

"언제?"

"언젠가는 가게 되겠지요."

나는 고개를 끄덕였다. 나도 같은 마음이었다. 나는 영국이, 그곳에서 살던 때가 그립다. 영국 생활에는 내 맘에 맞는 무언가가 있다. 그러나 지금 당장 미국을 떠나야 한다면 나는 또 미국이 그리울 것이다. 그것도 3년 전에 그러하리라고 예상했던 것보다 훨씬 더. 미국은 멋진 나라다. 아내가 한 말 중 한 가지는 확실히 옳았다. 어디를 가든 쇠똥을 밟을 염려 없이 돌아다닐 수 있어서 좋다는 말말이다.

그럼 좋은 하루 보내시기 바란다. 진심으로 드리는 말씀이다.

역자 후기

몇 년 전, 동생을 만나러 미국에 간 적이 있다. 그 때 가장 인상적이었던 것 중 하나가 미국의 고속도로였다. 동생이 나이아가라 폭포를 구경시켜주겠노라해서 우리는 위스콘신 주에서부터 뉴욕 주까지 밤새 교대로 운전을 했다. 길은 가도 가도 끝이 없어서 나같이 길눈이 어두운 사람도 일직선으로 내달리기만 하면 됐다. 게다가 밤에는 주위에 다른 차들도 별로 없어서 시속 160킬로미터 이상으로 달릴 수 있었다. 가끔씩 사슴의 출현을 알리는 경고 표지판이 한적함을 더해주면서 참으로 광대한 나라라는 생각이 들었다. 그런데 처음 들른 휴게소에서 얻은 도로지도를 보고 나는 벌어진 입을 다물 수가 없었다. 고속도로가 가로세로 반듯한 바둑판처럼 펼쳐져 있었기 때문이다. 어떻게 미국인들은 이토록 계획적인 도로망을 구축할 수 있었을까. 경이로운 일이었다.

또 한 가지 잊을 수 없는 것은 시카고에서 접한 라비냐 축제다. 시카고에 사는 친구 부부와 함께 찾아간 이곳에서 나는 그 당시만 해도 우리나라에서는 상상조차 할 수 없었던 광경을 보고 적이 충격을 받았다. 드넓은 공원 안의 푸른 잔디밭에 사람들이 삼삼오오 모여 앉아 담소를 나누고 있었는데 잠시 후 비탈진 잔디밭의 제일 낮은 곳에 설치되어 있는 오케스트라 석에서 다니엘 바렌보임의 지휘로 시카고 필하모니 오케스트라의 연주가 시작되었던 것이다. 나무 사이사이에 설치되어 있는 스피커에서 웅장하면서도 섬세한 음악소리가 울려 퍼졌다. 탁 트인 공간 속에서 아름다운 자연과 벗하며 교향곡을 듣는(그것도 무료로) 기쁨은 말로 형언하기 힘들다.

나는 이 두 경험을 통해 여행의 묘미는 그 나라의 문화와 그 나라 사람들이 살아가는 모습을 알아가는 데 있음을 깨닫게 되었다.

빌 브라이슨이 쓴 신문 칼럼들의 모음집인 이 책에는 영국에서 20년 넘게 살다 미국으로 돌아온 저자의 눈에 비친 미국이 실감나게 묘사되어 있다. 크게는 정부의 무능함과 관료주의, 이민정책, 마약문제에서부터 작게는 이발소나 우체국에서의 경험과 영화, 쇼핑 등에 이르기까지 다양한 주제가 본래 미국인이면서도 새롭게 시작하는 미국 생활이 낯설기만 한 저자에 의해 생생하면서도 구체적으로 다뤄지고 있다.

이 안에는 통계수치를 인용한 딱딱한 글도 있고 극히 개인적인 에피소드도 있지만, 한 가지 공통된 것은 글의 저변을 흐르는 빌 브라이슨의 유머와 호기심이다. 이 유머와 호기심이 그가 쓴 가장 딱딱한 글조차도 흥미롭게 읽을 수 있게 해준다. 이 책을 읽는 독자 여러분은 비록 폭소는 아닐지라도 시종일관 잔잔한 미소를 머금고 있는 자신을 발견하게 될 것이다.

평소에 좋아하던 빌 브라이슨의 책을 번역할 수 있어서 행운이었다. 독자 여러분에게도 유익하고 즐거운 독서 경험이 되었으면 한다.

2009년 1월 박상은

KI신서 1677
빌 브라이슨 발칙한 미국학

1판 1쇄 인쇄 2009년 2월 23일
1판 6쇄 발행 2019년 7월 22일

지은이 빌 브라이슨 **옮긴이** 박상은
펴낸이 김영곤 박선영 **펴낸곳** (주)북이십일 21세기북스
제이콘사업팀 간자와 다카히로
출판영업팀 한충희 김수현 최명열 윤승환
마케팅2팀 배상현 김윤희 이현진
제작팀 이영민 권경민
홍보기획팀 이혜연 최수아 박혜림 문소라 전효은 김선아 양다솔
해외기획팀 임세은 이윤경 장수연

출판등록 2000년 5월 6일 제406-2003-061호
주소 (10881) 경기도 파주시 회동길 201(문발동)
대표전화 031-955-2100 **팩스** 031-955-2151 **이메일** book21@book21.co.kr

ISBN 978-89-509-2084-5 03840
책값은 뒤표지에 있습니다.

(주)북이십일 경계를 허무는 콘텐츠 리더

21세기북스 채널에서 도서 정보와 다양한 영상자료, 이벤트를 만나세요!
장강명, 요조가 진행하는 팟캐스트 말랑한 책 수다 〈책, 이게 뭐라고〉
페이스북 facebook.com/jiinpill21 포스트 post.naver.com/21c_editors
인스타그램 instagram.com/jiinpill21 홈페이지 www.book21.com
유튜브 www.youtube.com/book21pub

이 책 내용의 일부 또는 전부를 재사용하려면 반드시 (주)북이십일의 동의를 얻어야 합니다.
잘못 만들어진 책은 구입하신 서점에서 교환해드립니다.